Michael Mary
Schluß mit dem Beziehungskrampf

Michael Mary

Schluß mit dem Beziehungskrampf

Wie und
sich die Frau der Mann
nicht mehr nicht mehr
vernachlässigt eingeengt fühlt

Kreuz Verlag

Alle in diesem Buch enthaltenen Angaben, Daten, Ergebnisse etc. wurden vom Autor nach bestem Wissen erstellt und von ihm und dem Verlag mit größtmöglicher Sorgfalt überprüft. Gleichwohl sind inhaltliche Fehler nicht vollständig auszuschließen. Daher erfolgen die Angaben etc. ohne jegliche Verpflichtung oder Garantie des Verlags oder des Autors. Beide übernehmen deshalb keinerlei Verantwortung und Haftung für etwaige inhaltliche Unrichtigkeiten.

© by Dieter Breitsohl AG
Literarische Agentur Zürich 1991
Alle deutschsprachigen Rechte beim Kreuz Verlag Stuttgart
3. Auflage (15.–20. Tausend) 1991
Kreuz Verlag 1991
Umschlaggestaltung: Jürgen Reichert, Stuttgart
Umschlagillustration: Jutta Bauer aus »Stell' Dich doch nicht so an«,
Lappan Verlag GmbH, Oldenburg
Satz: Fotosatz Sauter GmbH, Donzdorf
Druck und Bindung: Ebner. Ulm
ISBN 3 7831 1104 8

Inhalt

Vorwort

Immer mehr Menschen sind unzufrieden mit ihren Beziehungen und Partnerschaften, und immer mehr Menschen gestehen sich das ein.

Die Veränderungen, die in den letzten Jahrzehnten vor allem unsere emotionale Realität ergriffen haben, verunsichern Männer und Frauen gleichermaßen und stellen ihr Beziehungsverhalten in Frage.

Kein Zweifel – Liebe befindet sich in einem tiefgreifenden Wandel, den wir nur schwer nachvollziehen können. Liebten wir früher den Partner, mit dem wir zusammenlebten, so wollen wir heute mit dem Partner zusammenleben, den wir lieben. Partnerschaft hat einen neuen Sinn bekommen: Wir brauchen den anderen nicht mehr, um zu überleben. Wir brauchen ihn, um zu lieben.

Im Prozeß dieser Veränderungen sind Gefühle zum Knotenpunkt unserer Auseinandersetzungen geworden, denn zum ersten Mal in der Geschichte der Liebesbeziehung können wir uns eine Liebe frei von materiellen Zwängen leisten – den Luxus emotionaler Liebe. Bei dem Versuch, Liebe auf die Grundlage dieser neuen Möglichkeiten zu stellen, stoßen wir jedoch an Grenzen. Unsere Denkweise, unser Verhalten, vor allem aber unsere Gefühle halten mit dem Tempo der Veränderungen nicht Schritt – sie hinken der materiellen Entwicklung um Jahrzehnte hinterher.

An solchen Grenzen unserer Liebesfähigkeit befinden wir uns, wenn:
– wir den Partner nicht verstehen und ihn ins Unrecht setzen: *Du bist...!*
– wenn wir die Verantwortung für unser Fühlen und Handeln auf den Partner schieben: *Das mache ich nur, weil du...!*

– wir den anderen einschränken und unseren Bedürfnissen und Vorstellungen unterordnen wollen: *Das hätte ich von dir nicht erwartet!*

– wir Beziehungen abbrechen, weil der Partner nicht »der Richtige« ist: *Du hast versagt!*

– wir uns vor dem anderen verschließen, weil wir Schmerzen nicht fühlen wollen, die entstehen, wenn unsere Träume und Illusionen zerfallen: *Das hättest du mir nicht antun dürfen!*

– wir zum wiederholten Male die gleichen, ungewollten Erfahrungen mit einem Mann oder einer Frau machen: *Männer/Frauen sind eben so!*

– wir in den Kampf um Liebe verwickelt sind: *Du läßt mir keine andere Möglichkeit!*

An den Grenzen unserer Möglichkeiten und Fähigkeiten finden die Auseinandersetzungen und Kämpfe, die vermeintlichen Siege und fruchtbaren Niederlagen statt, die unsere Beziehung zum anderen Geschlecht formen und bestimmen. Hier entscheidet sich, ob die Auseinandersetzungen der Partner hilfreich oder zerstörerisch sind und ob wir uns als Ergebnis des Kampfes füreinander öffnen oder voreinander verschließen.

Männern und Frauen, die an Grenzen ihrer Beziehungsfähigkeit gestoßen sind, möchte ich mit diesem Buch Erkenntnisse, Anstöße und Anregungen für den Prozeß des Wandels vermitteln, in dem wir uns alle befinden. Eines Wandels, der unser Erleben des anderen Geschlechtes verändern und uns zu einer neuen, befriedigenden »*Erfahrung Liebe*« führen kann.

Die meisten Anregungen habe ich Paaren zu verdanken, die mir in Partnerschaftssitzungen und -seminaren Einblicke in die Dynamik der Liebe und der Mann/Frau-Beziehung gaben. Diesen Paaren, sowie den Kritikern und Kritikerinnen dieses Buches, von denen ich Asta von Oppen erwähnen möchte, allen voran aber meiner Partnerin Pujo Nordholt, durch die ich viel über mich lernte, gilt mein Dank.

Bevor wir in die Welt der männlichen und weiblichen Liebe einsteigen, gestatten Sie mir noch einige Hinweise.

Die Leser und Leserinnen dieses Buches werden »dem Mann« und »der Frau« begegnen. Diese Pauschalisierung ist gewollt und sinnvoll. Ich bitte jedoch eins zu beachten: Hier werden Mann und Frau im Rahmen ihrer Beziehung dargestellt. Außerhalb der Partnerschaft mögen wir einem ganz anderen Mann und einer ganz anderen Frau begegnen.

Bei etwa neunzig Prozent aller Partner, die in die Beratung kommen, verhalten sich Männer wie Männer und Frauen wie Frauen. Es kann jedoch durchaus geschehen, daß Mann und Frau die Rollen tauschen. Das braucht uns nicht zu stören. Tauschen Sie in diesem Fall einfach die Worte Mann und Frau aus, dann stimmt es wieder, denn im Konflikt gibt es immer die beiden von mir beschriebenen Seiten, egal von wem sie im Einzelfall repräsentiert werden.

Nicht jeder Mann ist ein typischer, hundertprozentiger Mann, und nicht jede Frau ist eine ebenso typische Frau. Familiäre Besonderheiten haben ihre individuellen Eindrücke hinterlassen. Trotzdem trifft viel von dem, was ich beschreibe, auf jeden von uns zu. Die Leser werden selbst herausfinden, was auf sie paßt.

Bevor dieses Buch gedruckt wurde, haben etliche Männer und Frauen es gelesen, kritisiert und kommentiert. Sie finden deren Kommentare oder Einwände gelegentlich in den Text eingeschoben. Interessant für mich war, daß männliche Probeleser und weibliche Probeleserinnen ihr *eigenes* Geschlecht zuweilen zu hart beurteilt sahen, das *andere* Geschlecht jedoch richtig dargestellt fanden. Dies ist eben auch ein Buch über Gefühle – und die eigenen Gefühle sind uns näher als die des Partners.

Michael Mary 1991

Einleitung

Mann und Frau wissen nicht, was sie tun. Sie spielen das Spiel der Liebe, ohne sich über die Regeln im klaren zu sein.

Wer ist denn nun schuld an der Misere der Mann/Frau-Beziehung? Der Mann, weil er lieben läßt[1] oder die Frau, weil sie zuviel liebt[2]?

Wenn ein Paar in die Beziehungsberatung kommt, sagt der Mann normalerweise: Unser Problem ist, daß *meine Frau...,* und die Frau antwortet: Unser Problem ist, daß *mein Mann...*

Es scheint immer der andere zu sein, der die Schuld trägt. So einfach ist das. Doch wer spielt das Spiel wirklich? Wer trägt die Verantwortung? Beim Tennisspiel würde niemand solch eine Frage stellen, denn hier liegt die Antwort auf der Hand. Beide spielen das Spiel. Wem es mißfällt, der legt den Schläger hin. Dann hört das Spiel auf, und zwar unabhängig davon, ob der andere weiterspielen möchte oder nicht.

Doch beim Beziehungsspiel ist das nicht so einfach. Es geht um zuviel – es geht um Liebe. Niemand legt den Schläger hin. Die Schläger kleben an unseren Händen. Das Spiel, der Kampf um Liebe, geht weiter. Es hat Ziele, die für Mann und Frau verschieden sind:

Der Mann fragt sich: *»Wie kann ich lieben, wie kann ich in Beziehung sein und trotzdem meine Freiheit behalten?«*	Die Frau fragt sich: *»Wie kann ich lieben, wie kann ich in Beziehung sein und diese Liebe lebendig erhalten?«*

[1] vgl. W. Wieck, Männer lassen lieben, Stuttgart 1987
[2] vgl. R. Norwood, Wenn Frauen zu sehr lieben, Reinbek 1986

Über die Regeln, nach denen sie spielen, wissen Mann und Frau wenig. Sie spielen das Spiel der Liebe tatsächlich, als ob es Tennis wäre. Jeder will gewinnen – und sei es auf Kosten des anderen. Doch Liebe ist nicht Tennis. In der Liebe gelten andere Regeln. In der Liebe gibt es nur Gewinner oder nur Verlierer. Entweder ist Liebe da, dann gewinnen beide, oder Liebe ist zerstört, dann haben beide verloren.

Wir spielen das Spiel der Liebe, als ob wir gegeneinander spielen müßten und nicht miteinander. So verlieren schließlich beide. Dann gehen wir auseinander und suchen »den Richtigen« oder »die Richtige«.

Keiner ist schuld am Zustand der Mann/Frau-Beziehung oder beide. Jeder weiß es, aber innerlich sind wir der Überzeugung, der andere sei zumindest schuldiger. Unser Blick ist nach außen, auf den Partner und dessen Verhalten, gerichtet. Wenn der andere sich ändern würde, ja dann wäre Liebe einfacher, wäre die Beziehung erfüllter – so glauben wir.

Doch so kann es nicht sein, denn das Verhalten, Fühlen und Handeln des einen Partners ergibt nur im korrelativen Prozeß der Partnerschaft, nur im Zusammenhang mit dem Verhalten, Fühlen und Handeln des anderen Partners einen Sinn. Es gibt nicht *den Mann* unabhängig von der Frau, und es gibt nicht *die Frau* unabhängig vom Mann. Nicht einmal das Wort »Mann« macht Sinn ohne das Wort »Frau«. Es gibt nur das gemeinsam errichtete Netzwerk der Regeln und Verhaltensweisen, und jeder ist auf seine Weise darin gefangen.

Also helfen uns gegenseitige Schuldzuweisungen nicht weiter. Sie halten uns vielmehr davon ab, das einzig Wirksame zu tun: den Blick auf die eigenen Verhaltensweisen zu richten, unseren eigenen Anteil am Konflikt zu erkennen und dann uns selbst, nicht den Partner, zu ändern. Dann kann das Spiel innehalten, dann ruht der Kampf, denn dann besinnen wir uns und legen den Schläger aus der Hand.

Wenn wir beginnen, uns selbst in Frage zu stellen, und den anderen besser verstehen wollen, anstatt ihn zu verurteilen, kann der Streit der Geschlechter produktiv werden.

In den Partnerberatungen der letzten Jahre machte ich eine für mich faszinierende Entdeckung: Es gibt nicht *die Liebe zwischen Mann und Frau*. Männer und Frauen nehmen sich und ihre Verbindung (Liebe) auf eine ganz bestimmte, geschlechtlich spezifische Weise wahr:

Die meisten Männer erfahren Liebe als etwas, das sie geben sollen und das von ihnen erwartet wird.

Die meisten Frauen erfahren Liebe als etwas, das ihnen verweigert wird und um das sie sich bemühen müssen.

In dieser unterschiedlichen Wahrnehmung der Liebe liegt die eigentliche Ursache des Geschlechterkampfes. Diese geschlechtsspezifische Wahrnehmung und der aus ihr resultierende Kampf um Liebe sind das Thema dieses Buches. Worum es beim Kampf um Liebe geht, wird an Vorwürfen deutlich, die ich in unzähligen Partnersitzungen gehört habe.

»Frauen drängen. Sie wollen zuviel. Sie lassen uns Männern keine Ruhe.«

»Männer sind verschlossen, sie wollen nicht lieben. Sie lassen uns Frauen nicht an sich heran.«

Zwei Aussagen, die beispielhaft für die Erfahrung der Geschlechter voneinander und für die *»Erfahrung Liebe«* stehen. Lügen Männer und Frauen, die so etwas sagen? Machen sie es sich zu einfach? Pauschalieren sie?

Ich glaube nicht. Sie haben beide recht. Sie sagen beide die Wahrheit. Die Wahrheit, die sie wahrnehmen. Wenn sie über Liebe reden, sprechen sie – ohne es zu wissen – von zwei gegensätzlichen Erfahrungen.

ER spricht von der Liebe aus dem Erleben eines Mannes.

SIE spricht von der Liebe aus dem Erleben einer Frau.

Deshalb können Partner nie von der Liebe als Liebe sprechen. Deshalb können sie sich nur schwer gegenseitig verstehen. Da beide nicht wissen, daß sie zwar das gleiche Wort »Liebe« gebrauchen, seine Bedeutung jedoch völlig unterschiedlich verstehen, reden sie aneinander vorbei. Sie sprechen zwei Sprachen: die weibliche und männliche Sprache der Liebe.

In diesem Buch werde ich darstellen:

– daß beim Mann lieben in einem anderen Zusammenhang steht und sich auf einem anderem Hintergrund abspielt als bei der Frau.
– daß Mann und Frau Liebe unterschiedlich wahrnehmen und daß sie in ihren Beziehungen auf eine unterschiedliche »Erfahrung Liebe« zurückgreifen.
– daß diese gegensätzliche Erfahrung und Wahrnehmung der Liebe Mann und Frau in die Sackgasse eines äußeren Kampfes und inneren Konfliktes führt, durch den die Liebes- und Beziehungsfähigkeit der Partner eingeschränkt oder zerstört wird.

Darüber hinaus werde ich zeigen:

– welches die Folgen des Liebeskampfes in der Beziehung und im Leben der Partner sind, und darauf eingehen, wie Mann und Frau ihre »Erfahrung Liebe« verändern können und wie eine neue Erfahrung des Mann/Frau-Seins und eine bessere Qualität des Einander-Liebens und Miteinander-Lebens möglich werden kann.

Die Entdeckung der verschiedenartigen männlichen und weiblichen Weise, Liebe zu erleben, ermöglichte mir ein neues Verständnis der Konflikte und Spannungen in Beziehungen und Partnerschaften und eine neue Sicht der Liebe. Das veränderte sowohl meine Arbeit als Therapeut als auch die Beziehung zu meiner Partnerin. Ich begann zu verstehen und als ein Ergebnis davon, meine Partnerin und unsere Beziehung zueinander auf eine neue Weise zu erleben.

Darum geht es auch in diesem Buch: Türen des Verstehens und Begreifens zu öffnen und eine andere Sichtweise und ein neues Erleben der Liebe zu ermöglichen.

Ich glaube, die Zeit ist reif. Nachdem die Auseinandersetzung zwischen Mann und Frau auf gesellschaftlicher Ebene in Gang gekommen ist, brauchen wir jetzt eine Auseinandersetzung mit unseren Gefühlen. Wir können mit den gegenseitigen Schuldzuweisungen und den Versuchen, den anderen verändern zu wollen, aufhören. Wir können anfangen, die Verantwortung bei uns selbst zu suchen. Nur dann kann geschehen, was wir alle – Männer und Frauen – suchen: Verständigung, Verbindung und Erfüllung in gegenseitiger Liebe und Respekt.

1

Die männliche und
die weibliche Welt der Liebe

Liebe im Erleben von Mann und Frau

Wenn ein Mann und eine Frau in ihrer Beziehung Probleme erleben, machen sie dabei nicht die gleiche Erfahrung. Im Gegenteil. Sie machen völlig unterschiedliche Erfahrungen.

Der Mann hat seit drei Stunden Tennis im Fernseher geschaut. Gerade im Augenblick des Matchballs, im Moment höchster Spannung, kommt seine Frau nach Hause. Sie geht auf ihn zu, möchte ihn begrüßen und begrüßt werden. Doch er gibt ihr ein Zeichen zu warten, starrt gebannt in den Fernseher, auf den Höhepunkt des Spiels.

Als er sie schließlich begrüßen will, stellt er fest, daß seine Frau das Zimmer verlassen hat. So fing der Streit an. In den Tagen davor war es schon hin und wieder zu Spannungen gekommen. Doch der Tennis-Vorfall brachte das Faß zum Überlaufen. Noch Wochen später tauchte das Erlebnis in den Auseinandersetzungen des Paares auf, zusammen mit anderen, ähnlichen Erlebnissen, die weiter zurücklagen und ebenfalls unverstanden und unverarbeitet geblieben waren.

Was ist geschehen? Was läßt die Partner so heftig aufeinander reagieren? Diese Frage läßt sich objektiv nur in Form eines Berichts beantworten: Ein Mann sitzt vor dem Fernseher und schaut Tennis. Seine Frau kommt herein und möchte begrüßt werden. Er gibt ihr ein Zeichen zu warten, und sie geht hinaus. Dann streiten die beiden.

Diese Schilderung beschreibt die Abläufe objektiv. Sie erklärt nicht das subjektive Erleben der Partner. Offensichtlich haben dieser Mann und diese Frau den Vorfall auf sehr verschiedene Weise erlebt, sonst könnten sie sich nicht so lange und ausgiebig darüber streiten. Das wird deutlich, als jeder den Vorfall aus seiner Sicht beschreibt:

»Natürlich habe ich sie bemerkt. Aber sie ist reingestürmt und gleich auf mich los. Daß ich Tennis schaue, hat sie nicht interessiert. Und daß sie mich stören könnte, auf die Idee ist sie nicht gekommen.«

»Ich wollte ihn gar nicht stören, nur kurz hallo sagen. Ich glaube, er hat nicht mal richtig bemerkt, daß ich reinkam. Wenn mein Mann mit seinen Hobbys beschäftigt ist, hat er für nichts anderes Augen.«

Wer den beiden zuhört, kann den Eindruck gewinnen, sie sprächen von zwei verschiedenen Erlebnissen und nicht von ein und demselben Ereignis. Jeder ist durch das Verhalten des anderen verletzt, und Vorwürfe fliegen von einer Seite zur anderen:

»Du wolltest mich den Matchball nicht sehen lassen!«

»Du hast dich nicht gefreut, mich zu sehen!«

Streit ist im Gang und schaukelt sich langsam hoch. Jeder versucht, sein eigenes Verhalten zu rechtfertigen und das des anderen ins Unrecht zu setzen:

»Natürlich habe ich mich gefreut, dich zu sehen, aber gerade beim Matchball konnte ich nicht wegsehen. Es war zu spannend. Du hättest ja wohl eine Minute warten können!«

»Auf die paar Augenblicke wäre es doch nicht angekommen. Du hast dir nicht mal die paar Sekunden Zeit für mich genommen. Im Gegenteil, es war dir nicht die Mühe wert, mich zu begrüßen!«

Wer von beiden hat nun recht? Wenn Sie, lieber Leser, ein Mann sind, werden Sie an dieser Stelle vielleicht sagen: »Typisch Frau – es soll sich alles um sie drehen.« Sollten Sie, liebe Leserin, eine Frau sein, werden Sie eventuell sagen: »Typisch Mann – immer gerade was Wichtigeres zu tun.«

Doch bevor wir uns als Zeugen der Auseinandersetzung auf die eine oder andere Seite ziehen lassen, schlage ich vor, nach der subjektiven Bedeutung des Erlebten zu suchen.

Was bedeutet das Erlebnis »Sie kommt rein und will begrüßt werden, während ich Tennis schaue« für den Mann, und was bedeutet das Erlebnis »*Er will Tennis schauen, wenn ich ihn begrüße*« für die Frau? Die Frage nach der Bedeutung ist wichtig, weil sie der jeweiligen Reaktion auf den Partner zugrunde liegt:

»*Es bedeutet, daß ich nicht mal in Ruhe Tennis sehen kann, ohne mich nach ihr richten zu müssen. Gerade in solchen Momenten läßt sie mir einfach keine Ruhe. Ich soll das Tennis sausen lassen und mich ihr zuwenden.*«

»*Es bedeutet, daß ihm Tennis wichtiger ist als die Tatsache, daß ich nach Hause komme. Ich hatte mich auf ihn gefreut und finde ihn vor dem Fernseher. Das hat mich nicht gerade begeistert.*«

In der inneren Bedeutung zeigt sich, wie die Partner den Vorfall verstehen. Zusammengefaßt bedeutet das Verhalten des anderen:

»*Sie mißgönnt mir den Spaß am Tennis!*«

»*Tennis ist ihm wichtiger als ich!*«

Die Bedeutungen sind unterschiedlich, doch jeder der Partner ist vollkommen sicher, mit seiner Deutung richtig zu liegen. Der andere muß wohl lügen oder sich täuschen. Die Partner haben so extrem unterschiedliche Wahrnehmungen des Geschehens, daß sie sich nicht auf eine gemeinsame Interpretation der Vorgänge einigen können. Der sich verfestigende Streit bekräftigt ihre Wahrnehmung voneinander, die schließlich in der festen Überzeugung mündet:

»*Ich soll mich nach ihr richten!*«

»*Ich bin ihm nicht wichtig!*«

Wenn wir die Partner nach dem Streit fragen, mit welchen Erfahrungen sie aus der Auseinandersetzung hervorgehen, schildern sie ihren Überzeugungen entsprechende Erfahrungen:

Der Mann hat die Erfahrung gemacht: »*Ich werde von ihr bedrängt.*«

Die Frau hat die Erfahrung gemacht: »*Ich werde von ihm vernachlässigt.*«

Am Ende der Auseinandersetzung bleibt ein Geschmack von Beengung und Vernachlässigung, der sich als *»Erfahrung mit dem Partner«* einprägt und jederzeit wieder auftauchen kann – als eine von vielen ähnlichen Erfahrung mit dem anderen Geschlecht.

»So läuft's. Das ist immer das Ende. Ich bin ihm nichts wert, und das habe ich ja schon immer gewußt« *(Kommentar Gabriele)*.

Mit dieser Erfahrung stehen die Partner unseres Beispiels nicht allein. Einem anderen Paar ergeht es ähnlich. Klaus hat seine Freundin seit einer Woche nicht gesehen, da er auf Dienstreise war. Als sie mit einem Zweitschlüssel in seine Wohnung kommt, ist er gerade auf dem Weg zum Bad. Er freut sich, sie zu sehen, und nimmt sie spontan in den Arm. Erst an ihrer Reaktion – sie spannt sich an und wehrt seine Umarmung ab – bemerkt er, daß etwas nicht stimmt. Es liegt an der Rasiertasche, die er noch in der Hand hält. Helga ist sauer darüber und macht in ihrer impulsiven Art keinen Hehl daraus. Klaus ist getroffen, kann sich ihre Ablehnung aber nicht erklären. Im Streit kommt es zu Vorwürfen, die zeigen, wie unterschiedlich Klaus und Helga das Ereignis verstehen (deuten):

»Dir kann man es aber nicht recht machen. Ich hab die Tasche vergessen. Ich hab mich einfach riesig gefreut, dich zu sehen. Da ist die Tasche doch ganz egal.«	*»Wenn du dich wirklich gefreut hättest mich zu sehen, dann hättest du dir die Zeit genommen, beide Hände für mich frei zu machen.«*

Wiederum fällt dem außenstehenden Beobachter die unterschiedliche Wahrnehmung auf, die in bezug auf das gleiche Ereignis besteht. Wiederum werden emotionale Verletzungen deutlich, und wiederum glaubt jeder der Partner, *die Wahrheit* erfaßt zu haben und auszusprechen. Die Wahrheit über das Ereignis und die Wahrheit über das Verhalten und die Motive des Partners. Sie streiten sich, machen sich Vorwürfe, und wie im vorigen Beispiel kommen Mann und Frau auch diesmal mit entgegengesetzten Erfahrungen aus der Begegnung:

Der Mann fühlt sich *bedrängt.*   Die Frau fühlt sich *mißachtet.*

Daß diese geschlechtsspezifische Wahrnehmung nicht nur für die Partner der beiden genannten Beispiele zutreffend ist, wird an den Teilnehmern und Teilnehmerinnen eines Partnerseminars deutlich.

Zehn Paare haben sich zum Seminar eingefunden. Die Gruppe ist aufgeteilt. Männer und Frauen sprechen getrennt voneinander über ihr Erleben und ihre Erfahrungen in der Partnerschaft. Dadurch treten Parallelen im Erleben der Liebe bei Männern und Frauen hervor:

»Offenbar haben wir Männer das Gefühl in der Verwirklichung unserer Wünsche zu kurz zu kommen. Wir waren uns einig, daß wir zuviel Rücksicht auf die Partnerin nehmen. Es kommt uns so vor, als ob es leichter wäre, unsere Wünsche zu erfüllen, wenn sie nicht da wäre.«

»Wir Frauen haben das Gefühl, daß Männer uns generell ausweichen. Wir würden bei Konflikten nicht den Schritt zurück machen und ausweichen. Wir würden versuchen, das Problem zu klären, es zusammen zu regeln. Wir würden mehr auf ihn zugehen.«

Von den zehn Männern des Seminars stimmen neun dieser Aussage uneingeschränkt zu. Die Frauen der Paargruppe kommen übereinstimmend zu ihrem Ergebnis.

Auffällig ist, daß die Bemühungen und Wünsche von Männern und Frauen in entgegengesetzte Richtungen zeigen. Bei den Männern zeigen sie von der Partnerin weg, sie fänden es *»leichter, wenn sie nicht da wäre«.* Bei den Frauen zeigen sie zum Partner hin, sie *»würden auf ihn zugehen, um es zu regeln«.*

Die Männer suchen Distanz, sie wollen weg von der Frau.

Die Frauen suchen den Kontakt, sie wollen hin zum Mann.

Warum das so ist, wird deutlich, wenn wir betrachten, wie die eine Gruppe das Verhalten der anderen erlebt und deutet:

»Es wäre leichter ohne sie, weil sie soviel Druck ausüben. Frauen drängen. Sie wollen zuviel. Sie lassen uns kaum zur Ruhe kommen.«

»Was bleibt uns übrig als auf ihn zuzugehen? Männer sind verschlossen, die machen den Mund nicht auf. Von alleine kommen die nicht.«

Wiederum treffen wir auf Erfahrungen von *Enge* und *Vernachlässigung* im Kontakt von Mann und Frau. Fast scheint es, als stehe bei den Partnern eine bestimmte, geschlechtlich unterschiedliche Empfindlichkeit, quasi eine unbewußte Bereitschaft des Mannes, sich bedrängt, und eine unbewußte Bereitschaft der Frau, sich vernachlässigt zu fühlen.

Daß diese Bereitschaft wirklich besteht, fand ich in etlichen Paargruppen und unzähligen Partnerschaftssitzungen bestätigt. Männer und Frauen nehmen einander in ihrer Liebe, in ihren Beziehungen und in ihrer Kommunikation immer dann, wenn Spannungen auftreten oder Probleme auftauchen, auf eine ganz bestimmte Weise wahr:

Fast alle Männer erleben die Frau als bedrängend.

Fast alle Frauen erleben den Mann als abweisend.

Quer durch die Gesellschaft ziehen sich Urteile über das andere Geschlecht, die eine tiefsitzende Überzeugung ausdrücken:

»Frauen wollen ständig Aufmerksamkeit. Sie zerren an uns. Frauen sind Nervensägen!«

Männer sind zurückgezogen, »sie scheuen Auseinandersetzung und verstecken sich. Männer sind Feiglinge!«

Aussagen, die beispielhaft für die Erfahrung der Geschlechter voneinander und für die *»Erfahrung Liebe«* stehen. Sie zeigen uns, daß Liebe eine geschlechtsspezifische Erfahrung ist.

Der Mann spricht von Liebe aus der Erfahrung und dem Erleben eines Mannes!	Die Frau spricht von Liebe aus der Erfahrung und dem Erleben einer Frau!

Da die Liebespartner nicht wissen, daß sie zwar das gleiche Wort Liebe gebrauchen, für sie jedoch ganz unterschiedliche Bedeutungen und Erfahrungen damit verbunden sind, reden und leben sie in einer zuweilen extremen Weise aneinander vorbei. Sie leben in zwei Welten der Liebe, und sie sprechen zwei Sprachen der Liebe: die weibliche und männliche Welt der Liebe und die weibliche und männliche Sprache der Liebe.

Wenn das so ist, dann liegt darin ein Grund, warum sich Mann und Frau in bezug auf die Konflikte ihrer Beziehung kaum miteinander verständigen können – ein Grund für den ständigen Kampf der Geschlechter.

Thesen dieses Abschnitts:

– Mann und Frau erleben Liebe auf unterschiedliche Weise.
– Sie leben in der männlichen und weiblichen Welt der Liebe.
– Ihre »Erfahrung Liebe« ist von Bedrängtheit und Vernachlässigung geprägt.

Enge und Mangel –
die Atmosphäre der Liebe

Weder Mann noch Frau erleben Liebe als Liebe. Ihre Wahrnehmung der Liebe ist verzerrt. Daraus resultieren die meisten ihrer Konflikte.

Ich bat Männer und Frauen, das andere Geschlecht zu kritisieren. Die folgenden Zitate sind Aussagen, die in dieser oder ähnlicher Form immer wiederkehren und hinter denen sich die jeweilige *»Erfahrung Liebe«* verbirgt.

»Ständig soll ich etwas beweisen. Daß ich sie schön finde, daß sie die einzige in meinem Leben ist, daß ich sie noch liebe, daß ich sie nicht verlassen werde ...«

»Wenn ich nur den Satz ›Du sollst...‹ höre, mache ich schon die Schotten dicht.«

»Ich möchte einfach mal nur bei ihr sein können, ohne daß sie etwas will. Einfach nur so da sein und nichts sollen oder tun oder müssen.«

»Sie sitzt den ganzen Tag zu Hause und wartet auf mich. Wenn ich dann nach Hause komme, soll ich für sie dasein.«

»Nur nichts wollen von ihnen, dagegen sind sie allergisch. Ich versteh's nicht. Entweder will ich zuviel, oder aber die Männer sind zu sparsam.«

»Warum fliehen Männer? Warum laufen sie davon? Warum können sie sich nur so schwer mitteilen?«

»Warum ist Nähe für ihn so erschreckend? Warum verhält er sich oft, als gäbe es mich nicht, als sei ich nicht da?«

»Die Wünsche der Frau sind ihnen lästig, das betrifft dann schon wieder ihre Freiheitsgefühle! Sie wollen lieber ihre Ruhe haben.«

»Wenn ich später als geplant nach Hause komme, kann ich die Spannung schon auf der Treppe wittern, dann liegt was in der Luft.«

»...das geht bis in die Sexualität hinein. Da wirft sie mir vor, wie lange wir nicht miteinander geschlafen haben...«

»Ich habe schon noch Lust, mit ihr zu schlafen. Ich verstehe bloß nicht, warum sie nicht will.«

»Wie kann ich einem Mann nahe sein, sehr nahe sein, ohne ihn zu bedrängen oder gar zu vertreiben?«

»Sicher liebt er mich noch, aber nicht als Frau. Dafür hat er seine Bekanntschaften.«

»Was bedeutet Sexualität für Männer? Warum fühlen sie so wenig dabei?«

Hinter all diesen Fragen und Aussagen stecken Erfahrungen, die auf ein unterschiedliches Erleben der Liebe durch Mann und Frau hinweisen.

Für den Mann scheint Liebe im Zusammenhang mit Forderungen und Bedrängtheit zu stehen. Die Atmosphäre, in der er Liebe erlebt, ist eine Atmosphäre der *Enge*. Im genau entgegengesetzten Zusammenhang von Vernachlässigung und Ausgeschlossenheit erfährt die Frau die Liebe. Die Atmosphäre, in der sie Liebe erlebt, ist eine Atmosphäre von *Mangel*.

Heikes Mann macht Wanderurlaub mit einem Freund. Jeden Morgen kommt ein Brief von ihm an:

»Zuerst habe ich mich sehr gefreut, weil es schön war, jeden Tag zum Briefkasten zu gehen und etwas von ihm zu finden. Aber nach vier oder fünf Tagen habe ich angefangen, etwas in den Briefen zu suchen. Irgendwas fehlte. Ich las sie wieder und wieder, bis mir klar wurde, was ich suchte. Es war ein Satz wie ›ich vermisse dich‹ oder ›du fehlst mir.‹ Statt dessen schrieb er, wie gut es ihm geht. Es wurde ein echtes Problem für mich. Meine Gefühle redeten mir ein ›Wie kann es ihm so gutgehen ohne mich?‹ Nach einer Weile war ich davon überzeugt, daß er mich nicht braucht und mich nicht wirklich liebt, weil er mich nicht vermißte. Ich fing an, mich elend und verlassen zu fühlen. Dabei war gar nichts zwi-

24

schen uns vorgefallen. Aber ich konnte nichts gegen meine Gefühle machen.«

Auch in diesem Beispiel wird deutlich, daß die Wahrnehmung des Ereignisses *»Briefe von ihm«* für Heike in einem bestimmten Zusammenhang geschieht, und dieser Zusammenhang heißt Mangel. Obwohl nichts Konkretes vorgefallen ist, stellen sich Gefühle der Vernachlässigung und des Mangels ein, unter denen Heike leidet.

Doch auch ihr Freund Hans bleibt nicht verschont. Bei seiner Rückkehr erwartet ihn eine ängstliche und mißtrauische Frau, die ihn zur Rede stellt und eine Erklärung erwartet. »Wieso hast du mich nicht vermißt?« Hans fühlt sich bedrängt, und das um so mehr, als er sich auf das Wiedersehen gefreut und einen sanften Empfang erwartet hatte. Hans gerät in die typisch männliche Wahrnehmung der Liebe im Zusammenhang mit Enge. Sofort stellen sich die Gefühle der Bedrängtheit bei ihm ein.

Enge:	Mangel:
»Jetzt schreibe ich dir schon jeden Tag und du bist immer noch nicht davon überzeugt, daß ich dich liebe. Was muß ich denn noch machen, um es dir recht zu machen, um dir zu zeigen, daß mir wirklich etwas an dir liegt?«	*»Wie kannst du mich lieben, wenn du mich nicht einmal vermißt? Wie kannst du behaupten, daß du mich liebst, wenn es dir so gutgeht ohne mich? Wahrscheinlich ging es dir so gut, gerade weil ich nicht bei dir war!«*

Der Streit ist da, und wieder machen die Partner zwei unterschiedliche Erfahrungen, die Erfahrung der Enge und des Mangels.

»Ich fühle mich unter Druck gesetzt. Sie verlangt etwas Unmögliches von mir.«	*»Ich fühle mich vernachlässigt. Das ist mir zu wenig Liebe.«*

Die Enge/Mangel-Atmosphäre, in der Mann und Frau Liebe erleben, hat sich auch bei Heike und Hans durchgesetzt.

Wenn sich Partner in dieser Atmosphäre aufhalten (und das ist in Konflikten eigentlich immer der Fall), ist es bedeutungslos, was in der Partnerschaft wirklich geschieht. Der Kontext von Enge und Mangel, in dem Liebe wahrgenommen wird, läßt die entsprechenden Gedanken und Gefühle entstehen – nämlich Enge- und Mangelgefühle. Diese Gedanken und Gefühle sind so massiv, daß keiner der Partner sich vorstellen kann, mit seiner Interpretation falsch zu liegen.

Beweise

Die starken Gefühle scheinen die Richtigkeit der eigenen Wahrnehmung zu beweisen. Sie scheinen der Überzeugung der Partner recht zu geben, die sagt:

»Sie liebt mich nicht. Sie will mich anders, als ich bin!« *»Er liebt mich nicht, denn er nimmt mich nicht wahr!«*

Gefühle der Enge und des Mangels werden zum Beweis der eigenen Überzeugung und zur Grundlage der Auseinandersetzung. An diesen Gefühlen glauben Partner zu erkennen, daß der andere sie nicht wirklich oder nicht richtig liebt.

»Wenn sie mich lieben würde, könnte sie mich nicht bedrängen.« *»Wenn er mich lieben würde, so würde er es mir doch zeigen.«*

Wenn er/sie mich lieben würde, würde ich das erkennen – das glauben Mann und Frau. Doch woran könnten sie erkennen, ob der andere sie liebt?

Marisa ist seit fünf Monaten mit ihrem Freund Georg zusammen. Sie leben in getrennten Wohnungen, verbringen jedoch viel Zeit miteinander. Seit einigen Wochen überschattet der Kontext Liebe/Mangel Marisas Wahrnehmung der Beziehung:

»Ich habe das Gefühl, daß etwas fehlt in unserer Beziehung. Etwas, das dazugehört. Es ist so, als ob ich das nicht von ihm

bekomme. *Manchmal geht es so weit, daß ich mir nicht sicher bin, ob er mich liebt. Ich frage mich, ob er wirklich der richtige Partner für mich ist. Dies Gefühl schleicht sich allmählich ein und macht mich unsicher. Dabei kann ich nicht mal genau sagen, was mir eigentlich fehlt.«*

Marisa und ihr Freund nehmen Paarsitzungen. In einer dieser Stunden machen wir eine Phantasie. Marisa soll sich vorstellen, mit ihrem Freund in einer Weise zusammenzuleben, in der sie ganz sicher sein könnte, daß er sie liebt. Woran könnte sie das erkennen?

»Wir leben in einem Haus miteinander. Wenn er nach Hause kommt, freut er sich, mich zu sehen, und begrüßt mich mit einer schönen Umarmung. Wir haben ein offenes und zärtliches Verhältnis zueinander. Sex ist wichtig, dafür haben wir viel Zeit und sind uns sehr nahe dabei. Wir unternehmen viel gemeinsam. Wir haben Kinder, die gehören dazu. Ich habe meine Arbeit vorübergehend aufgegeben, weil ich mich für eine Weile vorwiegend um die Kinder kümmern will.«

Marisa arbeitet in der Werbeabteilung eines großen Unternehmens. Finanziell ist sie unabhängig. In ihren Sehnsüchten löst sie diese materielle Selbständigkeit in einer familiären Verbindung auf. Ihre Phantasie von wirklicher Liebe ist gefüllt mit Bildern der Verbundenheit und Gemeinsamkeit. Wenn alles genauso wäre, wenn Georg sich auf all das einlassen würde, dann könnte sie ganz sicher sein, daß er sie wirklich liebt.

»Daß sie ihm einfach wichtiger ist als alles andere« (Kommentar Gabriele).

Um das zu tun, müßte Georg auf einiges verzichten, was ihm am Herzen liegt. Aber gerade an seiner Bereitschaft, für sie, für die Beziehung zu verzichten, würde Marisa seine Liebe zu erkennen glauben.

Auch Georg hat eine Veränderung im Klima seiner Beziehung zu Marisa wahrgenommen. Er hat sich vor zwei Jahren scheiden lassen und einen fünfjährigen Sohn bei seiner Frau zurückgelassen.

27

»Ich war in dieser Ehe ständig unter Druck. Es gab immer etwas, das ich machen oder lassen sollte. Es hat mich unter Druck gesetzt, ihr geben zu sollen, was sie verlangte. Dabei habe ich nie rausgefunden, was sie eigentlich von mir wollte. Es konnte nicht gutgehen. Aber eines habe ich gelernt: Ich lasse mich nicht noch mal so unter Druck setzen, auch nicht von Marisa.«

Wie in seiner letzten Ehe scheint der Druck auch diesmal von der Frau auszugehen, und wieder reagiert Georg empfindlich darauf. Wie sähe für ihn die ideale Beziehung aus, und woran würde er erkennen, daß Marisa ihn »wirklich« liebt?

»Mir gefällt es sehr gut, eine eigene Wohnung zu haben und doch nahe bei ihr zu leben. Das kann ruhig so bleiben. Wir sehen uns nur, wenn wir beide es wollen, und machen dann etwas Schönes miteinander. Ich bin nicht gezwungen, mit Marisa zusammenzusein. Wenn ich vor dem Fernseher hängen will, tue ich es, und niemand kann etwas daran aussetzen oder mich daran hindern. Wenn ich ausgehen will, mach' ich es, und niemand hält mich davon ab. Ich muß nichts Bestimmtes tun, und trotzdem lieben wir uns.«

Georgs Phantasie enthält Bilder der Ungebundenheit und Freiheit. Wenn alles so wäre, dann wüßte er, daß Marisa ihn wirklich liebt. So unterschiedlich sind die Kriterien, an denen die Partner die Liebe des anderen erkennen wollen:

ER erkennt ihre Liebe an dem Freiraum, den sie ihm gibt, und daran, daß sie nichts von ihm erwartet, was er nicht will.	SIE erkennt seine Liebe an seiner Bereitschaft, sich zu binden und Verantwortung für eine Familie zu übernehmen.

Da sich die Sehnsüchte der Partner widersprechen, ist es nur eine Frage der Zeit, bis sie aufeinanderprallen. Die beiden sind erst fünf Monate zusammen, doch die verborgenen Ängste vor Enge und Mangel gewinnen bereits Einfluß auf ihre Beziehung. Es kommt zu Streit. Dieser Streit beruht allerdings nicht darauf, daß Georg und Marisa sich nicht mehr lieben – im Gegenteil. Je näher sie sich kommen, je mehr sie sich füreinander öffnen, desto größer werden ihre Ängste vor Enge und Mangel. Zugleich mit der Zunahme der Ängste werden auch die Reaktionen auf geringste oder vermutete Anzeichen drohender Beengung oder Vernachlässigung heftiger. Streit und Mißverständnisse zwischen den Partnern nehmen zu, ein Dauerkonflikt entsteht.

So fängt es an. Es ist nicht übertrieben zu behaupten, daß fast alle Vorwürfe und fast alle Streitereien von Partnern aus der gegensätzlichen Wahrnehmung der Liebe im Zusammenhang mit Enge und Mangel resultieren. Das Tragische an dieser Situation ist, daß weder Mann noch Frau fähig sind, die Realität der Ereignisse zu erfassen.

Der Mann trägt die Brille   Die Frau trägt die Brille
      ENGE!   MANGEL!

Beide, Mann und Frau, haben eine Brille auf, die ihre Wahrnehmung färbt. Die Brillen ENGE und MANGEL wirken wie Filter zwischen der Innen- und Außenwelt. Was außen passiert, kommt innen ganz anders an. Die Enge/Mangel-Brille der Liebe gibt allen Erlebnissen und Ereignissen der Beziehung die Farbe und den Geschmack von Enge oder Mangel und verzerrt sie damit. Und ich meine buchstäblich ALLEN Erlebnissen.

Diese *geschlechtsspezifische Wahrnehmung der Liebe* ist jedoch mehr als eine Brille, die lediglich unsere Sicht trübt. Sie bestimmt unsere Gefühle zueinander, unsere Vorstellungen voneinander und unsere Überzeugungen übereinander. Weil diese Wahrnehmung so vollständig ist, stellen wir sie nicht in Frage. Darin liegt ihre Macht und ihre Gefahr, denn unter ihrem Einfluß können wir die Realität der Ereignisse und die Bedeutung des Verhaltens unserer Partner nicht klar erkennen.

Als ich die Entdeckung des Enge/Mangel-Zusammenhangs der Liebe machte, wurde ich neugierig zu erfahren, wie verbreitet diese geschlechtsspezifische Wahrnehmung ist. In der Folgezeit habe ich Hunderten Partnern die gleiche Frage gestellt. »*Wenn Sie in einer Beziehung sind, was ist dann Ihre größte Angst?*« Die Antworten haben sich zu 95 Prozent im entsprechenden Kontext befunden:

MANN	FRAU
– »*meine Freiheit zu verlieren*«	– »*daß er mich verläßt!*«
– »*von ihr vereinnahmt zu werden!*«	– »*daß er meine Liebe mißbraucht!*«
– »*zu sehr eingeschränkt zu werden!*«	– »*hängengelassen zu werden!*«
– »*nicht mehr unbefangen das machen zu können, was ich will!*«	– »*von ihm benutzt zu werden!*«
– »*nicht mehr zu wissen, was ich will!*«	– »*aus seinem Leben ausgeschlossen zu sein!*«
– »*daß sie sich an mich hängt!*«	– »*nicht genügend beachtet zu werden!*«
– »*mich für sie verantwortlich zu fühlen!*«	– »*mich für ihn aufzugeben!*«

Machen Sie die Probe aufs Exempel. Fragen Sie Männer und Frauen aus Ihrem Bekanntenkreis, fragen Sie sich selbst. Achten Sie auf die erste, spontan auftauchende Antwort. Das ist eine gute Möglichkeit, den Kontext Ihrer Liebe zu entdecken. Sie werden feststellen: Es gibt nahezu keinen Konfliktpunkt zwischen Mann und Frau, der nicht von dieser gegensätzlichen Wahrnehmung bestimmt ist.

Was also, wenn unsere Wahrnehmung uns etwas Falsches einredet? Wenn sie unsere Vorstellung voneinander und unsere Gefühle zueinander manipuliert? Wenn es gar nicht so ist, wie unsere Gefühle es uns glauben machen? Dann sind Mann und Frau Opfer ihrer Wahrnehmung, und ihre Kämpfe sind sinnlos.

Wenn unsere Wahrnehmung jedoch der Realität entspräche, dann könnten wir uns dies nicht gefallen lassen.

Dann müßten wir den Kampf aufnehmen – den Kampf um Liebe. Da wir von der Wahrheit unserer Wahrnehmung überzeugt sind, tun wir das.

Thesen dieses Abschnitts:

– Liebe ist eine geschlechtspezifisch unterschiedliche Erfahrung.
– Mann und Frau erleben Liebe in einem bestimmten Zusammenhang:
● Der Mann im Zusammenhang mit Enge.
● Die Frau im Zusammenhang mit Mangel.

Der Kampf um Liebe

Die Wahrnehmung der Liebe im Kontext von Enge und Mangel führt geradewegs in die große Schlacht: den Kampf der Geschlechter gegen Enge und Mangel, den Kampf um Freiheit und Nähe.

Halten wir fest: Mann und Frau erleben Liebe durch die Färbung subjektiver Wahrnehmung. Aus dieser Wahrnehmung heraus reagieren sie vor allem emotional aufeinander, was zu Streit und Konflikten führt. Die Gefühle und Gedanken, die dem Zusammenhang von Liebe mit Enge und von Liebe mit Mangel entspringen, sind unangenehmster Art.

»Sie will mich binden«, »Ich bekomme Beklemmungen«, »Mir stockt der Atem« sind Worte, mit denen ER sein Empfinden verdeutlicht.

»Er läßt mich links liegen«, »Er beachtet mich nicht«, »Manchmal fühle ich mich, als ob es mich gar nicht gibt« sind Worte, mit denen SIE ihr Erleben beschreibt.

Besonders unerträglich ist, daß Mann und Frau sich gerade von dem Menschen bedrängt oder vernachlässigt fühlen, der ihnen am nächsten steht und den sie lieben. Solche Gefühle tun weh, solche Gefühle und Überzeugungen verursachen seelische Schmerzen. Mehr Schmerzen, als wir in den emotionalen Streßsituationen des Streits und Zwiespalts verkraften können. Also versuchen wir, diese Gefühle zu vermeiden und etwas dagegen zu tun. Wir beginnen damit, gegen die Gefühle der Enge und des Mangels zu kämpfen.

Jetzt fängt das Mann/Frau-Beziehungsdrama an. Der Partner scheint der Verursacher dieser Gefühle zu sein.

> *»Wenn SIE mich nicht bedrängen würde, würde ich keine Beklemmungen haben.«*

> *»Wenn ER mich nicht abweisen würde, brauchte ich mich nicht vernachlässigt zu fühlen.«*

Wenn der Partner Verursacher der eigenen Schmerzen ist, dann gilt es, sein Verhalten zu verändern. Wie aber soll das geschehen? Indem man ihm klarmacht, daß er falsches tut und von ihm fordert, etwas anderes zu tun. Mann und Frau versuchen das. Der Schmerz-Abwehrkampf beginnt mit gegenseitigen Vorwürfen:

> *»Du bedrängst mich!«*

> *»Du weist mich ab!«*

und geht mit Forderungen weiter:

> *»Laß mir mehr Raum!«*

> *»Laß dich auf mich ein!«*

Diese Forderungen sollen Gefühle von Enge und Mangel verhindern und Situationen der Freiheit und Nähe herstellen. Doch der andere kann und will unsere Forderungen nicht erfüllen.

Würde der Mann ihren Forderungen nach Nähe nachgeben, würde er sich erst recht beengt fühlen, denn er hätte seine Liebe ja nicht freiwillig gegeben.

Würde die Frau seinen Forderungen nach Platz nachgeben, müßte sie sich erst recht vernachlässigt fühlen, denn sie würde auf etwas verzichten, das sie haben will.

Also gibt keiner nach. Jeder beharrt auf seinem *»Recht«* und kämpft weiter. Der Abwehrkampf der Partner wird unterbrochen von Phasen der Erschöpfung, der Kampfmüdigkeit oder wieder aufkeimender, liebevoller Verbundenheit; doch bei der nächsten Gelegenheit flammt er wieder auf.

»Von Zeit zu Zeit will sie so was wie eine Bilanz unserer Beziehung ziehen. Dann rechnet sie mir vor, was alles passiert oder nicht passiert ist, aber hätte passieren sollen, und was sie alles vermißt. Sie versucht, mich festzunageln und in die Ecke zu treiben. Ich hasse diese Art von ihr.«

»Wenn ich mit ihm reden will, stellt er den Fernseher an und besteht darauf, daß das Ding während unserer Unterhaltung läuft. Ich habe dann das Gefühl, er hört mir nicht zu und sieht mich nicht, weil er mich auch nicht anschaut. Das macht mich rasend. Eine Weile halte ich es durch, dann gebe ich auf.«

Dieses Paar ist seit neun Jahren zusammen. Sie lieben sich immer noch, aber an einem bestimmten Punkt ihrer Beziehung bleiben sie immer wieder hängen: an den Gefühlen der Bedrängtheit und Vernachlässigung. Sobald das Thema aufkommt, beginnt der Kampf. Er will sich mehr Raum verschaffen, sie sich mehr Nähe:

Er macht den Fernseher an, um ihren Angriffen weniger ausgesetzt zu sein. Sobald es ihm zu heiß (eng) wird, kann er auf das Geschehen im Fernseher ausweichen.

Sie versucht, an ihn heranzukommen, unterhält sich trotz Fernseher mit ihm, bemüht sich um Verständigung. Schließlich gibt sie auf und geht.

Aber der Konflikt ist nicht gelöst. Er schwelt unter der Oberfläche weiter und kann jederzeit neu ausbrechen – mit großer Intensität und Wucht. So geht die Abwehrschlacht von Mann und Frau ihrem Höhepunkt entgegen – der offenen Auseinandersetzung, bei der alle Mittel und Waffen eingesetzt werden bis hin zu gemeinen und unwahren Anschuldigungen:

»Du läßt mir NIEMALS Ruhe!«

»Du bist NIE für mich da!«

Die Abwehrhaltung

In der Abwehrschlacht finden wir Mann und Frau im Kampf verhakt. Durch ihr Handeln treiben sie die Spirale des Kampfes höher und höher, denn was immer der eine tut, dient dem anderen als Bestätigung seiner Ängste und Befürchtungen und als Beweis seiner Überzeugungen. Ein Bild soll uns das Verhalten der Partner im Abwehrkampf verdeutlichen:

Der Mann steht mit ausgestreckten Armen da und versucht, die Frau von sich zu halten: *»Komm mir nicht zu nahe!«*

Die Frau versucht, den Mann mit ihren Händen zu erreichen und sich an ihn heranzuziehen: *»Laß mich zu dir!«*

Jetzt fühlt er sich richtig bedroht. Er setzt alles daran, sie auf Abstand zu halten: *»Hör auf, an mir zu zerren!«*

Woraufhin sie sich erst richtig abgewiesen fühlt und noch mehr Kraft aufwendet, seine Liebe und Aufmerksamkeit zu bekommen: *»Zeig dich doch mal – oder bin ich dir egal?!«*

Derart in die Enge getrieben, fängt der Mann an, sich in sein Inneres zurückzuziehen und einen festen Ring aus Kälte und Unnahbarkeit um sich zu legen.

Was die Frau verzweifeln läßt und dazu veranlaßt, alles Erdenkliche zu tun, ihn zu berühren, ihn zu erweichen, zu ihm durchzudringen.

Schließlich hängen beide fest, denn nichts geht mehr. Sie sind in der Sackgasse des Beziehungskampfes angelangt.

In diesem Kampf befindet sich jedes Paar, jede Beziehung, früher oder später einmal. Viele Partner halten sich Jahre oder sogar Jahrzehnte dauernd oder immer auf dem Schlachtfeld der Liebe auf. Es mag sein, daß hin und wieder die Seiten getauscht werden und der Mann der bedrängende und die Frau der abwehrende Teil wird. Doch in den allermeisten Fällen ist es der Mann, der sich einmauert und zurückzieht, und die Frau, die ihm nachrückt und ihn erreichen will.

Warum das so ist, dazu komme ich später. Betrachten wir zunächst die Position in der Abwehrschlacht genauer.

Die Ja/Nein-Falle

Sobald der Mann davon überzeugt ist, von der Frau bedrängt zu werden (und früher oder später ist er mit Sicherheit davon überzeugt), reagiert er mit Ablehnung. Das ist der Punkt, wo er anfängt, sich davonzumachen. Er fürchtet sich. Er flüchtet. Er mauert sich ein. Er läßt nichts mehr an sich herankommen.

Er sendet Botschaften verbaler und nonverbaler Art, die aussagen: *»Laß mich in Ruhe, bedränge mich nicht, verlange nichts von mir, quäle mich nicht.«* Dieses Verhalten kennt und fürchtet, glaube ich, jede Frau. Was geht im Mann vor, was veranlaßt ihn zu diesem Handeln?

»Ich bekomme dann das Gefühl, sie will mich an sich ranziehen. Dann kriege ich Platzangst. Wenn ich nicht aufpasse, werde ich überrollt.«

»Ich muß aufpassen, ich muß mißtrauisch sein, sie will mir etwas anhängen.«

Das sind beispielhafte Überzeugungen, die den Mann zum Abwehrkampf motivieren. Hinter dem Versuch, die Frau auf Abstand zu halten, steckt zudem noch die Befürchtung, ihrer Nähe nicht mehr entkommen zu können, wenn er sich erst einmal darauf eingelassen hat. Im Begehren der Frau fühlt sich der Mann wie die Fliege im Netz der Spinne gefangen. Er muß aufpassen, sonst ... wird er *»ausgesaugt«*. Sein Bemühen, Distanz zu halten, entpuppt sich als Selbstschutz, entpuppt sich als Versuch, seine emotionale Unabhängigkeit zu bewahren, die er zu verlieren fürchtet.

Der Mann hält sich die Frau *»vom Leibe«*. Das bedeutet aber nicht, daß er ohne sie sein will, daß er Beziehung oder Partnerschaft ablehnt. Auch er will in Beziehung sein. Wenn er sich aber auf Dauer der Frau verweigert, wird sie ihn früher oder später verlassen. Also kann er sich kein dauerndes Nein ihren Wünschen gegenüber leisten.

Jetzt sitzt der Mann in der Klemme. Er wagt es nicht,

offen Nein zu sagen, bringt es aber auch nicht fertig, mit Ja zu handeln und die Frau zu sich zu lassen.

Erika: *»Was mich wahnsinnig macht ist, daß er alles so verpackt. Er ist nie direkt, manchmal sagt er direkt das Gegenteil von dem, was er will. Wenn ich ihn anrufe und frage, ob ich zu ihm kommen kann oder ob es ihn stört, sagt er immer, ich könnte kommen. Wenn ich dann bei ihm bin, ist er oft nicht ansprechbar, dann hat er was anderes zu tun. Ich kann damit nicht umgehen, weil ich nicht weiß, ob es jetzt an mir liegt, daß er so abwesend ist, oder woran ich eigentlich mit ihm bin. Dann fühle ich mich wie abgestellt, werde sauer, und der Streit geht los.«*

Der Bericht dieser Frau schildert eine typische Situation, in die die Frau durch die Ja/Nein-Falle gerät: die doppelten, sich widersprechenden Botschaften des gleichzeitigen Ja und Nein. Der Mann hat eine Strategie entwickelt, um mit der Situation der Enge fertig zu werden. Er sagt Ja und handelt Nein. Seine verbale Kommunikation steht im Widerspruch zu seinem Fühlen und Handeln. Aus Angst, die Partnerin zu verlieren, bemüht er sich äußerlich, ihren Forderungen nachzukommen, für sie dazusein, sie zu lieben, es ihr recht zu machen. Doch in seinem Inneren lehnt er ihre Erwartungen ab und distanziert sich. Die Beweise seiner Zuneigung sind zögernd, seine Küsse flüchtig, sein Sex ist leer, seine Liebe halbherzig, seine Aufmerksamkeit erzwungen.

Jetzt wird seine ganze Haltung im Abwehrkampf deutlich: hält einerseits die Frau auf Abstand (Nein), und andererseits verhindert er, daß sie geht (Ja). Seine Hände halten sie fern und fest zugleich. Er läßt sie *»in der Luft hängen«* und *»am ausgestreckten Arm verhungern«*. Seine wirkliche Botschaft an die Frau ist doppelter Art: *»Komm mir nicht zu nahe, aber verlasse mich auch nicht. Fordere nichts, aber bleib bei mir.«*

»Eine Sauerei, aber ich kenne es auch von mir« (Kommentar Klaus).

»So eine Situation macht mir angst. Ich bemühe mich dann besonders um ihn« (Kommentar Gabriele).

Der Mann hält die Frau in der Ja/Nein-Falle gefangen. Er gibt ihr nicht, was sie ersehnt, was sie begehrt, aber er verspricht ihr genug, um sie zu halten. Mit dieser doppelten Botschaft verunsichert er die Partnerin nicht nur, er treibt sie regelrecht in Verzweiflung.

Trude: *»Vorige Woche hat er mir versprochen, für ein paar Tage mit mir wegzufahren. Jetzt will er nicht mehr, er fühlt sich nicht danach. So geht das ständig. Hüh und hott, hin und her. Ich kann mich nicht auf ihn verlassen. Erst sagt er ja, wenn ich mit ihm tanzen gehen will, dann tut ihm im letzten Augenblick der Rücken weh. Es ist zum Verrücktwerden.«*

Die Ja/Nein-Falle ist eine Zwickmühle. Wenn die Frau zu ihm will, hält der Mann sie fern. Wenn sie jedoch droht, ihn zu verlassen, dreht sich sein Verhalten um, denn jetzt bekommt er Angst. Jetzt können wir beobachten, wie er ihr Liebe und Besserung verspricht.

Peter: *»So gibt es bei mir immer eine Art von Unentschlossenheit, Uneindeutigkeit, ein Verhalten, das Laura immer in mittlerer Reichweite zu halten sucht. Nicht ganz nah heranlassen, aber auch nicht allzu weit fortgehen lassen. Kam sie zu nahe, habe ich mich zugeschlossen, drohte sie fortzugehen, bin ich hinterher, um sie festzuhalten. Ich habe sie immer auf mittlerer Reichweite gehalten.«*

Der Mann, der diese Worte schrieb, hat nach sechzehn Jahren Ehe und Kampf seine doppelte Botschaft entdeckt. Sechzehn Jahre und eine Partner-Therapie hat es gedauert, bis ihm klar wurde, was er seiner Frau zumutete.

Abstoßen und festhalten, Versprechungen geben und nicht einhalten, Halbwahrheiten und Lügen, Beteuerungen und Verharmlosungen sind Mittel, mit denen Männer die Ja/Nein-Falle errichten und aufrechterhalten.

Die Frau wartet, hofft, bemüht sich, doch vergebens. Wonach sie sich sehnt, geschieht nicht, worauf sie wartet bleibt aus. Sie erschöpft sich in ihren Anstrengungen, ihn zu erreichen, und verliert ihre Kraft im Bemühen, von ihm angenommen zu werden. Mit der Ja/Nein-Falle entzieht der Mann der Frau den Boden.

In der Errichtung der Ja/Nein-Falle liegt der Anteil des Mannes am Geschlechterkampf. Seine »*Schuld*« liegt in der Unklarheit und Zweideutigkeit seines Verhaltens, mit dem er die Partnerin und letztlich auch sich selbst verletzt, denn seine – für die Frau unverständliche und undurchschaubare – Abwehr animiert sie zu weiteren, intensiveren Versuchen, ihn zu erreichen. So trägt er unbemerkt zu dem Druck bei, unter dem er selbst am meisten leidet.

Der Empfindsamkeitstest

Auch die Frau befindet sich im Abwehrkampf. Sobald sie in der Beziehung davon überzeugt ist, vernachlässigt zu werden (und früher oder später ist sie mit Sicherheit davon überzeugt), reagiert sie mit Bemühen.

Vielleicht hat er ihren Geburtstag vergessen, sich nicht positiv über ihr neues Kleid geäußert, einer anderen Frau begehrliche Blicke zugeworfen oder ist zu lange außer Haus gewesen. Vielleicht hat er sie belogen, beschwindelt, ihre Fragen unklar beantwortet oder sich in Schweigen versenkt. Das alles nimmt sie als Beweis dafür, wie richtig ihre Mangel-Wahrnehmung ist, die ihr einflüstert: *»Er will dich nicht, er will dich nicht wirklich.«* Dann setzt sich ihre unbewußte Erwartung von Schmerz durch, und sie beginnt ihrerseits mit der Abwehr des befürchteten Leides (Mangel).

Aus ihrer Angst vor Vernachlässigung versucht sie, Beweise seiner Liebe und Zuneigung zu erhalten. In dieser Situation ist ihr die Liebe des Mannes nicht genug. Nicht tief genug, nicht intensiv genug, nicht überzeugend genug, nicht sicher genug. Sie ist verunsichert, verängstigt, mißtrauisch.

Gabriele: *»Ich suchte ihn, bettelte, bemühte mich, bedrängte ihn. Ich wollte um jeden Preis etwas Liebe von ihm spüren. Manchmal fand ich mein Gebettel zum Kotzen und habe trotzdem weitergemacht.«*

Wie könnte sie seine Zuneigung gewinnen? Indem sie etwas für ihn tut. Indem sie sich um ihn bemüht. Indem sie ihn verwöhnt. Indem sie ihn bestätigt. Indem sie sich ihm anpaßt. Aber auch davon fühlt der Mann sich bedrängt. Alsbald muß die Frau zu stärkeren Mitteln greifen.

Eine Klientin verbrachte eine Woche bei ihrem neuen Freund, mit dem sie erst wenige Monate zusammen war.

»Während der ganzen Woche habe ich darauf gewartet, daß er

etwas Schönes zu mir sagt. Etwas wie ›ich liebe dich‹ oder in dieser Art. Wir verbrachten eine schöne Zeit miteinander, aber er sagte es nicht. Ich bekam Zweifel, und es wurde immer schwieriger für mich, das Zusammensein mit ihm zu genießen. Ich wollte Gewißheit über seine Gefühle zu mir, ich wollte diesen Satz hören. Beim Abschied hat er mir dann gesagt, daß es sehr schön für ihn war und er mir noch näherkommen möchte. Doch ich war mittlerweile schon so wütend auf ihn, daß ich es nicht mehr hören wollte.«

Aus ihrer Wut heraus schleuderte sie ihm die Worte »*jetzt brauchst du es auch nicht mehr zu sagen*« entgegen und rauschte ab. Zurück blieben ein verstörter Mann und eine enttäuschte Frau. Es dauerte eine Woche und erforderte mühsame Gespräche, bis die beiden wieder zueinander fanden.

Im Abwehrkampf drängt die Frau den Mann zu ständigen Beweisen seiner Liebe. Doch er bleibt diese Beweise schuldig. Im Gegenteil, er wehrt sich dagegen. Das erregt die Frau noch mehr. Was sie so aufregt, läßt ihn scheinbar kalt, denn er erscheint teilnahmslos, abwehrend und kühl. Während sie sein Herz erreichen will, seine Gefühle, sein Inneres, steht er da und ist für sie unerreichbar, ist »*zu*«. Doch die Frau will Gefühl, will ihn spüren, will wissen, was in ihm vorgeht und woran sie mit ihm ist. »*Zeig mir, daß du mich liebst, daß ich dir noch etwas bedeute*« ist ihre Forderung, mit der sie den Mann bedroht und bedrängt.

Während der Mann versucht, ihr zu entkommen, legt die Frau erst richtig los. Sie will ein Zeichen, will seine Aufmerksamkeit erzwingen. Sie tut alles Erdenkliche für ihn – oder sie bewirft ihn mit Vorwürfen, Fragen, stürmt auf ihn ein, macht ihm Szenen. Sie berennt ihn mit Gefühl, mit der Kraft ihrer Verzweiflung, um ein Echo seines Herzens zu erhalten.

Wenn sie sicher sein könnte, daß er sie nicht liebt, daß er nichts mehr für sie empfindet, würde sie ihre Bemühungen aufgeben. Aber sie bekommt kein eindeutiges Zeichen, kein eindeutiges Gefühl. Krampfhaft hält der Mann die Fassade der Unnahbarkeit aufrecht, eine Fassade, hinter die die Frau nicht blicken kann. Sie ist davon überzeugt, *daß er hinter dieser Mauer seine Liebe verbirgt,* seine Liebe für sie – oder zumindest die Wahrheit. Da seine Fassade nicht zu durchdringen ist, versucht sie schließlich, diese zu zertrümmern.

Die Frau entwickelt ein Verhalten, das ich den Empfindsamkeitstest nenne. Der Empfindsamkeitstest ist die Fortsetzung ihres Bemühens mit aggressiven Mitteln. Da sie den Mann nicht spüren kann, versucht sie nun, ihn zu verletzen. Wenn das gelingt, wenn sie ihn zu Tränen, zu Wut oder zur Raserei bringen kann, weiß sie, daß er noch Gefühle für sie hat, daß sie ihm noch etwas bedeutet.

In der Beratung fordere ich die Partner manchmal auf, ihr Verhalten darzustellen.

Janin geht auf die Knie und macht sich an den Beinen ihres Mannes Bernd zu schaffen. Sie hält eine imaginäre Säge in der Hand und sägt an seinen Knien. Ab und zu greift sie zur Bohrmaschine und bohrt Löcher in seine Beine. (Er steht wie ein Fels in der Brandung und verzieht keine Miene.) Schließlich steht sie auf und schleudert Speere in seine Brust. (Er steht mit verschränkten Armen da und läßt die Speere von sich abprallen.)

»Mit dem Bohren und Sägen und den Speeren versuche ich, ihn umzuwerfen. Ich will ihn am Boden sehen. Ich will, daß sich was regt. Ich will ihn treffen. Er soll spüren, wie es mir geht, wie es sich anfühlt, mißachtet zu werden.«

Der Empfindsamkeitstest kann zuweilen extreme Formen annehmen, wie das folgende Beispiel zeigt. Roland und Renate sind seit acht Jahren verheiratet. Ihre Beziehung ist durch die oft und heftig aufflammende Abwehrschlacht stark belastet. Roland spricht kaum noch mit seiner Frau, die in Momenten extremer Verzweiflung droht, ihn zu verlassen. Sobald diese Drohung im Raum steht, wird Roland stumm und starrt auf den Boden. Eines Tages kommt er nach Hause und findet seine Comic-Sammlung zerfleddert und über den Boden des ganzen Hauses verstreut. Er ist schockiert und fassungslos. Er kann nicht begreifen, daß sie sich auf diese Weise bemerkbar macht –

weil er nicht begreift, wie sehr er sich verschlossen hat und wie sehr sie dadurch verletzt ist.

Der Empfindsamkeitstest kann aber auch in eine andere Richtung gehen. Dann regrediert die Frau. Sie wird klein, klammert sich an den Mann, bricht zusammen, droht mit Selbstmord, wenn er sie nicht liebt – um ihn zu testen. Um herauszufinden, was sie ihm bedeutet.

Doch der Empfindsamkeitstest bringt nichts Gutes. Er zerstört die Gefühle der Liebe, die den Mann noch mit der Frau verbinden. In der Durchführung des Empfindsamkeitstests liegt der Anteil der Frau am Geschlechterkampf. Ihre »*Schuld*« liegt im Klammern, im Bohren und Sägen, in der unterschwelligen oder offenen Aggressivität ihres Wollens, ihrer Unersättlichkeit. Doch ohne es zu wissen, ohne es zu wollen, treibt die Frau den Mann durch den Empfindsamkeitstest immer tiefer in die Abwehr, immer tiefer in einen Rückzug, an dem sie selbst am meisten verzweifelt.

Sackgasse

Den Empfindsamkeitstest und die Ja/Nein-Falle benutzen Mann und Frau, obwohl er ihnen selbst schadet. Sie tun dies, weil sie nicht anders können. Wenn die Partner in der Sackgasse des Abwehrkampfes festhängen und nicht bemerken, daß sie selbst einen Anteil daran haben; wenn sie glauben, der andere sei schuld, dann gibt es oft nur noch den Ausweg der Trennung. Wenn die Partner aber erkennen, daß sie selbst den Partner in die Abwehr treiben – dann ist das der Punkt, an dem jeder nach Alternativen in seinem eigenen Verhalten zu suchen beginnt. Dann steht nicht der andere und sein Verhalten, sondern *ich selbst und mein Verhalten* im Mittelpunkt der Betrachtung. Dann können die Hintergründe des eigenen Verhaltens sichtbar werden. Diesen Hintergründen möchte ich mich im nächsten Abschnitt widmen.

Thesen dieses Abschnitts:

– Um Liebe zu erhalten und Enge und Mangel zu vermeiden, beginnen Mann und Frau den Abwehrkampf.

● Der Mann hält die Frau in der Ja/Nein-Falle fern und fest zugleich.

● Die Frau bemüht sich um den Mann und bedrängt ihn im Empfindsamkeitstest.

– In diesem Abwehrkampf (Abwehr von Enge und Mangelgefühlen) treiben sich die Partner gegenseitig in die Sackgasse.

2

Liebe auf dem Hintergrund von Abhängigkeit

Der soziale Hintergrund der Liebe

Mann sein heißt Verzicht. Frau sein heißt Verzicht. Verzicht auf die andere Hälfte unserer Möglichkeiten.

Bisher haben wir uns den Konflikten von Mann und Frau gewidmet und untersucht, wofür und wogegen Mann und Frau kämpfen: gegen Enge und für Freiheit, gegen Vernachlässigung und für Nähe.

In den vorangegangenen Beispielen, der Schilderung der Ja/Nein-Falle und des Empfindsamkeitstests wurde zugleich deutlich, daß Mann und Frau auf unterschiedliche Weise kämpfen und verschiedene Mittel in ihrem Kampf einsetzen. Man könnte sagen, ER kämpft wie ein Mann, SIE kämpft wie eine Frau. Er kämpft mit den Waffen des Verstandes, mit Härte und Ratio, sie mit der Kraft ihrer Gefühle.

Lassen Sie uns die Gegensätzlichkeit dieses Verhaltens näher betrachten. Wie kommt es zu diesen Unterschieden? Handelt es sich um wesensmäßige Unterschiede von Mann und Frau, oder ist die offensichtliche Unterschiedlichkeit ihres Verhaltens erlernt?

Noch vor wenigen Jahrzehnten waren männliches und weibliches Verhalten klar und eindeutig abgegrenzt. Heute ist es anders. Erfolg(reiche) Frauen leisten sich junge Liebhaber. Dies Privileg war früher meist Männern vorbehalten. Heute übernehmen Männer Hausarbeit. Eine Frau fängt im Weltraum Satelliten ein. Kleine Mädchen klettern auf Bäume, und Jungen spielen mit Puppen – wenn wir sie lassen.

Wir finden Männer und Frauen quasi in allen Lebensbereichen bei den unterschiedlichsten Tätigkeiten und stellen fest, daß sie diese gleich gut beherrschen. Alles weist darauf hin, daß Mann und Frau gleiche Potentiale und gleiche Fähigkeiten besitzen und diese unter förderlichen Bedingungen auch gleich entwickeln.

Zweifellos gibt es aber deutliche Unterschiede im Verhalten von Mann und Frau, was sich vor allem in ihren Beziehungen zeigt. Wenn wir diese Unterschiede verstehen wollen, können wir nicht umhin, einen kurzen Ausflug in die Vergangenheit zu machen. Gehen wir zurück, ein paar Hundert, ein paar Tausend Jahre, in die Kindertage der Mann/Frau-Beziehung.

In dieser Vergangenheit herrschen andere (Über-)Lebensbedingungen. Von Reichtum und Überfluß keine Spur. *Überleben* ist das Hauptanliegen der Menschen, und das Überleben in dieser Umwelt ist ständig bedroht. Sei es durch Tiere, andere Menschen oder einfach durch Hunger. Der einzelne hat wenig Chancen. Deshalb haben sich Menschen zu Gruppen und Mann und Frau zu Familien zusammengeschlossen. Die Gemeinschaft der Überlebenspartner heißt Ehe (=Vertrag). In dieser Struktur fallen Männern und Frauen unterschiedliche Aufgaben zu, denn die Geschlechter teilen die anfallende Arbeit auf. Unter den geschilderten Umständen ist das die beste Möglichkeit zur Vermehrung von Reichtum und zur Sicherung des Überlebens, einschließlich der Fortpflanzung.

Aufgabenteilung

Das ist doch Vergangenheit – könnten wir versucht sein zu glauben. Doch bis in unsere Gegenwart reichen die Folgen der Aufgabenteilung, denn eine Konsequenz der männlichen Spezialisierung auf den Außenbereich und der weiblichen Spezialisierung auf den Innenbereich war, daß Mann und Frau einseitig wurden.

Die Aufgabe des Mannes lag in der Sicherung des Außenbereiches. Er jagte, kämpfte, arbeitete mit Werkzeugen, sorgte für die notwendige Nahrung. Die Frau kümmerte sich um den Innenbereich. Sie pflanzte, pflegte, versorgte die Kinder und sorgte für ein Minimum an Behaglichkeit.

Auffallend ist, welch unterschiedliche Fähigkeiten von den Geschlechtern verlangt wurden, wenn sie ihre jeweiligen Aufgaben erfüllen wollten.

Der Mann lernte vor allem, nach außen stark und entschlossen zu sein. Er entwickelte vor allem die Kräfte des Aufbaus, der Zerstörung und des Trennens.[1]	Die Frau lernte vor allem, verständnisvoll und einfühlsam zu sein. Sie entwickelte vor allem die Kräfte und Fähigkeiten des Behütens und der Verbindung.[2]

Außenbereich

Der Mann entwickelte Kraft, Stärke, Entschlossenheit, Siegeswillen, Durchsetzungsvermögen, Brutalität, und den Verstand zum Gebrauch der Werkzeuge und Waffen. Alle Eigenschaften, Denkweisen und Gefühle, die im weitesten Sinne mit dieser seiner Aufgabe zu tun haben, finden wir beim Mann stark entwickelt. Dafür sind Gefühle und Eigenschaften, die ihm bei der Erfüllung seiner Aufgabe im Wege standen, verkümmert. Es sind dies die lebensbewahrenden, weiblichen Eigenschaften, deren Entwicklung er der Frau überließ.

[1] Stärke in diesem Zusammenhang bedeutet die Fähigkeit zu kriegerischer Auseinandersetzung und Zerstörung und die Trennung von dabei hinderlichen Gefühlen.
[2] Natürlich hat die Frau dafür auch Stärke entwickelt – jedoch in anderen Bereichen. Ich meine also nicht Mann = stark und Frau = schwach. Ich meine vielmehr Mann und Frau sind stark in bestimmten Bereichen und schwach in anderen.

Innenbereich

Die Frau entwickelte Empfindsamkeit, Einfühlungsvermögen, erzieherische Qualitäten, liebevolle Aufmerksamkeit. Die Fähigkeit zur Zuwendung und Verständnis sind Eigenschaften, die wir auf der Frauenseite finden. Hier sind es die aggressiven, männlichen Eigenschaften, die von der Frau vernachlässigt wurden.

Einseitigkeit

Die Aufgabenteilung war Spezialisierung. Dieser Vorteil ermöglichte Überleben, und das war erst einmal das Wichtigste. Doch jede Spezialisierung bedeutet als Hinwendung an einen Bereich auch Abwendung von anderen Bereichen. Als Konsequenz der Rollenteilung wurden Mann und Frau einseitig – sie entwickelten nur eine Hälfte ihrer Fähigkeiten, die sie zur Erfüllung ihrer Aufgaben brauchten. Der Preis der Spezialisierung, ihr Nachteil, war also Verdrängung, war Aufspaltung bestimmter Kräfte und Eigenschaften in weibliche und männliche Qualitäten.

Aus der harten Realität des damaligen Lebens ergaben sich verschiedene Anforderungen an die Geschlechter.

Der Mann mußte stark sein, um sich und seine Familie zu schützen und materiell zu versorgen.	Die Frau mußte einen Mann haben, um durchzukommen und ihn und die Familie emotional zu versorgen.

Wer versagte, wer seine Aufgabe nicht erfüllte, verlor den Ehepartner und damit nicht nur eine materielle Stütze, sondern auch die andere Hälfte seines Selbst, die er an den Partner delegiert hatte, denn:

– nur im Zusammensein mit der Frau und der Familie konnte der Mann die weichen Gefühle der Liebe erleben.

– nur im Zusammensein mit dem Mann konnte die Frau die Gefühle der Sicherheit, Kraft und Geborgenheit erleben.

So brauchten die Partner einander, wollten sie nicht vollständig auf das Erleben der delegierten Teile verzichten. Sie brauchten einander auf doppelte Weise, sowohl in materieller als auch in seelischer Hinsicht.

Aufgabenteilung führte also unter anderem zum Verzicht auf die Entwicklung bestimmter Fähigkeiten und menschlicher Qualitäten. Dies ist sicherlich eine Auswirkung der Rollenteilung, die uns noch heute in Beziehungen und Partnerschaften begegnet und die uns zu schaffen macht.

Verzicht bedeutet,

– daß der Mann relativ vom Erleben seiner Gefühle, vom Erleben und Beherrschen seiner Innenwelt getrennt ist.

– daß die Frau relativ vom Erleben ihrer Unabhängigkeit abgeschnitten ist, vom Erleben und Beherrschen der Außenwelt.

Aufgaben

Mann und Frau übernahmen verschiedene Aufgaben. Die Doppeldeutigkeit des Wortes ist faszinierend. Was gebe ich auf, wenn ich eine Aufgabe übernehme? Wer eine Aufgabe übernimmt, gibt etwas auf, um etwas anderes zu tun.

Die Teilung der Aufgaben führte zur Teilung der Fähigkeiten. Heute spüren wir, worauf wir verzichtet haben, denn heute hat sich die wirtschaftliche Grundlage der Aufgabenteilung aufgelöst. Heute brauchen Mann und Frau einander nicht mehr, um zu überleben. Heute haben wir die Freiheit, unsere Einseitigkeit wahrzunehmen und unsere Hände nach dem ganzen Kuchen menschlicher Fähigkeiten und Qualitäten auszustrecken.

Damit kein Mißverständnis entsteht: *Heute vollzieht sich diese gegenseitige Abhängigkeit auf der emotionalen Ebene unserer Beziehungen.*

Auch wenn unsere äußere, materielle Realität sich verändert hat, die innere, seelisch-emotionale Realität entspricht noch in großem Maße der traditionellen Aufgabenteilung. Gefühle brauchen eben viel mehr Zeit, bis sie sich den veränderten Bedingungen unseres Lebens anpassen.

Botschaften

Daß die Einseitigkeit unserer Ahnen sich in uns festgesetzt hat, daran haben Eltern und Gesellschaft ihren Anteil. Die soziale Botschaft an den Mann und die Frau unserer Vergangenheit lautete:

»Sei stark! Sei ein Mann! Sonst kannst du keine Familie haben! Sonst bleibst du allein!«

»Gib dir Mühe! Du mußt einen Mann bekommen! Sonst kommst du nicht durch!«

Obwohl diese Botschaften aus einer materiellen Realität stammen, die keine Gültigkeit mehr hat, die wir – zumindest in den westlichen Industrienationen – zurückgelassen haben, leben sie in unserem Inneren weiter. Wir halten sie lebendig, indem wir sie, von Generation zu Generation, auf unsere Kinder übertragen.

Wie geschieht das? Wie vermitteln Eltern solche Botschaften an ihre Kinder? Sicherlich nur teilweise willentlich und absichtlich. Doch diese Dinge übertragen sich weniger durch Worte als durch das, was wir unseren Kindern in Familie und Gesellschaft vorleben.

Der kleine Junge sieht den Vater aus dem Haus gehen und abends zurückkommen. Die Mutter ist den ganzen Tag zu Hause. Daher weiß der Junge, wo einmal sein Platz sein wird. Der Vater spricht kaum über Gefühle, aber er fragt nach den Zeugnissen. Daher weiß der Junge, was einmal von ihm erwartet wird.[1]

»Als ich ein kleines Mädchen war, etwa fünf Jahre alt«, erzählt eine Kollegin, *»war ich froh, kein Junge zu sein. Ich wußte, daß ich nicht arbeiten muß, wenn ich einmal groß bin. Arbeiten – das wollte ich auf keinen Fall.«*

»Woher wußtest du, was Arbeit ist?« frage ich.

»Ich wußte es nicht. Ich hatte keine Ahnung davon, außer daß man damit Geld verdient, aber ich wollte es nicht tun müssen, das hat mir angst gemacht. Es hat einige Jahre gedauert, bis ich mich damit abfand.«

Sie wußte es nicht, niemand hat es ihr erzählt, aber sie hat es dennoch mitbekommen. Arbeiten ist das, was Vater macht. Arbeiten macht keinen Spaß, ist Kampf, und abends ist man müde. Als sie groß war, mußte sie dann doch arbeiten. Wen wundert es, daß diese Frau mit großen Ängsten und inneren Widerständen in den Beruf ging und Sicherheit nur allmählich fand?

Nonverbale Botschaften, vorgelebtes Beispiel, Zustimmung und Ablehnung motivieren das Verhalten unserer Kinder weit mehr als alles andere. Kein Wort muß gewechselt werden, um einem Kind zu zeigen, ob sein Verhalten richtig oder falsch ist, ob wir es billigen oder verurteilen, ob wir es für das lieben, was es tut, oder uns von ihm abwenden, weil wir es *so* nicht wollen. Unsere Mimik, Gestik, unsere Haltung reichen als Mittler geschlechtsspezifischer Botschaften völlig aus.

Auf diesem Wege, unausgesprochen und unbemerkt, übertragen sich die wirklichen Botschaften auf unsere Kinder. Erwachsene leben es vor, und Kinder orientieren sich an diesen Verhaltensmodellen. Aus kleinen Jungen, die spielen, werden große Männer, die kämpfen, und aus

---

[1]Auch wenn sich diesbezüglich ein Wandel vollzieht, treffen diese Sachverhalte auch heute noch zu. Auf uns, die wir heute erwachsen sind, allemal.

kleinen Mädchen, die artig sind, werden Frauen, die sich an Männern orientieren.

Wir könnten uns fragen: Warum geben Eltern solche Botschaften an ihre Kinder weiter? Warum trennen Eltern ihre Söhne von weiblichen Eigenschaften wie Sensibilität? Warum trennen Eltern ihre Töchter von männlichen Eigenschaften wie Aggressivität? Eltern wissen zumeist nicht, daß sie das tun. Sie selbst sind so. Sie können keine anderen Botschaften übertragen als die, die sie leben. Sie sind Vorbild, ihr Sein, nicht ihr Wollen, bestimmt das Sein der Kinder.

Mann sein

Sich in der Außenwelt zu bewähren, stark und kampforientiert zu sein, darauf wird der Mann vorbereitet. Das war früher und ist auch heute noch so.

Ein junger Mann kommt zur Therapie. Er steht unter starkem innerem Druck, fühlt sich getrieben, gehetzt, kann nicht entspannen. Er soll die Firma seines Vaters übernehmen. Von klein auf versuchte sein Vater, ihn auf diese Aufgabe, dieses Aufgeben, vorzubereiten. Ausgehend von seinen eigenen Erfahrungen in der Außenwelt gab er dem Sohn Botschaften mit auf den Weg: *»...die Welt ist gefährlich, man muß hier aufpassen, Gefahr ist überall. Die Menschen sind wie Tiere, die sich zerfleischen wollen...«*

Extreme Botschaften, aber nicht für einen Mann. Der Vater hat eine Firma aufgebaut und dabei manch harten Kampf, auch um den Erhalt seines Geschäftes, geführt. Dabei waren männliche Fähigkeiten nützlich, und er versuchte, seinem Sohn diese Erfahrungen zu vermitteln. Härte ist ein Ergebnis dieser Erziehung. Angst vor (vermeintlicher) Schwäche ein weiteres. Im Verlauf einer Sitzung erlaubt sich der Sohn, seinen Kopf in meine Hände zu legen. Jetzt bin ich sein (guter) Vater. Erleichtert weint er. Tränen, die er nie zeigen konnte, Schwäche, die er sich nie eingestehen durfte.

So oder ähnlich geht es den meisten kleinen Männern: Schon der Junge erfährt das Leben als Kampf, und auf den Kampf des Lebens wird er vorbereitet. Kämpfen ist im Spiel der Jungen liebste Beschäftigung. Kämpfen ist *die* Grunderfahrung des männlichen Kindes, und der Junge trifft ständig und überall auf die direkte oder indirekte, ausgesprochene oder unausgesprochene Botschaft: Mach dich bereit, eines Tages mußt du da draußen hinaus und dann mußt du bestehen. Dann mußt du gut sein, dann mußt du stark sein, dann mußt du gewinnen können, damit du es schaffen kannst. Es schaffen meint: das *Überleben.*

Ein Mann erlebt die Welt als Kampfplatz. Er versucht, gut und stark zu sein. Er muß sich anstrengen, es zu etwas bringen, Rivalen ausstechen, sich behaupten, beweisen, daß er es schaffen kann. Jeder Mann hat die Botschaft erhalten. Jeder Mann trägt tief in sich eine Überzeugung. Sie lautet: *Ich muß stark sein.*

Stark sein wird die Art und Weise, ein Mann zu sein. Stark sein will er für seine Frau und seine Familie, denn die Familie bietet ihm Zugang zu den Gefühlen des Innenbereiches. Ohne Familie, ohne Frau oder Kinder bleibt der Mann von der Welt der leichten und weichen Gefühle ausgeschlossen, von der Verbindung mit Liebe und Nähe. Aber eine Frau kann er nur bekommen (so glaubt er tief innen), wenn er stark ist.

Manchmal weigern sich Jungen, diese Botschaft anzunehmen. Vielleicht mögen sie ihre Väter nicht und wollen nicht wie diese werden. Sie wollen nicht stark sein. Dann werden sie schwach. Aber sie werden schwach, nicht weil sie schwach *sind,* sondern weil sie nicht stark sein wollen. Sie sind gegen-identifiziert. Aber auch wenn sie dagegen sind, sie orientieren sich an der gleichen Botschaft: Sei stark.

Mann sein heißt immer noch Verzicht auf bestimmte Gefühle. Verzicht auf Sensibilität und Einfühlung, den Luxus der Tränen, auf Weich-Sein und Nicht-Wissen. Mann sein heißt Trennung von Entspannung, von Hingabe, von Loslassen.

Frau sein

Für die Frau waren ans *Überleben* andere Bedingungen und Forderungen geknüpft.

Ihre Realität forderte: Du mußt einen Mann bekommen, sonst gehst du unter. Und wenn du einen hast, mußt du für ihn dasein, damit du ihn nicht verlierst.

Welch harte Realität hinter dieser Botschaft steht, wurde mir vor kurzem klar, als ich einen Filmbericht aus den Goldgräberlagern Brasiliens sah. Drei Frauen prügelten sich um einen Mann. Jede wollte ihn für sich, obwohl die Männer dieser Lager, sobald das Gold ausgebeutet ist, weiterziehen und ihre Frauen samt Kindern sitzenlassen. Doch solange ein Mann da ist und ein wenig Gold ausbuddelt, so lange ist *Überleben* gesichert.

Auf Spuren der Botschaft »Du mußt einen haben« treffen Frauen vielerorts. Heide erzählt einige Beispiele:

»*Wenn ich bei meinen Verwandten bin, was zu Weihnachten oder bei besonderen Festen vorkommt, werde ich jedesmal gefragt, ob ich inzwischen einen Mann habe. Dann die besorgten Gesichter und die Anspielungen, daß es jetzt Zeit wird, schließlich sei ich schon 38. Oder wenn ich auf eine Party von Betriebsangehörigen gehe, werde ich wie selbstverständlich gefragt, ob mein Mann auch da ist. Dann das Erstaunen: ›Was, du hast keinen Mann?‹ So etwas passiert mir öfter. Es ist wirklich lächerlich, aber es trifft mich.*«

Die Botschaft der Gesellschaft an die Frau ist vor langer Zeit entstanden, doch sie lautet heute noch: »*Du mußt einen Mann kriegen, sonst bist du aufgeschmissen. Wenn du einen Mann hast, mußt du für ihn dasein. Du mußt nett und reizvoll sein, gut aussehen, schön sein. Du mußt begehrenswert sein. Du mußt (im Bereich des Innen, der Gefühle) für ihn sorgen*«. Nicht zuletzt aufgrund dieser Botschaften vernachlässigt die Frau ihre eigene Berufsplanung.

Asta: »*Ich habe als Studentin phantasiert, einen Professor zu heiraten und ihm bei seinem Erfolg zur Seite zu stehen. Mein Studium als Lehrerin zielte schon darauf ab, es mit Ehe und Kindern verbinden zu können.*«

Aufgrund der gesellschaftlichen Botschaft *»Du mußt einen Mann haben«* hat die Frau die unbewußte Überzeugung ver-innerlicht: *Allein komme ich nicht durch!* Wir müssen uns vor Augen halten, daß es sich dabei um eine unbewußte, vor allem von Gefühlen abhängige Überzeugung handelt. Des-halb ist sie vom Verstand her so schwer zu beeinflussen. Vom Verstand her wird jede Frau sagen: *»Natürlich komme ich alleine durch!«,* aber das wird an ihren Gefühlen nichts ändern.

Marlene: *»Ich mache so viel für ihn. Wenn er z.B. kein Früh-stück machen will, dann macht er es nicht. Das traue ich mich nicht. Ich mache Frühstück, mache das Ei weich, frage nach, ob es ihm schmeckt, ob alles richtig ist, ob noch was fehlt. Ist der Tee gut? Noch mehr Zucker? So geht das am Stück. Ich will, daß er mich braucht, ich will gebraucht werden. Ich finde es selbst furchtbar, es geht mir selbst auf den Nerv, aber ich erwische mich immer wieder dabei.«*

Heidrun: *»Wenn er ein Problem hat, mache ich es direkt zu mei-nem. Ich fühle seinen Kummer und seine Wunden mit. Dann stecke ich emotional mit drin und vergesse mich selbst. Ich stelle mir vor, was gut für ihn wäre und ihm helfen könnte. Dann arrangiere ich etwas, von dem ich glaube, es wäre gut für ihn. Ich beteilige mich richtig an seinem Leben, aber dafür erwarte ich dann auch, daß er bleibt.«*

»Was mache ich nicht alles, damit er mich braucht und mich will. Tolle Hausfrau. Tolle Geschäftsfrau. Tolle Mut-ter. Tolle Ehefrau und dazu noch toll aussehen« *(Kommentar Gabriele).*

Selbstwert

Es fällt auf, daß die Botschaften an Mann und Frau unterschiedliche Schwerpunkte haben.

Die Botschaft an den Mann ist positive Botschaft: *Kämpfe für dich, finde etwas in dir, finde deine Stärke, finde deine Kraft aus dir selbst.* Der Mann kämpft um etwas, das er in sich selbst finden kann.

Frauen bekommen negierende Botschaften: *Verhindere, daß du allein bist. Kämpfe um seine Wertschätzung, seine Aufmerksamkeit.* Die Frau kämpft für etwas außerhalb ihres Selbst.

Thesen dieses Abschnitts:

– In der traditionellen Rollenteilung finden wir den sozialen *»Hintergrund Liebe.«* Dieser Hintergrund hieß früher *Überleben.* Heute heißt er *emotionales Überleben.*

– Um Überleben sicherzustellen, entwickelten die Geschlechter unterschiedliche Fähigkeiten und verinnerlichten verschiedene Überzeugungen:

● Mann: Ich muß stark sein!

● Frau: Alleine komme ich nicht durch!

– Obwohl sie in unserer heutigen Welt keine materielle Grundlage mehr haben, existieren die alten Überzeugungen in unseren Gefühlen weiter.

– Sie übertragen sich durch Botschaften der Eltern und der Gesellschaft auf jedes Kind und schränken dessen Verhaltensmöglichkeiten ein.

– Diese Überzeugungen führen dazu, daß Mann und Frau ihr emotionales Überleben auf verschiedene Weise sichern wollen:

● Der Mann sucht etwas in sich selbst: seine sogenannte Stärke.

● Die Frau sucht etwas außerhalb ihres Selbst: die Zuwendung des Mannes.

Die Aufgabenteilung der Geschlechter bildet jedoch nicht den einzigen Hintergrund der Liebe. Einen zweiten, heute besonders wichtigen Faktor bildet eine Lebensstruktur, die sich unmittelbar aus der Aufgabenteilung ergibt: die Familie und der familiäre Zusammenhang.

Der familiäre Hintergrund der Liebe

Wenn wir ein verliebtes Paar sehen, denken wir gern zurück an die schöne Zeit unserer ersten Liebe. Eine romantische Betrachtung, die einen wesentlichen Faktor außer acht läßt: Es ist nicht erste, es ist zweite Liebe.

In der traditionellen Teilung und Spaltung in männliche Außenwelt und weibliche Innenwelt finden wir die Ursachen der beschriebenen Botschaften an die Geschlechter und die Gründe für die unterschiedliche Weise, in der Mann und Frau ihre Fähigkeiten und Qualitäten entwickelten.

Doch die Rollenteilung hat eine weitere, fast bedeutsamere Auswirkung auf die Entstehung der *»Erfahrung Liebe«* und auf die Gestaltung der Emotionen von Mann und Frau. Denn durch die geschlechtsspezifische Aufgabenverteilung wird eine Situation geschaffen, die sich auf die Entwicklung unserer Liebesfähigkeit ganz entscheidend auswirkt: die familiäre Situation.

Erste Liebe

Die familiäre Situation stellt sich im Spannungsfeld des Dreiecks Vater-Mutter-Kind(er) dar. Vater und Mutter waren die ersten Menschen, mit denen wir im Leben Kontakt hatten. Sie waren nicht nur Garanten unseres Überlebens, sie waren darüber hinaus unser Zugang zur Welt und Vermittler von Werten und Vorstellungen.

Wir können getrost so weit gehen zu sagen, daß sie auch unsere ersten (Liebes-)Partner waren. Sosehr sie uns liebten, so sehr liebten wir auch sie. So verliebt sie in uns waren, so verliebt waren wir in sie. Diese Liebe ging über eine bloß herzliche Beziehung hinaus bis in sexuelle Bereiche hinein.

Dies sollte ich – um Mißverständnissen vorzubeugen – erläutern. Sexuell ist die Beziehung der Eltern zu ihren Kindern im Sinne liebevoller, körperlicher Verbindung zweier Menschen, nicht im Sinne praktizierter Sexualität.

Körperliche Liebe

Die Kind/Eltern-Beziehung zeigt alle wesentlichen Elemente der Mann/Frau-Beziehung – die Elemente der Liebe und Körperlichkeit. In den ersten Monaten und Jahren unseres Lebens können wir Liebe eigentlich fast nur durch körperliche Zuwendung begreifen. Würden unsere Eltern uns lediglich sagen, wie sehr sie uns lieben, es würde uns nicht helfen. Sie müssen uns Liebe körperlich fühlen lassen. Für Kinder ist der Körper die Pforte, durch die sie Liebe aufnehmen.

Vor kurzem beobachtete ich einen Vater beim Spielen mit seinem Baby am Strand. Die Kleine kroch weg, er kroch hinterher. Er biß sie zart in den Rücken, sie quiekte begeistert. Dann bedeckte er sie von oben bis unten mit Küssen. Das war sexuell.

Wer glaubt, in der Eltern/Kind-Beziehung fehle die sexuelle Dimension, sollte einmal einer Mutter zuschauen, die mit ihrem Baby-Jungen spielt. Wie sie ihn anschaut, berührt, seine Haut küßt, ihn kitzelt, liebkost und anlacht. Und den Jungen, wie er sich hingibt und genießt. Das ist sexuelles Erleben in Reinform. Beide erleben körperliche Lust miteinander. Es ist nicht die gleiche sexuelle Lust, die erwachsene Menschen verbindet – und doch ist es Genuß am Körper und seinen Sinnen.

Eindeutig sexuell, also von den Kräften der gegengeschlechtlichen Neugier und Anziehung beeinflußt, ist die Liebe der Mutter zum männlichen Kind und die Liebe des Vaters zum weiblichen Kind. Mutter findet ihren kleinen

Jungen durchaus attraktiv, und ebenso ergeht es Vater mit seiner kleinen Tochter – und das ist gut so, denn Kinder brauchen die sexuelle Bestätigung von seiten ihrer Eltern. Selbstverständlich müssen Art und Umfang des körperlichen Kontaktes am Bedürfnis des Kindes und nicht am Bedürfnis des oder der Erwachsenen orientiert sein. Leider ziehen manche Eltern diese Grenze nicht, sie mißbrauchen ihre Kinder.

Die Tatsache des Kindesmißbrauchs wirft einen Schatten auf die oft idealisierte Konstellation der Familie. Denn Kinder können sich in der Enge der familiären Abhängigkeit dem Mißbrauch nicht entziehen. Dabei leiden Mädchen unter dem sexuellen Mißbrauch durch ihre Väter und Jungen unter dem emotionalen Mißbrauch durch ihre Mütter. Und es fällt den betreffenden Eltern schwer, ihre Kinder nicht zu mißbrauchen, denn sie sind unbefriedigt und wissen nicht, wohin mit ihren Bedürfnissen. Der nächste Weg führt sie zu ihren Kindern, die dann ihrerseits nicht wissen, wohin sie sich wenden oder fliehen können.

Kinder sind vor Mißbrauch durch ihre Eltern sicher, wenn diese ihre sexuellen und emotionalen Bedürfnisse in der Ehe oder außerhalb der Ehe befriedigen können. Befriedigte Eltern brauchen ihre Kinder nicht und mißbrauchen sie daher auch nicht. Dann können Kinder mit ihren kindlichen sexuellen Bedürfnissen zu ihren Eltern kommen und sich dort sicher fühlen und in ihrer Entwicklung unterstützt und bestärkt werden.

Kinder brauchen körperliche Liebe und geschlechtliche Bestätigung. Leider gestaltet sich die sexuelle Beziehung in der familiären Situation für Junge und Mädchen ganz verschieden, da die familiäre Situation durch die Anwesenheit der Mutter und die Abwesenheit des Vaters geprägt ist. Die Mutter ist meist da, Vater ist meist weg.

Welche Bedeutung dieser Umstand für Junge und Mädchen hat, wird uns klar, wenn wir uns in die Lage der Kinder versetzen, die im Kontakt mit Vater und Mutter ihre allerersten Erfahrungen mit Liebe und Sexualität machen.

Der Junge	Das Mädchen
– hat in der anwesenden Mutter eine Liebes-Partnerin des anderen Geschlechts, hat in der Mutter eine Partnerin, die ihn liebt *und* sexuell begehrt.	– muß auf die Anwesenheit eines andersgeschlechtlichen Liebes-Partners verzichten. Es hat in der Mutter eine Partnerin, die sie zwar liebt, aber *nicht* begehrt.

Beide, Junge und Mädchen, haben in der Mutter zwar einen Menschen, der sie liebt,

– doch der Junge erfährt, worauf das Mädchen verzichten muß: Bereits in den ersten Monaten und Jahren seines Lebens baut er eine Liebes-Beziehung zum anderen Geschlecht auf.	– dem Mädchen bleibt diese Erfahrung weitgehend verwehrt, denn der Vater ist, vor allem in den ersten Lebensjahren, für das Mädchen kaum erreichbar.

Dieser Umstand hat Konsequenzen für die Entwicklung der Identitäts- und Selbstwertgefühle der Kinder.

Selbstwert. Daß wir etwas wert sind, wissen wir, wenn wir geliebt werden. Geliebt zu werden schafft Selbstwert. »Vater und Mutter lieben mich – ich muß etwas wert sein, ich muß liebenswert sein« ist die Überzeugung von Kindern, die Liebe und Zuwendung durch ihre Eltern erfahren. Die Liebe, die uns aus den elterlichen Augen entgegenkommt, gibt uns Vertrauen in den eigenen menschlichen Wert und damit Vertrauen in uns selbst – Selbstvertrauen.

Geschlechtsidentität. Daß wir als geschlechtliche Wesen, als Mann und Frau, etwas wert sind, können wir aus liebevoller Aufmerksamkeit der Eltern alleine nicht erkennen. Die Gewißheit, *als ein Mann* oder *als eine Frau* etwas wert zu sein, ergibt sich erst aus der sexuellen Aufmerksamkeit der Eltern: dem Begehren, das wir in den Augen unseres ersten Liebespartners erkennen, und der Lust, die wir durch seine Berührung und Zuwendung erleben.

Dieses Begehren und zugleich damit seine geschlechtliche Identität findet der Junge im Blick seiner Mutter, der ihm sagt: »*Du bist ein richtiger, schöner, kleiner MANN!*«

Dieses Begehren und damit zugleich seine geschlechtliche Identität vermißt das Mädchen im Blick seines Vaters, der ihm sagen könnte: »*Du bist eine richtige, schöne, kleine FRAU!*«

Widmen wir uns noch einen Augenblick der Beziehung Mutter/Sohn und Vater/Tochter, deren Bedeutung für unser späteres Liebesleben außerordentlich ist.

Die Beziehung des Jungen zur Mutter

Liebe. Das Verhältnis des Jungen zu seiner Mutter ist geprägt von Liebe und sexueller Verbindung. Mutter ist nicht einfach Bezugsperson. Mutter ist Frau. Mutter ist jemand vom anderen Geschlecht. Mutter ist Liebespartnerin – Partnerin des Herzens und der Sexualität des kleinen Jungen. Ein Klient schildert seinen Traum:

Liebe und Sexualität. Peter: »*In meinen Armen liegt eine Frau, ich liebkose ihre Brüste mit meinem Mund. Sie genießt es, sie gibt sich mir hin. Ich genieße, daß sie sich hingibt. Plötzlich dreht sich das Bild, und ich finde mich als Baby in den Armen einer Frau. Ich sauge an ihrer Brust. Sie schließt die Augen, lehnt sich zurück und entspannt. Mehr, sie genießt. Sie nimmt meine Berührung in sich auf. Sie gibt sich mir hin. Sie gibt mir das Gefühl, etwas für sie zu tun, etwas, das schön für sie ist. Sie gibt mir Gewißheit, bewirken zu können, aktiv zu sein, obwohl ich ein Baby bin.*«

Peters Traum ist eine deutliche Erinnerung an positive Aspekte der sexuellen Beziehung zu seiner Mutter. Doch es gibt auch negative Seiten dieser Beziehung.

Abhängigkeit. Es gibt die erzwungene Nähe zum Kind, die ungewollten und unerwünschten Berührungen, Umarmungen, Liebesbezeugungen. Zwar sind Kinder Sexualpartner, doch sie sind keineswegs gleichwertige Sexualpartner. Sie sind abhängig. Sie erleben Sexualität oder körperliche Lust aus der Position eines abhängigen Wesens. Für den kleinen Jungen heißt das unter anderem: Er ist den Bedürfnissen und körperlichen Wünschen der Mutter ausgeliefert. Wenn sie etwas von ihm will, kann er nicht sagen: *»Jetzt nicht, laß mich in Ruhe.«*

Abscheu. Die Mutter kann ihre sexuellen Wünsche an ihm befriedigen. Das heißt nicht, daß sie direkt sexuell wird. Das heißt nicht, daß sie eine inzestuöse Verbindung zu ihm aufnimmt. Aber sie befriedigt ihr generelles Bedürfnis nach körperlicher Nähe und Präsenz eines männlichen Wesens an ihrem Jungen, und das um so mehr, je weniger sie dieses Bedürfnis bei ihrem eigenen Mann erfüllen kann. Meist kann sie es bei ihm nicht oder nur mangelhaft befriedigen, denn der Vater ist ja kaum oder nur selten da.

»Als unser Sohn noch ein Baby war, hatten Klaus und ich ein inniges Verhältnis. Ich war rundum glücklich mit ihm. Wenn ich andere Mütter mit ihren Babys sah, wunderte ich mich, wieso die ihre Babys fast auffraßen und tätschelten, ja ihnen keine Ruhe gönnten. Damals habe ich mich gefragt, ob ich eine schlechte Mutter bin« *(Kommentar Gabriele)*.

Es gibt die kontrollierende, besitzergreifende, übergreifende Mutter. Ist nicht sie es, die ihn an sich bindet und ihn ungern größer werden läßt, der es schwerfällt, ihn aus der symbiotischen Säugling/Mutter-Beziehung zu entlassen?
»Die Frau hat unbewußt Schwierigkeiten, auf das einzige männliche Wesen zu verzichten, das sie je bei sich gehabt hat; denn der Vater war nicht für sie da, und ihr Mann ist meistens abwesend.« Das sagt die französische Analytikerin Christiane Olivier.[1] Ihr Buch Jokastes Kinder hat

[1] Christiane Olivier, Jokastes Kinder, Die Psyche der Frau im Schatten der Mutter, Düsseldorf 1988[8]

viel zu meinem Verständnis der familiären Ursprünge der Enge/Mangel-Wahrnehmung von Mann und Frau beigetragen.

Haß. Mutter ist Macht. Sie hat uneingeschränkte Macht. Macht, zu geben und zu nehmen. Macht über den Jungen. Muß nicht der kleine Junge seine Mutter um Erlaubnis bitten, wenn er etwas will? Hat sie nicht alle Macht, ihm Wünsche zu erfüllen oder zu versagen? Muß er nicht tausendmal seine wahren Wünsche vor ihr verstecken und sie täuschen, um sich durchsetzen zu können? Ist es nicht diese erste Frau seines Lebens, die seine Handlungen und Wünsche versteht oder verdammt? Das Verhältnis des Jungen zu seiner Mutter ist zwiespältig.

Der Junge erlebt die erste Frau seines Lebens als übermächtige Frau, die er liebt, braucht und der er ausgeliefert ist.

Sie ist Quelle seiner Lust und seiner Frustration zugleich. Die Nähe zu ihr hat einen doppelten Boden. Einerseits ist er auf diese Nähe angewiesen, denn außer Mutter ist niemand für ihn da. Andererseits muß er sich gegen ihre Macht und ihre Nähe wehren, weil sie ihm oft aufgezwungen werden. In gleichem Maße, in dem er sich zu ihr hingezogen fühlt, fühlt er sich oftmals von ihr abgestoßen. Haß und Ablehnung entstehen neben Liebe und Anziehung als Bestandteile der Beziehung des Jungen zur Mutter.

»Als ich sechs Jahre alt war, traf ich mich öfter mit einem Mädchen aus der Nachbarschaft. Sie war etwa vier. Wir hatten ein seltsames Ritual miteinander. Ich hielt ihr den Mund zu, bis sie keine Luft mehr bekam. Es hat mich mit einer bestimmten Befriedigung erfüllt, auch wenn es mir unheimlich war, daß die Kleine nicht weglief. Heute weiß ich, daß es Rache und Genugtuung für die Demütigungen war, denen ich durch meine Mutter ausgesetzt war.«

Dieser Mann erträgt es heute noch nicht, Frauen zuzuhören, ihren Vorwürfen und Vorhaltungen, weil sie ihn an die quälenden Vorhaltungen seiner Mutter erinnern und an den aussichtslosen Kampf gegen die mächtige erste Frau seines Lebens.

Rückzug. Der Junge fühlt sich oft ausgeliefert. Er möchte dem Anspruch, *»Mutters lieber Junge«* zu sein, entkommen. Doch er muß die Abneigung gegen seine Mutter in vielen Situationen verstecken, denn die Impulse seiner Selbsterhaltung gebieten ihm zu bleiben und sich ihrem Willen unterzuordnen. Zu sehr braucht er die Mutter, als daß er ihre Ablehnung und ihren Zorn riskieren könnte.

»Ich hatte als Kind schnell gelernt, daß ich Zuwendung nur durch Wohlverhalten bekommen konnte. So war ich der ›vernünftige‹ Junge, mit dem man sich überall sehen lassen konnte« *(Kommentar Klaus).*

Da er also nicht nach außen, in die Welt, fliehen kann, flieht er nach innen. Da er nicht weglaufen kann, versteckt er sich in sich selbst. Sein Körper ist da, in Mutters Armen, doch seine wahren Gefühle hat er versteckt.

Unschwer erkennen wir in seinem Verhalten die Grundlagen der Ja/Nein-Falle des späteren Mannes, unter dem die Frauen seines Lebens leiden werden. *»Wenn er mit mir schläft, ist er nicht wirklich da«, »Wenn er mit mir redet, schaut er mich nicht an.«* Wie oft habe ich in der Therapie Frauen diese Sätze sagen hören. Er ist nicht da, er hat sich versteckt. Er hat Angst – Angst vor der Frau.

»...denn hier entsteht für den Mann die zärtlichste aller Lieben, gefolgt vom längsten aller Kriege. Der Mann entrinnt ihm, gezeichnet von Mißtrauen, Schweigen, Frauenfeindlichkeit, kurz gesagt: mit all dem, was die Frau ihm vorwirft.«[1]

Hilflosigkeit. In seinem Kampf mit der Mutter ist der Junge zudem noch auf sich selbst gestellt – und damit restlos überfordert. Der Vater, von dem er lernen könnte, sich gegen diese Frau zu wehren, fehlt. Doch selbst wenn er einmal

[1] Christiane Olivier, Jokastes Kinder

da ist, kann er dem Jungen nicht als Modell zur Abgrenzung und Gegenwehr dienen, denn er weiß selbst nicht, wie er sich wehren soll. Alles, was der Junge vom Vater lernen kann, sind Rückzug und das zwiespältige Verhalten des gleichzeitigen Ja/Nein – und dieses Verhalten lernt er gründlich.

Die Beziehung des Mädchens zum Vater

Geschlechtsidentität. Der Junge erfährt seinen Wert als Mann im begehrenden Blick der Mutter. Wie aber ist es für das Mädchen? Kann es im Begehren seines Vaters seinen Wert als Frau erkennen?

»Nur der Vater könnte seiner Tochter die ihr angemessene Stellung als geschlechtliches Wesen geben...«[1] Doch wo ist der Vater? Er ist fort, geflohen aus der vermeintlichen Enge der familiären Innenwelt in die vermeintliche Freiheit der Außenwelt. Er ist abwesend, er ist arbeiten.

In ihrem Lebenslauf drückt es eine dreißigjährige Taxifahrerin so aus: »Meine Mutter war immer da, anfangs auch noch mein Opa. Mein Vater war nach der Arbeit zwar anwesend, aber wenig brauchbar.«

Sehnsucht. Da der Vater in den ersten Lebensjahren kaum in Erscheinung tritt, hat das Mädchen keinen Sexualpartner. Es bekommt zwar die liebevolle Aufmerksamkeit der Mutter, diese kann jedoch die vom Mann ersehnte sexuelle Bestätigung nicht ersetzen. Es möchte die begehrenden Blicke des Vaters spüren, die ihm sagen: *»Du bist schön, du bist begehrenswert, du bist eine kleine FRAU.«* Doch diese Blicke fehlen.

»Welch ein Unterschied zum Mann, der diesen von der Mutter kommenden begehrenden Blick von Anfang an erhält. Beim Mädchen scheint das Fehlen des väterlichen

[1] Christiane Olivier, Jokastes Kinder

Blickes im frühen Lebensalter ein Minderwertigkeitsgefühl zu erzeugen, einen ständigen Zweifel an der Identität, den es im Erwachsenenalter immer auszuräumen gilt.«[1]

Elke: »*Das Schlimmste für mich ist, wenn ich mich nicht gesehen fühle. Wenn wir uns im gleichen Raum aufhalten und er keinen Kontakt zu mir hat. Das halte ich nicht aus. Ich will dann unbedingt seine Aufmerksamkeit und versuche, sie zu bekommen. Vom Verstand her kann ich ja verstehen, wenn er mal allein sein will, aber mein Gefühl spielt nicht mit.*«

Mangel. Schon das kleine Mädchen macht eine Erfahrung, die sich im Erleben jeder Frau wiederfindet: die Erfahrung des Mangels. Die Erfahrung, *nicht wirklich* begehrt zu werden. Der Mann ist zwar da, aber selten. Er liebt, aber zu wenig oder nicht wirklich (= wirksam) genug.

So werden Liebe und körperliche Nähe zum und Bestätigung vom anderen Geschlecht etwas, das das Mädchen vermißt, nach dem es sich sehnt, das es aber nicht oder nicht genug bekommt.

Unvollkommenheit. Das Mädchen versteht all dies nicht und glaubt, selbst nicht genug zu sein, glaubt, der Mangel liege in ihm selbst begründet. Das glaubt auch später die Frau.

Gudrun: »*Wenn er sagt, er hat keine Lust auf mich, empfinde ich es als Abweisung. Ich weiß, daß er objektiv über sich selbst spricht, über seine Unlust. Aber gefühlsmäßig beziehe ich es auf mich. Gefühlsmäßig heißt es, er will mich nicht, ich bin nicht in Ordnung. Dann versuche ich, mit ihm zu reden und herauszufinden, was ihn an mir stört oder was an mir nicht o. k. ist.*«

Warten. Das Mädchen glaubt, der Mangel sei darin begründet, daß es noch keine richtige Frau sei (eine Frau ohne Brüste). Es vergleicht sich mit der Mutter, die den Vater ja (scheinbar) hat, und verschiebt die Hoffnung auf sexuelle Anerkennung und Lustbefriedigung auf später,

---

[1] Christiane Olivier, Jokastes Kinder

wenn es einmal eine Frau sein wird. Dann wird der Mann als Retter erscheinen und sie aus Sehnsucht und Einsamkeit erlösen.

»Ein Mädchen sein bedeutet, in Erwartung zu leben: psychisch das Hoffen auf die Ankunft des Mannes als sexuell entsprechendes Objekt, physisch das angespannte Warten auf Beweise für eine lange verborgen gebliebene Sexualität.«[1]

Verlassenheit. Doch die Beweise seiner Liebe sind kärglich. Auf die Liebe des Vaters und ihre Beständigkeit kann sich das Mädchen nicht verlassen, denn der Vater verläßt es täglich. Es entwickelt in dieser Zeit ein tiefes Mißtrauen dem Mann gegenüber, das es mit in die Mann-Beziehungen der späteren Frau tragen wird.

Verlassen worden vom Vater sind auch all jene Mädchen, die bei der Scheidung mit ihren Müttern gingen. Je früher diese Trennung geschieht, desto tiefer gräbt sich der Schock des Verlassen-Werdens ein. Eine junge Frau erlebt in der Therapie Gefühle aus einer Zeit wieder, da ihr Vater die Familie verließ:

»Plötzlich war er weg. Ich war fünf Jahre alt und habe ihn schrecklich vermißt. Ich habe gefragt, wo er ist, aber niemand wollte mir etwas sagen. Jeden Abend bin ich vor die Gartentür und habe die Straße entlang geschaut und gewartet und gehofft, daß er endlich kommt. Aber er kam nicht zurück. Es war so unbegreiflich und hat so weh getan, daß ich mich damals, ohne mir dessen bewußt zu sein, entschlossen habe, nie mehr wieder einem Mann zu vertrauen.«

Unsicherheit. Das kleine Mädchen könnte seine Identität, seinen Selbstwert als sexuelles Wesen, als Frau aus der Bestätigung des Mannes bekommen. Da diese fehlt, fehlt ihm die Sicherheit weiblicher Identität. Es wird zwar geliebt, aber *»nur als Mensch.«*

[1] Christiane Olivier, Jokastes Kinder

»Das Fehlen des männlichen Blicks in der Kindheit macht sie zum Sklaven dieses Blicks für den Rest ihrer Tage...«[1] Eine Klientin gibt diese Aussage Christiane Oliviers fast wörtlich wieder:

»Es kommt mir vor, als ob er an mir nicht wirklich interessiert sei. Er schaut andere Frauen an, manchmal geht er mit einer seiner Studentinnen ins Bett. Es bringt mich um, es macht mich fertig. Ich weiß, daß er mich liebt. Aber ich fühle mich nicht als Frau geliebt, nur als Mensch.« Eine andere Frau schildert die Trennung von ihrem Mann mit den Worten: *»Als er mich verlassen hat, war es, als ob ich mich selbst verlassen hätte. Es war, als ob ich als Frau aufhörte zu existieren. Plötzlich war nichts mehr da, alles war leer.«*

Unvollständigkeit. Doch es ist nicht nur der Blick des Vaters, den das Mädchen vermißt. Ihm fehlt auch die Berührung durch den Mann. Berührung und Geschlechtsidentiät hängen eng zusammen. Forschungen zur Transsexualität[2] haben ergeben, daß Kinder mit Beendigung des dritten Lebensjahres ihre geschlechtliche Identität ausgebildet haben. Gerade in diesen ersten drei Jahren wäre der emotionale und körperliche Kontakt mit dem Vater so wichtig für das Mädchen. Da er fehlt oder unvollständig ist, ist auch die Geschlechtsidentität des Mädchens unvollständig.

Ohne es zu wollen, verstärkt die Mutter die verzweifelte Lage des Mädchens noch. Denn einen guten Teil seiner geschlechtlichen Identität und weiblichen Selbstachtung könnte es auf dem Wege der Identifikation von der Mutter übernehmen, wenn Mutter diese Selbstachtung – unabhängig vom Mann – besäße. Da aber Mutter sich selbst unvollständig fühlt und am Mann und seiner Zuwendung orientiert ist, übernimmt das Mädchen diese Haltung.

[1] Christiane Olivier, Jokastes Kinder
[2] Transsexualität liegt vor, wenn ein Mann die geschlechtliche Identität einer Frau (oder umgekehrt) erworben hat.

Selbstablehnung. Das Mädchen kann seine Mutter für ihre offensichtliche Schwäche und Abhängigkeit aber auch verachten oder hassen (Gegenidentifikation) und sich mit den Werten und Zielen des Vaters identifizieren. Dann wird es ein tapferes, schlaues, starkes Mädchen (ein kleiner Junge) und später eine harte und starke Frau, die ihre eigene Weiblichkeit ablehnt.

Lassen Sie mich im nächsten Abschnitt die *»Erfahrung Liebe«* zusammenfassend schildern.

Enge – die männliche
»Erfahrung Liebe«

Bevor ein Mann eine Liebesbeziehung aufbaut, hat er in seinem Leben schon eine Menge mit der Frau erlebt. Er hat die männliche Erfahrung Liebe verinnerlicht, die aus der Beziehung zu seiner Mutter stammt: die Erfahrung, eine Frau zu lieben, zu brauchen und zugleich von ihr bedroht zu sein.

Seit den Tagen seiner frühen Kindheit ist Liebe für den Mann nicht mehr einfach Liebe. Liebe ist für ihn mit der Erfahrung von Enge verknüpft.

Die *Erfahrung Liebe* des männlichen Kindes suggeriert: »Ich muß aufpassen, ich muß auf der Hut sein, sonst werde ich vereinnahmt. Sonst werde ich meines Willens beraubt. Sonst kann ich nicht machen, was *ich* will, sonst muß ich machen was *sie* will. Sonst kann ich nicht *ich sein*, dann muß ich *sie sein*.« Seine *»Erfahrung Liebe«* sagt dem Mann: *»Laß dich nicht zu tief ein. Nähe ist ein heißes Eisen. Nähe ist gefährlich. Nähe nimmt dir Freiheit und Individualität.«*

Liebe hat ihre Unschuld verloren. Wir dürfen auch nicht den Fehler machen, diese *»Erfahrung Liebe«* auf bloße kindliche Erfahrung zu reduzieren, die der spätere Mann wie eine unangenehme Erinnerung über Bord werfen könnte. Die Verbindung von Liebe mit Bedrängtheit, von Nähe mit Bedrohung führt zu einer festen, fast untrennbar scheinenden Konditionierung des Gefühls LIEBE mit der Erwartung des Gefühls ENGE.

Nähe und Enge sind fast eins geworden. Nähe und Enge, Liebe und Angst sind in der männlichen Wahrnehmung mit der Frau verknüpft. Mit anderen Worten: *Bis er eines Tages den unbewußten Zusammenhang von Liebe und Enge auflöst, kann der Mann keine Frau lieben, ohne früher oder später Angst vor Enge zu bekommen.*

Im Erleben des Mannes taucht die Empfindung Liebe nur gemeinsam oder zeitlich kurz verschoben mit der Empfindung Enge auf. Das führt zu Konsequenzen: Wenn der Mann liebt, sucht er gleich darauf das Weite, denn er muß sich beweisen, daß er noch frei ist. Dann setzen seine Selbstrettungsmechanismen ein, dann will er fort. Zugleich mit dem Wunsch zu fliehen wird jedoch seine eigene Angst aktiviert, die Frau zu verlieren, wenn er ihr Bedürfnis nach dauerhafter Liebe nicht erfüllt. Diese Angst ist so groß wie sein eigenes, zumeist unbewußtes Bedürfnis nach Nähe und zwingt ihn schließlich zu bleiben.

So gibt es im inneren Erleben des Mannes kaum ein Entrinnen aus der Verbindung Liebe/Enge. Der einzige ihm bekannte Weg, der Enge zu entkommen, ist die Flucht nach innen.

»Und wenn ich da einmal drin bin; bin ich kaum noch zu bewegen, wieder rauszukommen. Dort fühle ich mich sicher« *(Kommentar Klaus).*

»Dann sitzt er da und sagt nichts. Es ist, als ob nur noch sein Körper da wäre, und ich fühle mich verlassen« *(Kommentar Gabi).*

Der Mann weicht – wie einst der Junge – nach innen aus. Er zieht sich in sich selbst zurück, dahin, wo SIE ihn nicht erreichen kann und er sich vor ihr und ihren realen oder vermeintlichen Ansprüchen sicher fühlt.

Mangel – die weibliche
»Erfahrung Liebe«

Bevor eine Frau eine Liebesbeziehung aufbaut, hat sie in ihrem Leben schon eine Menge Erfahrungen mit dem Mann gemacht. Sie hat die weibliche Erfahrung Liebe verinnerlicht, die aus der Beziehung zu ihrem Vater stammt: die Erfahrung, sich nach einem Mann zu sehnen, auf seine Liebe zu warten, sich darum zu bemühen; und sie doch nicht zu bekommen.

Wenn eine Frau einen Liebhaber findet, tritt sie ihm mit einem tiefen, zu Beginn der Beziehung zumeist unbewußten Mißtrauen gegenüber. Dieses Mißtrauen stammt aus der frühen Kindheit und geht auf die Erfahrungen des Mädchens mit dem Vater zurück.

Die »*Erfahrung Liebe*« suggeriert der Frau: »*Sei auf der Hut, er wird dich früher oder später verlassen. Er wird dir nicht geben, wonach du dich sehnst. Du mußt dich bemühen, seine Liebe zu erlangen. Du mußt versuchen, ihn zu erreichen. Du mußt in das Versteck seiner Gefühle gelangen, um ihn dort rauszuholen. Du mußt es ihm recht machen, sonst wird er bald sein Interesse in dir verlieren und gehen.*«

Die »*Erfahrung Liebe*« bedeutete für das Mädchen ebenfalls eine Kopplung zweier Gefühle: die Kopplung des Gefühls von Liebe an das Gefühl von Mangel. Durch die Erfahrungen der Kindheit ist Liebe nicht länger einfach Liebe. Die Verbindung Liebe mit Mangel macht es der Frau unmöglich, Liebe ohne die früher oder später auftauchende Erwartung des Mangels, der Frustration oder der Angst vor Einsamkeit zu erleben. Auch die spätere Frau kann nicht verhindern, *daß sich in ihrem Erleben die Erwartung*

des Mangels an den Zustand der Liebe heftet. Liebe und Mangel
sind aneinander konditioniert.

Die Frau kennt keinen anderen Ausweg, dem befürchteten oder realen Mangel zu entkommen, als den Versuch,
den Mann zu Zuwendung und Aufmerksamkeit zu bewegen. Bemühen und der Empfindsamkeitstest sind Versuche,
seine Liebe zu erreichen.

Paradox

Es scheint wirklich paradox, daß sich der beschriebene
Zusammenhang von Liebe und Enge, von Liebe und
Mangel in der hier beschriebenen Form nur in unseren
Liebesbeziehungen auswirkt.

Ein Mann muß eine Frau lieben, um sich von ihr beengt zu fühlen. Er muß sie lieben, um sich vor ihr zu verschließen.	Eine Frau muß einen Mann lieben, um sich von ihm vernachlässigt zu fühlen. Sie muß ihn lieben, um ihn zu bedrängen.

Außerhalb der Partnerschaft können wir ohne weiteres
einen anderen Mann und eine verwandelte Frau erleben.

Da erleben wir am Arbeits- platz möglicherweise einen gesprächigen, charmanten, offenen kreativen Mann.	Da erleben wir in der Firma möglicherweise eine selb- ständige, unabhängige, und starke Frau.

Doch sobald ein Liebespartner auf der Bildfläche
erscheint, sobald Liebe ins Spiel kommt, taucht die Angst
vor Enge und Mangel auf.

Lieben lassen / Zu sehr Lieben

Im Zusammenhang der Enge/Mangel-Wahrnehmung der
Liebe möchte ich einem verbreiteten Irrtum entgegentre-
ten: dem Glauben, die Frau liebe mehr oder besser als der

Mann, der Mann sei liebesunfähig. Beide, Mann und Frau, sind von Liebe gleich weit entfernt.

Der Mann ist durch seine Angst von Liebe entfernt.

Die Frau ist durch ihre Sehnsucht von Liebe entfernt.

Angst ←→ Liebe ←→ Sehnsucht

Beide halten sich nicht in Liebe auf. Der Mann fürchtet sich davor, die Frau sehnt sich danach, aber beide sind nicht dort. Das Zuviel an Begehren, unter dem der Junge litt, erweist sich als ebenso destruktiv wie das Zuwenig an Begehren, unter dem das Mädchen leiden mußte. Wenn wir dieser Betrachtung zustimmen, folgt daraus,

– daß der Mann durch seine Panik vor Liebe genauso schwer geschädigt ist, wie

– die Frau durch ihre Sehnsucht nach Liebe.

Liebe befindet sich im freien Raum zwischen Mann und Frau. Was Liebe ist, Liebe außerhalb von Enge und Mangel, müssen beide erst finden.

Thesen der vorangegangenen Abschnitte:

– Bevor Menschen erwachsen werden und sich als Mann und Frau begegnen, haben sie bereits jede Menge Liebeserfahrungen gemacht. Zwei Faktoren bestimmen diese Erfahrungen:
1. Der *gesellschaftliche Hintergrund Liebe:* Zum einen sind Mann und Frau durch Jahrtausende während Aufgabenteilung auf spezifisches Rollenverhalten festgelegt und haben ihre Fähigkeiten einseitig entwickelt.
2. Der *familiäre Hintergrund Liebe:* Zum anderen wachsen Mann und Frau, als Folge dieser Rollenteilung, in einer

unterschiedlichen familiären Situation auf und entwickeln ein geschlechtsspezifisches Verständnis von Liebe.

– Liebe ist für den Mann fast untrennbar mit der Erfahrung und Erwartung von Enge, für die Frau fast untrennbar mit der Erfahrung und Erwartung von Mangel verknüpft.

– In den Grenzen ihrer Wahrnehmung sind Mann und Frau gleich weit von Liebe entfernt.

Die Reproduktion von
Enge und Mangel

Ohne es zu wollen, ohne es zu wissen, kreieren Mann und Frau die Realität von Enge und Mangel gerade dadurch, daß sie sie verhindern wollen, immer wieder neu.

Es ist durchaus kein Zufall, daß Männer und Frauen quer durch ihr Leben die *»Erfahrung Liebe«* reproduzieren. Es ist durchaus kein Zufall, daß *»gerade ich immer wieder in so eine Lage gerate; daß gerade ich immer wieder an solche Männer/Frauen gerate«*, ist zwangsläufig, denn wir kreieren die *»Erfahrung Liebe«* immer wieder aufs neue. Wir tun das nicht absichtlich, wir tun es unbewußt, aber wir tun es.

Am Anfang der Schmerz-Abwehrschlacht stehen Überzeugungen, die Mann und Frau aus ihrer Wahrnehmung gewinnen. *»Sie will mich einengen«* und *»er ist nicht wirklich an mir interessiert«* sind beispielhaft. Am Ende des Abwehrkampfes stellen beide Partner fest, daß sie recht hatten. Denn tatsächlich wird ER im Empfindsamkeitstest bedrängt, und tatsächlich wird SIE in der Ja/Nein-Falle vernachlässigt.

Die Voraussagen, die beide zum Kampf motivierten, haben sich bewahrheitet.

Ich kann mich an den Augenblick erinnern, als Gina, mit der ich wunderbare Jahre voller Liebe und Entdeckung erlebte, mir ihre Angst vor dem Ende unserer Beziehung mitteilte. Wir waren damals gerade drei Wochen zusammen. Obwohl unsere Liebe erst anfing, konnte sie sich nicht vorstellen, daß ein Mann sie *lieben und bei ihr bleiben* würde. Ihr Mißtrauen war groß. Jahre später hatten wir es geschafft – wir trennten uns.

Von Anfang an lag die Angst des Verlassen-Werdens wie ein Schatten auf unserer Beziehung. *»Liebst du mich auch wirklich? – Warum schaust du dann anderen Frauen nach? – Wieso willst du mit deinen Freunden ausgehen, obwohl ich die nicht mag? – Wenn du ohne mich gehst, liebst du mich nicht wirklich!«*

Aus ihrer Angst heraus klammerte sie sich an mich, forderte immer stärkere Beweise meiner Liebe, kämpfte immer heftiger gegen meine einsetzende Abwehr an. Da ich mir nicht anders zu helfen wußte, zog ich mich vor den heftigen Attacken ihrer Gefühle zurück. Wir konnten uns einander nicht verständlich machen. So zerstörten wir, aus Angst und Unwissenheit, in Streit und Mißverstehen, mangels irgendwelcher Alternativen, unsere Liebe.

Diesen Weg gehen viele Partnerschaften. Er fängt mit Überzeugungen an und endet mit Erfahrungen, die den Überzeugungen entsprechen und diese bestätigen. Es ist der Weg von einer Voraussage zur Materialisierung eben dieser. Am Ende des Weges sieht sich jeder bestätigt:

»Männer sind so...«   *»Frauen sind so...«*

»Liebe ist so...« Doch das ist nicht die Wahrheit. Liebe ist nicht so. *Liebe im Kontext von Enge und Mangel ist so!* Wir selbst haben diese Erfahrung entstehen lassen.

Dabei sah zu Beginn der Liebe alles so einfach aus. Wenn sich zwei Menschen kennenlernen und verlieben, bleibt der Kontext ihrer Liebe im Hintergrund. In der Verliebtheitsphase werden aufkommende Spannungen für eine ganze Weile vom Rausch der Sinne überdeckt. Im Gegenteil, die Verhaltensweisen sind eine ganze Weile lang umgekehrt. Der Mann bemüht sich um die Frau, und die Frau ist zurückhaltender. In der Anfangsphase fällt es uns noch leicht, die in der Stille aufkeimenden Gefühle der Enge und des Mangels zu ignorieren. Mit der Zeit aber gewinnen sie an Bedeutung und Intensität. Die Konditionierung von Liebe mit Enge und Liebe mit Mangel läßt Mann und Frau keine andere Wahl.

Hier sind wir am Dreh- und Angelpunkt zum Verständnis des Beziehungskampfes angekommen. Es geht darum zu begreifen, *wie* Mann und Frau die Realität von Enge und Mangel, vor der sie sich fürchten, gerade dadurch herstellen, daß sie sie vermeiden wollen. Stellen wir uns die Partner als *»gebrannte Kinder«* vor. Wie werden sie – aufgrund ihrer Angst – aufeinander reagieren?

Der Mann wird auf der Hut sein und beim kleinsten Verdacht der Einengung mit der Abwehr beginnen. Er wird sich verschließen, denn er will Bedrängung abwehren.

Auch die Frau wird auf der Hut sein und beim geringsten Anzeichen von Mangel mit ihrer Abwehr anfangen. Sie wird sich bemühen, denn sie will Vernachlässigung abwehren.

Woher wissen Mann und Frau, daß es Zeit ist, sich zu schützen? Woher wissen sie, daß der Partner mit dem befürchteten Verhalten begonnen hat, sie beengt oder vernachlässigt? Woher wissen sie, daß es Zeit ist, zu handeln und abzuwehren? Diese Frage ist die Frage nach der Bedeutung dessen, was der Partner sagt oder tut. Was hat das Handeln und was haben die Äußerungen des Partners zu bedeuten?

Kommunikation

Hier steigen wir ein in die Geheimnisse menschlicher Kommunikation.

Welche Bedeutung hat es, daß der Mann bei der Umarmung die Tasche in der Hand behält? Was bedeutet es, daß der Mann mit seinen Freunden ausgehen will? Was bedeutet es im Erleben des Mannes, daß sie ihn daran hindern will, ohne sie auszugehen? Welche Bedeutung hat es, daß die Frau die Gefühle des Mannes spüren will und deshalb ständig nachfragt?

Stellen Sie sich vor, jemand sagt folgende Worte zu Ihnen: »*Knsoos köwl pjkOps!*«. Welche Bedeutung würden Sie dem geben? Keine! Sagt aber jemand zu Ihnen: »*Ich liebe dich!*«, dann können Sie diese Worte deuten und darauf reagieren.

Die zentrale Frage partnerschaftlicher Kommunikation lautet also:

Was verrät dem Mann die wahre Bedeutung dessen, was die Partnerin tut?	Was verrät der Frau die wahre Bedeutung dessen, was der Partner macht?

Den Worten »*Knsoos köwl pjkOps!*« können wir keine Bedeutung geben. Warum? Sie ergeben keinen Sinn! Es gibt nichts, was uns den Sinn dieser Worte verraten könnte. Dies beantwortet auch unsere Frage nach der wahren und richtigen Bedeutung eines Ereignisses oder einer Wahrnehmung. Wir halten etwas für wahrscheinlich, wenn das Wahrgenommene einen Sinn ergibt. Wenn wir einer Wahrnehmung einen *Sinn verleihen* können. Wann aber bekommt etwas einen Sinn? Wenn es in einen Zusammenhang paßt.

In welchem Zusammenhang ergibt nun das, was der Partner tut, für Mann und Frau einen Sinn? Welchen Zusammenhang haben sie zur Deutung der Ereignisse rund um Liebe zur Verfügung?

Nur den Zusammenhang von Enge und Mangel. Es ist dieser Zusammenhang, in dem wir Liebe kennengelernt haben, der uns die Bedeutungen der Ereignisse suggeriert, der uns die Vorgänge deuten läßt. Im Licht des Kontextes von Enge/Mangel kann all dies nur eine wahre, nur eine wahrscheinliche Be-Deutung haben:

Sie will mich einengen, sie will mich ganz und gar haben.	*Er liebt mich nicht wirklich, ich bin ihm nicht genug.*

Davon sind wir zutiefst überzeugt, denn nichts anderes ergibt Sinn. Damit wird klar: Mann und Frau reagieren in ihrer Beziehung nie auf die Worte oder Handlungen des

Partners. *Sie reagieren immer nur* auf *die Bedeutung,* die sie den Worten oder dem Verhalten des anderen geben. Sie reagieren auf die Interpretationen ihrer Wahrnehmung.

Betrachten wir an einigen Beispielen, wie die Ereignisse des Beziehungsalltags durch den Filter Enge/Mangel interpretiert werden.

– SIE plant die Aktivitäten der Freizeit und macht diesbezüglich eine Menge Vorschläge. ER hält sich mit Vorschlägen zurück. Ihre Aktivität bedeutet für IHN: *»Sie will über mich bestimmen und mir vorschreiben, was ich zu tun habe.«*

– ER schläft gern und lange, vor allem morgens. SIE möchte nach dem Wachwerden schmusen und kuscheln. Sein Schlafen bedeutet für SIE: *»Er will sich mir entziehen. In Wirklichkeit ist er gar nicht so müde, er will sich vor mir drücken.«*

– ER telefoniert mit IHR, während im Hintergrund der Drucker seines Computers rattert. Für SIE bedeutet das: *»Er spricht nur nebenbei mit mir, er hat noch Wichtigeres zu tun.«*

– SIE beschwert sich daraufhin, und das bedeutet für IHN: *»Ich kann es ihr nicht recht machen, nie ist sie zufrieden (nun habe ich sie schon angerufen, obwohl ich noch so viel zu tun habe).«*

– ER unterhält sich lange mit einer attraktiven Frau. Das bedeutet für SIE: *»Er ist mit mir unzufrieden, sonst würde er sich nicht für die andere interessieren.«*

– SIE erzählt ihm, wie es ihr geht, wie SIE sich fühlt. Das bedeutet für IHN: *»Ihr fehlt etwas, ich soll etwas für sie tun, sie will was.«*

Wir könnten natürlich sagen, diese Beispiele seien banal, und sie beiseite schieben. Doch wenn wir ehrlich sind, steckt unser Beziehungs-Alltag voller kleiner Scharmützel, aber auch großer Kämpfe, die ihren Ursprung in solcher Enge/Mangel-Wahrnehmung haben. Unsere Wahrnehmung färbt Ereignisse derart, daß selbst bedeutungslose Dinge einen – scheinbar großen – Sinn erhalten.

Auch wenn die Frau nur da ist, nichts sagt oder tut, kann der Mann sich schon beengt fühlen.	Auch wenn der Mann nur still ist und sie nicht beachtet, kann sich die Frau schon vernachlässigt fühlen.

»Gabi braucht dann nur ins Zimmer zu kommen, und ich denke gleich: Jetzt kann ich nicht mehr machen, was ich will«! *(Kommentar Klaus).*

Wenn wir erst einmal eine Deutung gemacht haben und zu einer entsprechenden Überzeugung gelangt sind, wird es für den Partner schwer, wenn nicht unmöglich, uns vom Gegenteil zu überzeugen.

Ist der Mann erst einmal davon überzeugt, beengt zu werden, stellen sich augenblicklich die Gefühle der Enge ein.	Ist die Frau erst einmal überzeugt, vernachlässigt zu werden, stellen sich augenblicklich die Gefühle des Mangels ein.

Unsere Gefühle können sich nicht irren – glauben wir. Doch sie können sich irren, denn auch sie stützen sich auf die Informationen unserer Enge/Mangel-Wahrnehmung.

So werden wir Opfer einer verzerrten, geschlechtlich spezifischen Wahrnehmung, die wir von Gesellschaft und Familie übernommen haben. Denn die Wahrnehmung im Kontext der Liebe steht am Anfang der Kette der Reproduktion.

Die Kette der Reproduktion

Wenn wir uns erst einmal eine Bedeutung der Ereignisse und Vorfälle in der Partnerschaft versinnbildlicht haben, treten die Folgen wie von selbst ein. Die Reproduktion der schmerzlichen *»Erfahrung Liebe«* läßt sich in sechs Schritten darstellen.

1. Ereignis	Am Anfang steht ein Ereignis, das als solches noch keinen Sinn ergibt.
2. Wahrnehmung/ Deutung	Dieses für sich betrachtet sinnlose Ereignis wird durch den Filter Enge/ Mangel gedeutet.
3. Überzeugung/ Voraussage	Aufgrund der Bedeutung entsteht eine Überzeugung, eine innere Voraussage in bezug auf die kommenden Ereignisse, die aus den Erfahrungen unserer Vergangenheit stammt.
4. Reaktion	Diese Überzeugung führt zu einer Reaktion, einem bestimmten Verhalten, das den Eintritt der befürchteten Nachteile verhindern soll.
5. Ergebnis	Diese Reaktion führt im Zusammenhang mit dem Kontext des Partners, der das Verhalten seinerseits interpretiert und entsprechend reagiert, zu einem Ergebnis.
6. Erfahrung	Das Ergebnis bestätigt die jeweilige Voraussage: *»Siehst du, ich werde bedrängt«* oder *»siehst du, ich werde vernachlässigt.«*

Hier schließt sich die Kette der Reproduktion. Die alte Erfahrung ist wiederhergestellt, der Kontext hat sich erneuert. Im Zusammenspiel des Kontextes Enge und Mangel nehmen die Ereignisse ihren vorbestimmten Lauf. Betrachten wir, wie der Mann die Erfahrung Enge reproduziert:

1. Ereignis:	– die Frau kommt auf ihn zu.
2. Wahrnehmung/ Deutung:	– durch den Filter der Enge und Bedrängtheit.
3. Überzeugung/ Voraussage:	– *»sie erwartet schon wieder was von mir.«*
4. Reaktion:	– er macht zu und zeigt kein Gefühl.
5. Ergebnis:	– da sie sich unverstanden fühlt und glaubt, sich besser verständlich machen zu müssen, bedrängt sie ihn weiter.
6. Erfahrung:	– *ENGE: Ich werde eingeengt.*

Ein glatter Weg vom Kontext Enge zur Erfahrung Enge. Ein gerader Weg zur Reproduktion unbefriedigender Erfahrungen. Natürlich funktioniert diese Abfolge besonders im Zusammenhang mit dem entgegengesetzten Kontext von Mangel auf der Seite der Frau so reibungslos:

1. Ereignis:	– der Mann schaut einer anderen Frau nach.
2. Wahrnehmung/ Deutung:	– durch den Filter des Mangels und der Vernachlässigung.
3. Voraussage/ Überzeugung	*»ich gefalle ihm nicht genug, er wird mit der anderen gehen.«*
4. Reaktion:	– Sie bemüht sich um seine Liebe: *»Liebst du mich noch? Kann ich was für dich tun? Brauchst du was?«*

5. Ergebnis: – er fühlt sich bedrängt und macht dicht.

6. Erfahrung: – *MANGEL: ich bekomme nicht, was ich brauche.*

Wiederum ein glatter Weg vom Kontext Mangel zur Erfahrung Mangel. Natürlich funktioniert auch diese Abfolge besonders im Zusammenhang mit dem entgegengesetzten Kontext des Mannes so reibungslos.

Am Ende der Kette der Reproduktion haben sich die Befürchtungen der Partner erfüllt. Jetzt ist er wirklich der stumme, schweigende oder widersprüchliche Mann, jetzt lehnt er die Frau wirklich ab (Ja/Nein-Falle). Jetzt ist sie wirklich die drängende, bohrende Frau, denn jetzt will sie ihn erreichen (Empfindsamkeitstest).

Wahrnehmung

An diesem Punkt werden die Probleme der Liebe zu Problemen menschlicher, in diesem Falle geschlechtsspezifischer, Wahrnehmung. Dieser Punkt ist so wichtig, daß ich Sie zu einem kleinen Ausflug in die Theorie der Wahrnehmung einladen möchte.

Die Psychologie hat sich in den letzten Jahren zunehmend der Erforschung der menschlichen Wahrnehmung zugewandt. Man hat erkannt, daß wir Realität als solche nicht erfassen können. Wir wissen nicht, wie die Welt, in der wir leben, wirklich aussieht, wie sie wirklich ist. Wir wissen nur, wie wir sie wahrnehmen. Da wir Wahrheit und Wahrnehmung verwechseln, halten wir für wahr, was wir wahr*nehmen.*

Wenn wir geboren werden, besteht die Welt aus vielen unzusammenhängenden Dingen. Wir kennen weder ihren Sinn noch ihre Bedeutung. Erst allmählich bauen wir Zusammenhänge (Kontexte) auf, die es uns ermöglichen, die Dinge dieser Welt in Verbindung miteinander zu bringen. Erst dann machen sie Sinn. Bevor wir einen Zusammenhang zwischen Dingen herstellen, können wir nichts damit anfangen. *Dinge machen Sinn, wenn sie in Zusammenhänge passen.* Außerhalb von Zusammenhängen erscheinen sie sinnlos.

Vor einigen Jahren bekam ich eine Kassette in die Hand. Ron Smothermoon, ein US-Psychologe, hat dort ein plastisches Modell menschlicher Wahrnehmung dargestellt, das auch im Zusammenhang der Liebe vieles erklären kann. Sein Kontext-Modell ist Grundlage der oben geschilderten Sechs-Stufenabfolge zur Reproduktion von Erfahrung.

Smothermoon[1] benutzt ein einleuchtendes Beispiel. Wenn man Menschen einen Stuhl gibt, die noch nie einen Stuhl gesehen haben (z.B. bestimmten Urvölkern), können sie damit nichts anfangen. Sie haben keinen *»Kontext Stuhl«*, der ihnen die Bedeutung dieses Dings sagen könnte. Der nächste Zusammenhang, in den das Ding Stuhl reinpaßt, wäre vielleicht *»Brennholz«*, und da würde der Stuhl wahrscheinlich landen.

Wenn wir die Konflikte der Partner unter diesen Gesichtspunkten betrachten, werden die Interpretationen und Überzeugungen, die Mann und Frau voneinander haben, verstehbar.

Im Zusammenhang seiner Liebe/Enge-Wahrnehmung macht es für ihn nur *einen* Sinn, daß sie mit ihm über seine Gefühle sprechen will: *»Sie will mich manipulieren, aushorchen, kontrollieren, sie will etwas aus mir rausquetschen, das sie gegen mich ver-*

Im Zusammenhang ihrer Liebe/Mangel-Wahrnehmung macht es für die Frau nur *einen* Sinn, daß er alleine ausgehen will: *»Ich bin ihm nicht genug, mit mir ist etwas nicht in Ordnung, ich bin ungenügend.«* Daß es andere Gründe für sein Alleinsein

---

[1] Die Kassette ist in der Übersetzung von Michael Mary im Context-Verlag Bielefeld unter dem Titel »Kontext« erschienen.

wenden kann.« Daß es für die Frau wichtig sein könnte, von seinen inneren Vorgängen zu erfahren, um ihn besser zu verstehen, kommt ihm nicht in den Sinn. Das glaubt er nicht. Doch selbst wenn diese Möglichkeit als Gedanke auftaucht und ihm vom Verstand her einleuchtet, so werden seine viel mächtigeren Gefühle ihn dazu bringen, mißtrauisch und verschlossen zu bleiben.

gibt, mag ihr zwar als Gedanke einleuchten, doch ihre Mangelgefühle werden stärker als ihre Gedanken sein und ihr Handeln bestimmen.

In der Wahrnehmung durch den Kontext Enge/Mangel (diese Brille haben wir in Streß- und Streitsituationen eigentlich immer auf) ist nichts, was wir sagen, fühlen, glauben, behaupten, *wirklich wahr*. Doch weil diese Wahrnehmung eben nicht nur Gedanken, sondern auch Gefühle, ja sogar körperliche Reaktionen auslöst, weil sie so umfassend ist, hat sie derart große Macht über uns.

Das Kontextmodell der Reproduktion von Erfahrung erklärt, warum sich viele Partner immer wieder an den gleichen Punkten wiederfinden. *»So etwas passiert mir immer wieder«* oder *»Ich werde immer wieder verlassen«* oder *»Frauen wollen mich besitzen«* oder *»Männer wollen mich benutzen«.* Diese Überzeugungen sind Ergebnis von Erfahrungen, die wir – durch unsere Reaktion auf eine vermutete Bedeutung – stets selbst herbeigeführt haben.

Aus der Enge/Mangel-Wahrnehmung gibt es kein Entrinnen, wenn wir sie nicht als Falle erkennen. Wenn wir nicht erkennen, daß unsere Überzeugungen und Aussagen über den anderen nicht die Wahrheit darstellen, sondern bloße Interpretationen sind, werden wir im Kontext Enge/Mangel gefangen bleiben. Dann werden wir immer Opfer unserer Interpretationen sein. Dann werden wir auf etwas reagieren, das der andere nicht meinte, das er nicht wollte und das er nicht tat.

Wenn wir den Eingaben unseres Kontextes folgen, ohne sie in Frage zu stellen, werden wir auf die *Produkte unserer verzerrten Wahrnehmung* reagieren und nicht auf den lebendigen Menschen, der uns gegenübersteht, dann werden wir wieder und wieder die Reproduktion der Enge/Mangel-Erfahrung in Gang bringen.

Wenn wir dem hier Geschilderten zustimmen, dann gibt es nur eine Erklärung für die Situation, in der sich Mann und Frau auf dem Karussell des Abwehrkampfes befinden: *Jeder hat seine Situation selbst geschaffen. Jeder ist selbst verantwortlich für sein Erleben von Enge oder Mangel.* Jeder ist selbst verantwortlich für seine Erfahrung von Leid.

Ich weiß, daß dieser Brocken nicht leicht zu schlucken ist. *»Ich soll selbst verantwortlich sein für die Erfahrungen, die ich mit dem Partner mache?«* Aber es ist so. Eine Erfahrung ist nichts Objektives. Eine Erfahrung gibt nicht Wahrheit wieder. Eine Erfahrung ist die subjektive Verarbeitung eines Ereignisses, und wie die Erfahrung ausfällt hängt von unserer Fähigkeit, Ereignisse zu verarbeiten, ab.

Zugleich aber bietet diese Erkenntnis einen Hinweis auf mögliche Lösungen: Wenn wir die Macht haben, eine Erfahrung (unbewußt) zu kreieren, unter der wir leiden, dann können wir auch andere, befriedigendere Erfahrungen (bewußt) gestalten. Dazu später mehr. Verfolgen wir zunächst die Auswirkungen von Enge und Mangel weiter.

Thesen dieses Abschnitts:

– Im Licht der Enge/Mangel-Wahrnehmung bekommen alle Ereignisse und Vorfälle der Partnerschaft einen ganz bestimmten Sinn. Die Partner gelangen zu (vorher-)bestimmten Überzeugungen und reagieren aufgrund dieser Überzeugungen auf eine (vorher-)bestimmte Weise.
– So wird die *»Erfahrung Liebe«* mit dem anderen Ge-

schlecht reproduziert. Eine Erfahrung, von der beide Partner glauben, sie gäbe ihnen mit ihrer Meinung über den Partner recht.
– Doch Erfahrung ist lediglich die subjektive innere Verarbeitung äußerer Vorgänge. Sie sagt nichts über *»die Wahrheit«*, über *»das Leben«* oder gar über den Partner aus.

3

Enge und Mangel ersticken Liebe und Sexualität

Die Frau braucht Zeit,
der Mann hat keine Zeit

Der Kampf um Liebe belastet die sexuelle Verbindung der Partner. Sexualität und Körperlichkeit werden zu Kristallisationsbereichen der Enge- und Mangelwahrnehmung.

Nach den Symptomen der Enge- und Mangelwahrnehmung in der sexuellen Verbindung von Partnern brauchen wir nicht lange zu suchen. Die ersten Spannungen tauchen bereits in der Phase der Annäherung auf, denn das Tempo, in dem Mann und Frau sexueller Anziehung nachgeben, ist unterschiedlich.

»Frauen zieren sich. Man muß sie erobern, sich anstrengen.«

»Männer wollen immer gleich zur Sache kommen.«

Die Frau braucht Zeit, der Mann hat keine Zeit. Diese Unterschiede liegen nicht im Wesen von Mann und Frau begründet. Der Mann ist nicht von Natur aus schneller, die Frau braucht nicht von Natur aus mehr Zeit. Diese Unterschiede haben ihren Ursprung im *Wesen der Ängste* der Partner.

Dem Mann fällt es leichter, mit einer ihm fremden Frau sexuell zu werden. Da die Beziehung neu und unbelastet ist, da bisher keine Ansprüche an ihn gestellt wurden, da er bisher nicht bedrängt wurde, kann er sein Herz öffnen. Mit der Zeit wird es für ihn jedoch

Der Frau fällt es schwerer, mit einem ihr fremden Mann sexuell zu werden. Sie braucht Zeit, um Vertrauen aufzubauen, sich sicher zu fühlen und zu öffnen. Solange ein Mann ihr fremd ist, bleibt die Frau zurückhaltend. Sie öffnet sich, wenn sie ihn länger immer schwieriger, offen zu bleiben, denn seine Ängste vor Enge wachsen im Verborgenen. kennt. Mit der Zeit fällt es ihr also immer leichter, sich zu öffnen.

Das hat zur Folge, daß die Höhepunkte der sexuellen Anziehung bei Paaren oft zeitlich versetzt vorkommen. Der Mann erlebt die Zeit großer sexueller Intensität am Anfang der Beziehung, die Frau meist später.

Auch darin liegt eine Spannungs- und Konfliktursache, denn jeder interpretiert diese Vorgänge auf seine Weise. Nach und nach wird Sexualität ein Konfliktfeld der Beziehung und damit Teil des Kampfes um Liebe.

Die Sexualität
des Mannes im Kontext der Enge

Leidet der Mann in der Beziehung unter dem Druck, die Frau lieben zu müssen, so kommt auf sexuellem Gebiet weiterer Druck hinzu:

Jürgen: *»Bei ihr hat die Erwartung bestanden, daß ich sie wollen soll. Sie wollte, daß ich mit ihr schlafen will. Sie hat nicht versucht, mit mir zu schlafen, sondern sie hat versucht, mich dazu zu kriegen, daß ich sie will. Der Druck war, daß ich das Ganze anschieben sollte, daß ich die Initiative ergreifen sollte, daß ich sie begehren sollte.«*

»Du sollst mich begehren« ist die sexuelle Entsprechung zur emotionalen Erwartung *»Du sollst mich lieben«* und verstärkt die Engegefühle des Mannes. Dabei kommt diese Erwartung nicht nur von der Frau. Der Mann selbst trägt sie in sich, denn auch er glaubt, die Frau, die er liebt, begehren zu müssen. Er glaubt daran, auch wenn dieser Druck seine sexuelle Erregbarkeit einschränkt. Doch er erwartet noch mehr von sich.

Rolf: *»Der Druck, für ihre sexuelle Erfüllung zuständig zu sein, der macht bei mir alles tot. Da fühle ich mich völlig überlastet. Wenn sie erwartet, daß ich sie sexuell erfülle, weil wir zusammen sind und weil sie unzufrieden ist, dann ist schlagartig Schluß.«*

»Ich soll sie befriedigen, erfüllen« ist eine weitere Erwartung, die dem Mann zu schaffen macht. In seiner Sexualität steht der Mann somit unter dreifachem Druck:

1. der Erwartung, die Frau begehren zu sollen,
2. der Erwartung, sie sexuell erfüllen zu müssen, und
3. dem Druck seiner eigenen sexuellen Bedürfnisse.

Unter der Last dieser Ansprüche genügt manchmal schon ein Satz, um den Mann in Panik zu versetzen.

Gerd: *»Sie hat mir von den unbefriedigenden sexuellen Erfahrungen in ihrer vorherigen Beziehung erzählt und dann so einen*

Satz fallen lassen: ›Jetzt hab ich ja dich.‹ Das war wie ein Schlag für mich. Plötzlich war alles wie ausgeknipst. Ich wollte erst wieder mit ihr schlafen, als sie sich von mir trennte.«

Der Satz »Jetzt hab ich ja dich« bedeutete in Gerds Wahrnehmung: »Jetzt muß ich – sie zufriedenstellen, sie begehren, ihre Erwartungen erfüllen, besser sein als der andere.« Gerd gerät in Panik, zieht sein sexuelles Interesse zurück und entdeckt es erst wieder, als seine Freundin sich von ihm trennt. Erst durch die Trennung bekommt er den Platz und die emotionale Gewißheit, frei und nicht beengt zu sein – und nur aus dieser Gelassenheit (er hat Ge-lassen-heit, weil sie ihn läßt, indem sie sich trennt) heraus kann er sein sexuelles Interesse an ihr wieder entdecken.

Frühzeitiger Samenerguß

Weil er nicht gelassen ist, weil er unter Druck steht, sucht der Mann Auswege.

Conny: »Es macht mich langsam wahnsinnig. Seit vier Jahren haben wir nicht mehr richtig miteinander geschlafen. Es läuft immer gleich ab und geht blitzschnell. Manchmal merke ich gar nicht, daß es schon passiert ist. Dann dreht er sich um, sagt ›Entschuldigung‹ und schläft sofort ein. Ich liege da und fühle mich beschmutzt und mißbraucht.«

Die Erfahrung dieser Frau läßt sich im Satz zusammenfassen: Wenn er kommt, geht er. Gleichzeitig mit dem Samenerguß bricht der Mann die Verbindung zu ihr, die zudem oberflächlich war, ab. Er dreht sich um und schläft ein. Seine Frau bleibt zurück, enttäuscht und frustriert. Ihr Mann ist müde, bestenfalls ein wenig entspannt. Er hat Spannung abgelassen. Doch am nächsten Tag hat er wieder Spannung aufgebaut, dann braucht er es wieder, und wieder findet er statt tiefgehender Befriedigung kurzfristige Entspannung in Form von Ermattung. Ein Kreislauf sexueller Frustration hat begonnen.

Im frühzeitigen Samenerguß schließen zwei starke innere Spannungen des Mannes einen fragwürdigen Kompromiß. Die Spannung, die aus dem eigenen Wunsch nach sexueller Befriedigung erwächst, vermischt sich mit der Angstspannung vor körperlicher Nähe zur Frau. Ergebnis ist eine Begegnung, die weder nah noch fern, weder Ja noch Nein ist. Vollkommener als durch den verfrühten Samenerguß kann der Rückzug aus der Nähe zur Frau kaum sein. Nach Sekunden oder Minuten ist es vorbei.

Impotenz

Doch frühzeitiger Samenerguß ist nicht der einzige Ausweg des Mannes aus der Bedrohung der Nähe. Der Kampf um Freiraum kann auch andere Formen annehmen – er kann in die Verweigerung führen.

Ralf: »*Das kenne ich ja, sie ist dann so fordernd, da gibt es kein Entrinnen. Da weiß ich schon, jetzt ist es wieder soweit, jetzt muß ich ran. Also sag ich mir, was soll's. Ich sag mir, daß ich doch nicht drum herum komme und es besser hinter mich bringe. Dann fangen wir an. Eigentlich bin ich müde, und das geht mir zu schnell. Manchmal geht meine Erektion weg. Am liebsten würde ich die Augen zumachen und einfach wegkippen, einfach entschwinden. Irgendwann schlafe ich ein.*«

Männern, die ihre eigenen Gefühle auf diese Weise ignorieren und sich zu einer Nähe und Leistung zwingen, die ihnen nicht entspricht, bleibt nach einiger Zeit oft nur der Ausweg in die Impotenz. Dann läuft nichts mehr (auch kein Samen), und sie sind von der Pflicht, lieben zu müssen, entbunden. Dann wird Impotenz zum Ausweg aus der Enge und zur unumstößlichen Weigerung, Liebe beweisen zu müssen.

Zwiespalt

Frühzeitiger Samenerguß und Impotenz sind extreme Reaktionen auf Druck. Normalerweise sucht der Mann

98

jedoch andere Auswege. Da sein Bedürfnis nach sexueller Befriedigung, die an Nähe gekoppelt ist, mit seiner Angst vor Nähe kollidiert, teilt er die Frau in zwei Frauen auf: die Frau fürs Herz und die Frau fürs Bett.

Aus dem Zwiespalt seiner Gefühle heraus erschafft er auf der einen Seite die reine, weiße, die heile Frau, mit der er Begegnungen des Herzens ersehnt.[1] Auf der anderen Seite kreiert er die dunkle, wilde, die begierige Frau, die ihm sexuelle Befriedigung ermöglichen soll. Die eine bekommt sein Herz, die andere seine Sexualität. Die Spaltung von Sexualität und Herz ist perfekt.

Diese Spaltung kann sich auf verschiedene Weise äußern. Eine Möglichkeit besteht in der Aufteilung seiner Bedürfnisse auf zwei oder mehr Frauen. Dann wird die Ehefrau Lebensgefährtin und eine andere Frau Geliebte. Eine andere, wahrscheinlich verbreitetere Möglichkeit besteht in der Spaltung seines Verhaltens zu ein und derselben Frau. Dann wird die Partnerin tagsüber seine sorgenden Bemühungen empfangen und im Bett Objekt seiner sexuellen Begierden werden.

In jedem Fall tendiert der Mann zur Spaltung von Sexualität und Herz. Darunter leidet er selbst, denn er fühlt sich zwischen seinen sich widersprechenden Bedürfnissen, Begierden, Pflichten, Ängsten und seinem Gewissen zerrissen.

---

[1] Sehr aufschlußreich in diesem Zusammenhang ist Klaus Theweleits Buch »Männerphantasien«, Bd. 1 u. 2, Basel 1986

Die Sexualität der Frau
im Kontext des Mangels

Auch die Frau steht in ihrer Sexualität unter mehrfachem Erwartungsdruck.
1. dem Druck, das Begehren des Mannes aufrechtzuerhalten.
2. dem Druck, den Mann sexuell zufriedenzustellen.
3. dem Druck ihrer eigenen, unerfüllten Bedürfnisse.

Gabriele: *»Ich ertappe mich dabei, daß ich mir schon wieder Selbstvorwürfe mache. Ich schaffe es nicht, einen Mann auf Dauer sexuell bei der Stange zu halten – das werfe ich mir vor. Ich fühle mich ungenügend, nicht gut genug, nicht schön genug.«*

Bemühen

»Ich muß sein sexuelles Interesse an mir wachhalten« ist die insgeheime Überzeugung der Frau, durch die sie versucht, Mangel zu vermeiden. Aus dieser Überzeugung heraus bemüht sie sich um die sexuelle Aufmerksamkeit des Mannes, macht sich schön für ihn, läßt sich liften für ihn, richtet sich nach ihm. Wenn das sexuelle Interesse des Mannes nachläßt, bezieht die Frau dies wie selbstverständlich auf sich. *»Das muß an mir liegen. Was ist geschehen? Gefalle ich ihm nicht mehr? Stimmt etwas nicht mehr mit mir? Bin ich uninteressant geworden? Gefällt ihm eine andere besser? Bin ich zu dick? Zu dünn? Zu alt? Bin ich nicht gut genug im Bett? Ich bin zu … – oder nicht … genug – sonst würde er mich begehren.«*
Gertrud: *»Nachdem sexuell nicht mehr viel mit uns los war, habe ich versucht, das spielerisch zu verändern. Mir besondere Wäsche angezogen oder Phantasien in den Sex gebracht, um Spannung zu erzeugen und ihn anzuregen. Ich habe alles versucht. Wir*

haben uns Filme angesehen, um uns anzutörnen. Schließlich hat er verlangt, daß ich mir Reizwäsche und Strapse anziehe. Dann ist sein Sex regelrecht aggressiv geworden. Nach einer Weile hat mich das erniedrigt. Ich habe es gemacht, damit er mit mir schläft. Aber ich habe mich vor mir selbst geschämt dafür.«

Gertrud bemüht sich, das Interesse ihres Freundes zu erwecken. Nicht selten läßt sie sich dafür auf Dinge ein, die ihr eigentlich nicht entsprechen. Aber ihr Bemühen bringt nicht, was es bringen soll.

Die Frau kann die Aufmerksamkeit des Mannes erreichen, sie notfalls mit Verführung, mit Druck, mit Unzufriedenheit und Forderung erzwingen. Sie kann seinen Sex provozieren, doch sie wird seine seelische Zuwendung vermissen. Irgend etwas fehlt. *Er fehlt.* Seine liebevolle Anwesenheit fehlt. Je größer ihr Druck, ihr Verlangen wird, desto weiter zieht er sich zurück. Da sie weiterhin körperlichen Ausdruck seiner Liebe sucht und nicht bekommt, kann Sex für sie nicht lang genug, gut genug, intensiv genug sein. Sie glaubt, es müßte noch was kommen, etwas anderes, etwas besseres. Sie wartet, doch es passiert nicht.

Frustration

Frauen sind vom schnellen Mann oder sich verweigernden Mann frustriert und enttäuscht:

»Das nervt mich. Wenn er fertig ist, wird er müde und schläft ein. Wenn er gekommen ist, ist es vorbei – banane. Und ich, wenn ich gekommen bin, dann ist nichts vorbei, dann könnte es erst richtig losgehen. Ich bin hellwach. Meist will ich nicht, daß er kommt, weil es dann vorbei ist.«

»Männer wollen öfter. Das Bedürfnis ist bei ihnen stärker. Aber dann passiert nicht viel. Es geht so schnell. Dann liegst du da und bist frustriert. Es ist so unausgewogen mit ihnen.«

»Was mich fertig macht ist, wenn das Gefühl dabei fehlt. Er will zwar mit mir schlafen, aber dann ist nicht unbedingt Nähe da. Wenn er mit mir schläft und nicht dabei ist, nicht bei mir ist, das ist das Schlimmste für mich. Da fühle ich mich benutzt und verlassen.«

Frauen vermissen den Mann im Bett. Sie vermissen sein Herz. Er ist da, sein Körper ist da, aber er ist nicht anwesend. Wieder einmal ist er geflohen. Wieder einmal hat er sich dem Kontakt entzogen. Wieder einmal bleibt die Frau in den Gefühlen des Mangels und der Vernachlässigung zurück. Sie sucht den Mann, fordert seine Gegenwart, aber er flieht. Flieht in den Schlaf, oder zu einer anderen Frau.

Helga macht ihrem Mann Kurt Vorwürfe: *»Daß du mal fremdgehst, kann ich noch verkraften. Aber daß du mit mir kaum noch schläfst, das verletzt mich. Daß du mich liebst, weiß ich, aber du liebst mich nicht als Frau. Als Frau fühle ich mich völlig mißachtet.«*

In ihrer dreizehn Jahre währenden Beziehung hatte Helga nur in den ersten zwei Jahren das Gefühl, von ihrem Mann *»als Frau«* geliebt zu werden. Danach wurde Sexualität mit ihm selten und unbefriedigend. Schließlich schlief sie fast ganz ein.

Daß ihr Mann fremd geht, wirft Helga nicht um. Doch daß er mit ihr nicht mehr oder nur noch flüchtig schläft, ist Beweis dafür, daß sie nicht *»als Frau«* geliebt wird. Sie ist sicher, daß ihr Mann all das, was er ihr vorenthält, anderen Frauen gibt. Daß sein Sex auch dort heftig und schnell ist, kann sie sich nicht vorstellen. *»Wozu sonst sollte er zu anderen gehen, wenn die nicht besser sind oder ihm besser gefielen?«* Was sonst sollte sein Fremdgehen bedeuten, als daß *sie* nicht gut genug ist? *»Zeig mir, daß du mich liebst, zeig mir, daß ich begehrenswert bin«* ist ihre Sehnsucht. Wie soll er sein Begehren zeigen? Körperlich, indem er mit ihr schläft, ihr seine Sexualität *und* sein Herz gibt. Doch der Mann bleibt fern.

Frigidität

Irgendwann ist die Frau so enttäuscht, daß sie sich dieser Sexualität verweigert und ihr Herz verschließt. Gefühlskälte wird Mittel der Verweigerung und des Selbstschutzes der Frau. Wenn sie sich dem Mann auch nicht völlig verweigert, so gibt sie sich ihm auch nicht mehr hin.

Emotionen ersticken Sexualität

Wenn Enge und Mangel Einzug in die Sexualität der Partner gehalten haben, begegnen sich Mann und Frau, statt in Freude und Sinnlichkeit, in Druck und Angst.

Manfred: »Es ist stumpfer als am Anfang. Ich fühle mich gehemmter und merke, daß ich mich mehr raushalte, wenn ich mit ihr schlafe.«

Carola: »Auf sexuellem Gebiet wird er auch zurückhaltender, weil er sich auf andere Art zu sehr eingeengt fühlt.«

Enge und Mangel deuten sich an. Konnten die Partner zu Beginn der Beziehung, indem sie miteinander schliefen, manchen Bruch der Beziehung kitten, so fällt das im Laufe der Zeit immer schwerer. Wir können auf Dauer die psychischen Spannungen aus unserer Sexualität nicht raushalten. Mann und Frau können sich nicht einerseits permanent streiten und andererseits in zärtlicher sexueller Verbindung aufgehen. Uralte Verletzungen aus zuviel Nähe und zuwenig Nähe, Ängste vor Enge und Vernachlässigung überlagern die gegenwärtige, sinnlich-körperlich-seelische Begegnung.

An diesem Punkt belasten Emotionen, deren Wurzeln bis in die Kindheit der Partner reichen, die sexuelle Verbindung der Partner. Wenn ich jetzt von Emotionen spreche, möchte ich diese behelfsweise von Empfindungen unterscheiden. Als Emotionen bezeichne ich in diesem Zusammenhang diejenigen Gefühle, die aus vergangenen Beziehungen und Erlebnissen stammen. Diese Vergangenheit kann Stunden, Tage oder Jahre alt sein, kann bis zur Beziehung zu den Eltern zurückreichen.

Empfindung in diesem Zusammenhang ist die unmittelbare Freud-, Lust- (oder schmerzhafte) Empfindung, die aus der gegenwärtigen, körperlich-sinnlichen Begegnung der Partner erwächst. Empfindung entsteht im Berühren, Öffnen, Atmen, Spüren, Loslassen, Pulsieren, im Genuß der aktiven und rezeptiven Kräfte der Sexualität.

War es den Partnern zu Beginn ihres Kontaktes möglich, diese Empfindungen relativ frei von Emotionen zu erleben und in sie einzutauchen – nachdem Enge und Mangel in die sexuelle Beziehung eingedrungen sind, ist ihnen das nicht mehr möglich. In einer Flut von Emotionen der Enge und Vernachlässigung, von Angst und Groll, die sich aus vergangenen Spannungen, Ereignissen und Erinnerungen über die Gegenwart der sinnlichen Begegnung ergießen, ist Sexualität erstickt.

Thesen zur Sexualität:

– Die Emotionen der Enge und des Mangels dringen nach und nach in die sinnliche Begegnung der Partner ein und überlagern diese schließlich.
– In ihrer Sexualität verfügen Mann und Frau über extreme Möglichkeiten, die Gefühle der Enge und des Mangels zu vermeiden:
● Der Mann wird der schnelle Mann (frühzeitiger Erguß) oder verweigert sich (Impotenz).
● Die Frau verweigert sich (Frigidität) oder bemüht sich (Anpassung).

4

Die Träume
von Mann und Frau

Der Traum von Freiheit

Hinter dem Traum der Freiheit verbirgt sich der wirkliche Wunsch des Mannes.

Freiheit ist das Ziel des Mannes in seinem Kampf. Freiheit ist zugleich die am wenigsten verstandene Sehnsucht des Mannes. Der Mann will Freiheit. Freiheit ist sein großer Traum. Jede Frau kann ein Lied davon singen. Doch was bedeutet Freiheit für ihn? Was verbindet er mit Freiheit?

Erinnern wir uns an die Männerrunde des Partnerschaftsseminars. Bei allen Männern wurde ein gemeinsamer Wunsch deutlich: der Wunsch nach Abstand von der Frau, denn *»wenn sie nicht da wäre, könnte ich meinen Wünschen nachgehen«.*

Hier finden wir eine Bedeutung des Wortes Freiheit. In ihm verbirgt sich die Sehnsucht des Mannes, seine Wünsche zu erfüllen. Dazu braucht er Freiheit, und Freiheit setzt er mit Distanz zur Frau gleich. *»Wenn ich allein wäre, wenn SIE nicht da wäre, dann könnte ich meinen Wünschen nachgehen.«*

Wünsche

Der Mann steckt in der Erfüllung seiner Wünsche zurück, nimmt Rücksicht auf die Partnerin, auch wenn IHR das Gegenteil wahr zu sein scheint.

»Wenn ich rücksichtsloser sein könnte, wenn ich mehr an mich denken könnte, würde es mir besser gehen.«

»Was heißt hier Freiheit? Er macht doch ständig, was er will. Es gibt kaum gemeinsame Interessen. Er macht seinen Kram und was mit mir ist, kümmert ihn nicht.«

So unterschiedlich äußern sich die Partner zum Thema Freiheit des Mannes. Für ihn sieht es folgendermaßen aus: Weil sie da ist, weil er sich um sie kümmern muß, sich ihr verpflichtet fühlt, schränkt er sich ein. Weil er sich einschränkt, kann er seinen eigenen Wünschen nicht nachgehen. Also schränkt SIE ihn ein. Also muß er fort von ihr, wenn er seine Wünsche erfüllen will.

Therapeut: *»Wieso hältst du es manchmal nicht bei ihr aus?«*

Robert: *»Es ist das Gefühl, daß ich nicht wirklich tun kann, was ich will. Ich fühle mich so unfrei bei ihr.«*

Therapeut: *»Wann könntest du dich denn frei fühlen?«*

Robert: *»Wenn ich bei ihr alles fühlen darf und auch mit ihr drüber reden kann.«*

Therapeut: *Worüber würdest du gerne mit ihr reden können?«*

Robert: *»Über meine Wünsche. Zum Beispiel darüber, was mich sonst noch interessiert, außer mit ihr zusammenzusein.«*

Würde Robert so offen sein und seiner Freundin mitteilen, was ihn noch interessiert *»außer mit ihr zusammenzusein«*, würde er nicht nur einen Streit riskieren:

»Sie würde die ganze Beziehung in Frage stellen. Schließlich hat sie mir schon x-mal damit gedroht, zu gehen. Sie glaubt sofort, wenn ich mal ausgehen will, ich würde was mit anderen Frauen anfangen.«

Aus Angst, Robert würde fremdgehen, versucht seine Frau, ihn zu kontrollieren und einzuengen. Aus Angst, ihn zu verlieren, schränkt sie ihn ein. Robert fühlt sich beengt, geht aber einer Auseinandersetzung aus dem Weg und verzichtet so auf die Äußerung und Erfüllung seiner Wünsche. Ein Effekt dieses Schweigens ist, daß er Spannung in sich aufstaut. Ein anderer, daß er seine Wünsche aus den Augen verliert.

Therapeut: *»Was geschieht, wenn du dich nicht traust, es zu tun?«*

Robert: *»Ich werde still, ziehe mich zurück. Ich verliere den Kontakt mit ihr und schrumpfe von ihr weg.«*

Therapeut: *»Und was geschieht mit deinen Wünschen, wenn du nicht darüber redest?«*

Robert: *»Manche gehen verloren. Oder es entstehen Wünsche, von denen ich nicht weiß, ob ich sie auch hätte, wenn der Druck nicht da wäre.«*

Die verdrängten Wünsche blähen sich im Laufe der Zeit zu großen Phantasien auf, die Robert irgendwann zu einer Überreaktion verleiten. Dann macht er sich wortlos aus dem Haus, um etwas zu erleben und kehrt erst spät in der Nacht wieder zurück.

Günther ist in einer ähnlichen Situation. Auch er träumt den Traum von der großen weiten Welt, allerdings schon mit Einschränkungen:

»Es ist ja nicht so, daß ich noch nie ausgebrochen wäre Ich versuche schon, mir meinen Freiraum zu nehmen, fahre allein weg oder mache 'ne Tour mit Freunden. Aber oft kann ich nicht so recht was damit anfangen. Ich mache dann was, von dem ich geglaubt habe, es müßte spannend sein. Aber es ist langweilig. Ich weiß inzwischen gar nicht, ob ich das, was ich da draußen mache, eigentlich wirklich will.«

Therapeut: *»Du weißt nicht, ob du die Dinge, die du draußen machst, auch wirklich willst?,*

Günther: *»Ja, ob ich das wirklich will oder ob es nur eine Flucht ist aus der Situation mit Renate.*

Therapeut: *»Eine Flucht wovor?«*

Günther: *»Davor, daß ich mit Renate nicht klarkomme. Sie sitzt zu Hause und wartet auf mich. Wenn ich dann nach Hause komme, soll ich für sie dasein.«*

Therapeut: *»Wie fühlst du dich da?«*

Günther: *»Überfallen, gar nicht wahrgenommen, überschüttet. Das gibt immer Ärger und Streit.«*

Therapeut: *»Du willst vor dem Ärger und dem Streit fliehen?«*

Günther: *»Ja, und vor ihren Planungen.«*

Günthers Sehnsucht Freiheit zeigt sich als Wunsch, aus Situationen zu fliehen, mit denen er nicht zurechtkommt. Doch was soll er draußen? Der einzige Vorteil, vor ihren Übergriffen sicher zu sein, ist die Tatsache, daß SIE nicht dort ist und er dem Streit und Ärger, den Anstrengungen des Abwehrkampfes entgangen ist. Am meisten machen ihre Planungen ihm zu schaffen:

Therapeut: *»Du willst vor ihren Planungen fliehen?«*

Günther: *»Ja, sie nimmt mir die Lust an dem, was ich machen will.«*

Therapeut: *»Wie kann sie dir die Lust nehmen?«*

Günther: »*Indem sie versucht, mich davon abzuhalten. Sie macht es mir madig, meckert dran rum. Ich gebe dann nach. Mit einem Mal sind meine Wünsche weg, die gehen richtig unter.*«

Therapeut: »*Was sind das für Sachen, die sie dir madig machen kann?*«

Günther: »*Eigentlich lauter Kleinigkeiten. Mal ins Kino gehen oder was Verrücktes unternehmen. Oder mal in die Disco gehen, obwohl wir dafür eigentlich zu alt sind.*«

Seine Frau kann ihm die Lust nehmen, kann ihm seine Vorhaben madig machen. Er will Streit vermeiden, gibt nach, verzichtet und fühlt sich wieder einmal beengt. Weil er sich nicht durchsetzen kann und seine Wünsche aufgibt, ist Freiheit auch für Günther da, wo seine Frau nicht ist. Indem er sich von vielen kleinen Freiheiten (Kleinigkeiten) des Alltags abbringen läßt, baut er nach und nach den Traum der großen Freiheit auf. Wie Günthers Beispiel zeigt, haben Männer jedoch oft dann Probleme, die ersehnte Freiheit zu genießen, wenn sie einmal Abstand herstellen und in die »Welt« ziehen können. Günther langweilt sich – der Traum hält nicht, was er versprach.

Der Mann hat also grundsätzliche Probleme mit dem Charakter seiner Wünsche. Entweder kennt er seine wahren Wünsche nicht und baut das Luftschloß Freiheit auf, oder aber er kennt seine Wünsche und wagt es nicht, ihnen nachzugeben. Kehren wir an dieser Stelle zu unserer Männergruppe zurück:

Robert: »*Wobei ich ergänzen möchte, daß wir auch rausgefunden haben, wie unglaublich schwer es uns fällt, unsere Wünsche zu entdecken und auszusprechen, sie uns überhaupt einzugestehen.*«

Ansprüche

Auch wenn es Frauen schwerfallen wird, sich das vorzustellen: Der Mann weiß nicht, was er will. Doch er weiß genau, was er soll.

Der Mann ist durch seine Rolle auf einseitig-männliches Verhalten festgelegt. Von klein auf sagt man ihm, was, wie und wofür er zu sein hat, was er tun und lassen soll, wofür er kämpfen soll, wen und wie er lieben soll. Er glaubt, auf eine bestimmte Weise sein zu müssen, und hat deshalb keine Ahnung, was er ist. Er hatte weder Zeit noch Raum, selbst herauszufinden, was er – unabhängig vom *Sollen* auferlegter Rollenverpflichtung und *Wollen* der Frau – will.

Insbesondere in seiner Kindheit hat er nicht gelernt, sich von der mächtigen ersten Frau, der Mutter, offen abzugrenzen. Im Gegenteil mußte er lernen, viele seiner wahren Wünsche vor der Mutter zu verstecken. Indem er sie vor ihr leugnete, verleugnete er sie schließlich auch vor sich selbst. Er verleugnete seine Wut, seinen Widerwillen, seine Neugier, seinen Bewegungsdrang, sein Interesse an anderen Menschen. Er lernte, daß es besser war, seine wahren Wünsche zu verheimlichen oder zu verschleiern und nicht ehrlich zu sein. Wünsche entspringen aus Gefühlen. Da er seine Wünsche versteckte, verdrängte der Junge zugleich auch die damit verbundenen Gefühle.

Die wahren Wünsche des Mannes liegen also unter einem Berg von Ansprüchen verschüttet. Hier geht es ihm nicht anders als der Frau, die sich ja auch auf eine Rolle festgelegt und damit eingeschränkt hat. Der Mann hat unklare, vage Vorstellungen vom Charakter seiner Wünsche und kann seiner Partnerin dementsprechend nur begrenzt Auskunft darüber geben, was er will oder fühlt. Das kann seine Partnerin verunsichern.

Gefühle zeigen

Petra ist sich der Gefühle ihres Mannes unsicher. Hundertmal hat sie versucht, mit ihm über diese Ungewißheit zu sprechen, hundertmal hat sie keine Antwort bekommen. *»Was empfindest du für mich? Liebst du mich noch?«* Doch Klaus schweigt. Petra gewinnt die Überzeugung, daß ihr Mann

110

nicht ehrlich und offen mit ihr reden will – daß er unehrlich ist, ein Feigling. In der Beratungssituation verändert sich dieser Eindruck:

Petra: *»Wenn du mir nur einmal sagen könntest, was du fühlst. Wenn du mir nur einmal in den letzten Monaten gesagt hättest, daß du mich liebst.«*

Klaus: *(schweigt und blickt zu Boden)*

Therapeut: *»Klaus, was müßte geschehen, damit du ihr sagen kannst, was du fühlst und ob du sie liebst?«*

Klaus: *»Wenn sie mir zuhören würde und mich verstehen könnte oder wenigstens respektieren, was ich sage.«*

(Petra ist einverstanden und sagt zu, ihn nicht zu unterbrechen)

Klaus: *»Ich kann dir diese Frage nicht beantworten. Ich weiß nicht, ob ich dich liebe. Ich bin mir nicht sicher. Ich könnte dir antworten, wenn ich eine Wahl hätte, aber die habe ich nicht.«*

Therapeut: *»Welche Wahl hast du nicht?«*

Klaus: *»Zu sagen ›ich liebe dich nicht‹ ist doch gar nicht drin. Dann ist der Teufel los. Dann nervst du so lange, bis ich das Gegenteil sage. Aber ich weiß ja selbst nicht, was die richtige Antwort ist.«*

Klaus würde seiner Frau gern antworten, aber er weiß die Antwort selbst nicht. Er kann – wenn er ehrlich sein will – nicht antworten.

Blockiert

Wieso hat er das Gefühl, keine Wahl zu haben? Zum einen, weil er sich vor dem Ausbruch ihrer Gefühle fürchtet, weil sie ihm die Hölle heiß machen würde, sollte er auf ihre Frage mit Nein antworten. Zum anderen, weil er die Antwort auf ihre Frage selbst nicht kennt. Da er seine Kraft dafür verwendet, sie auf mittlerem Abstand zu halten, bekommt er nie Gelegenheit, sich über seine Gefühle klarzuwerden. Da er echten Abstand verhindert, fehlt ihm der Raum, seine Gefühle für *sie* wahrzunehmen. Er nimmt vorrangig Gefühle *gegen sie* wahr. Da er echten Abstand meidet, kann er nie auf seine Frau zugehen, denn auf sie zugehen könnte er nur aus einer Entfernung. Lange bevor er sein eigenes Bedürfnis nach Nähe wahrnehmen kann, steht sie vor ihm und verlangt: *»Sag mir, daß du mich liebst – wenn du mir nur einmal sagen würdest, daß du mich liebst.«* Doch er kann die Antwort auf diese Frage nicht finden, denn diese Antwort liegt in seinem Inneren versteckt. Er aber schaut nach außen, auf die fordernde Frau, vor deren Eingriffen er sich fürchtet. So entgleitet ihm die innere Wahrheit, bleibt ihm die Antwort auf ihre Frage selbst verborgen.

Nur wenige Frauen können sich vorstellen und nachvollziehen, wie blockiert der Mann unter Druck und Zwang ist. Wie sehr er sich dann verschließt. Wieviel Zeit und Abstand er braucht, um Kontakt zu seinem Herzen aufzunehmen. Und wieviel mehr Zeit er braucht, sein Herz wieder zu öffnen, wenn es einmal verschlossen war.

Ausbruch

Der Mann versucht, der Idealvorstellung des allzeit Liebenden und für das Glück seiner Frau verantwortlichen Mannes gerecht zu werden. Doch irgendwann hält er diesem Druck nicht mehr stand. Dann will er fort. Er will ausbrechen. Es kommt der Punkt, da muß er wie unter einem Zwang ausprobieren, ob er noch von ihr loskommen kann.

Friedrich: *»Es gibt immer wieder diese Situation, daß ich fremdgehe. Dabei ist es nicht einmal besonders toll. Es ist mehr wie ein Zwang. Ich muß mir beweisen, daß ich ihr nicht gehöre, daß ich frei bin. Eigentlich fühle ich mich dabei nicht besonders wohl. Es bleibt immer ein Katzenjammer, ein schlechtes Gewissen und die Angst, sie könnte es erfahren.«*

Dieser Mann geht nicht fremd, weil es ihn zu einer anderen Frau hinzieht, weil er eine andere Frau liebt. Er geht fremd, um sich zu beweisen, daß er sich selbst gehört. Es ist sein Versuch, dem Gefühl der Enge zu entkommen und sich Raum zu verschaffen. Was er in dieser *»Freiheit«* findet, ist jedoch nicht das, wonach er suchte. Er findet zweifelhaftes Vergnügen, das von schlechtem Gewissen getrübt ist, und eine vorübergehende, fragwürdige, äußere Freiheit.

»Ich habe meine Wünsche und Bedürfnisse nie deutlich gemacht. Ich wollte rücksichtsvoll sein. So lange, bis ich es schließlich nicht mehr aushielt und fast die ganze Beziehung kurz und klein geschlagen habe« *(Kommentar Klaus).*

Die Sehnsucht nach Freiheit kann so stark, der Druck der Enge so groß werden, daß der Mann irgendwann Trennung dem endlosen Kampf vorzieht. Im Abwehrkampf gefangen, scheint Trennung die einzig mögliche Alternative, um der Schlacht, ihren Anstrengungen und Verwundungen zu entkommen und der Verwirklichung seines Traumes Freiheit näherzukommen.

Trennung

Oft scheint Trennung der einzige Weg ins Paradies zu sein. Roland und seine Frau kamen in die Beratung, weil er seine Frau verlassen wollte und nicht den Mut dazu fand.

»Ich möchte mich von Lisa trennen, aber es geht nicht, weil sie so abhängig von mir ist!« war seine feste Überzeugung zu Beginn der Therapie. Er beschrieb sich als starken, unabhängigen Mann und seine Frau als schwaches, abhängiges Wesen. Er glaubte tatsächlich, sein Edelmut würde ihn hindern, dem Ruf seiner Träume zu folgen und dieses schwache Wesen »sitzenzulassen.«

Schließlich trafen er und Lisa eine Vereinbarung, mit der die weitere Zerstörung der Beziehung verhindert werden sollte. Sie trennten sich vorübergehend für die Zeit von drei Monaten. Im Laufe dieser Zeit entdeckte Roland, was ihn wirklich bei seiner Frau bleiben ließ:

»Ich glaube, meine Gefühle für Lisa waren überschattet. Ich habe nur noch die Lisa vor mir gesehen, die mir zusetzte und drohte. Ihr Satz ›nur über meine Leiche‹ hat mich wirklich fertiggemacht, weil

ich befürchtete, sie tut sich was an, wenn ich gehe. Ich hab immer diese Träume gehabt, wie schön es sein muß, frei zu sein. Erst als wir dann wirklich für ein paar Monate getrennt waren, habe ich gemerkt, welche Vertrautheit und Nähe wir miteinander hatten und wie wichtig das auch für mich ist. Ich hatte es mir nicht vorstellen können, aber ich habe sie sehr vermißt.«

Rolands Situation und Verhalten ist charakteristisch für viele Männer. Seine eigene Angst vor Einsamkeit und sein Bedürfnis nach Nähe waren ihm nicht bewußt. Er hat sich vielmehr über die Abhängigkeit seiner Frau beschwert. Die Trennung hat ihm gezeigt: Auch er braucht und liebt seine Frau, auch er braucht Nähe. Doch er konnte das weder sich noch seiner Frau eingestehen, aus dem einfachen Grund: *Weil er es nicht wußte.* Erst durch die vorübergehende Trennung wurde es ihm bewußt – er kehrte zu seiner Frau zurück.

Jetzt, nachdem er zeitweise von ihr getrennt war, empfindet er den Entschluß, wieder mit ihr zusammenzuleben, als Ausdruck seines eigenen Willens und Wollens. Jetzt erst hat er die Entscheidung für die Beziehung als seine eigene, freiwillige Entscheidung erlebt und braucht sich nicht weiter gezwungen zu fühlen, bei Lisa zu bleiben.

Durch Trennung hofft der Mann, dem Paradies der Freiheit nahezukommen. So trennt er sich, oft im kleinen, manchmal im großen Stil. Im kleinen Stil, indem er sich zurückzieht und einmauert. Im großen Stil, indem er die Beziehung abbricht. Nicht selten entpuppt sich das Paradies seiner Träume jedoch als ein leerer Ort, wie die Zeilen, die ein Mann nach der Trennung schrieb, zeigen:

Rudolf: *»Ich habe sie in den letzten Jahren nur hassen können, weil sie mich nie in Ruhe gelassen hat. Dabei habe ich nie gemerkt, daß ich sie auch liebe, daß ich auch ein Herz für sie habe.«*

Es scheint paradox, daß auch dieser Mann erst in die Wüste der Einsamkeit (der vermeintlichen Freiheit) gehen mußte, um schließlich das zu finden, was seine Frau von ihm erwartete: seine Gefühle für sie und seine Liebe zu ihr. Und doch blieb ihm keine andere Möglichkeit, diese Liebe zu entdecken, als aus der Entfernung.

Der Mann fühlt sich getrieben, und es treibt ihn mit Gewalt fort aus der Enge, hin zur Weite. Dorthin, wo Platz ist. Dorthin, wo er frei atmen kann. Dorthin, wo kein Zwang und kein Druck auf ihm lastet. Dorthin, wo er mit sich selbst sein kann. Wozu? Was kann er dort, in der Weite, das er in der Enge nicht kann? Er kann mit sich selbst sein, er kann sich fühlen! Das ist das Geheimnis des Traumes Freiheit.

Der Mann will Freiheit, will Abstand, um sich selbst zu spüren, um herauszufinden, was er – unabhängig von Forderungen und Pflichten – will und fühlt.

Wenn er Distanz zur Frau findet, findet der Mann seinen wahren, wirklichen, tiefsten Wunsch: eine Frau zu lieben. Allerdings: *sie zu lieben in einem Klima von Freiheit und Freiwilligkeit.*

Thesen dieses Abschnitts:

– Der Mann sehnt sich nach Freiheit und kämpft um Freiheit.
– Freiheit ist da, wo SIE keinen Einfluß hat, ist Distanz von IHR. Freiheit ist draußen in der weiten Welt, fern von der Enge daheim.
– Der Mann unternimmt verzweifelte Versuche, frei zu sein und seinen Traum zu finden: Er geht fremd, bricht aus, trennt sich.
– Nicht selten erfährt er draußen Frustration oder findet sich in der Wüste der Einsamkeit wieder.
– Trotzdem braucht der Mann den Abstand zur Frau. Er braucht die Erfahrung Einsamkeit und Alleinsein, um sich zu fühlen und seinen wahren Wunsch zu entdecken.
– Sein wahrer Wunsch ist, die Frau zu lieben: aber in einem Klima von Freiheit und Freiwilligkeit.

Der Traum von Nähe

Auch hinter dem Wunsch der Frau nach Nähe verbirgt sich, was sie eigentlich sucht.

Erinnern wir uns an die vorne beschriebene Frauenrunde der Paargruppe. Im Gegensatz zu den Männern wollten die Frauen nicht weg vom Partner. Die Richtung ihrer Bemühungen zeigte vielmehr zum Mann hin.

Frauen wollen Nähe, wollen in Verbindung treten. Im Konfliktfall suchen sie nicht das Weite, sie suchen das Gespräch. Sie sind bereit, sich darum zu bemühen und sich dafür anzustrengen, daß Verbindung geschieht. Im Empfindsamkeitstest steigert sich ihr Bemühen sogar zum Versuch, die harte Schale der männlichen Abwehr aufzubrechen.

»Was heißt hier zuwenig Nähe? Ich weiß gar nicht, was sie will. Ich bin doch dauernd bei ihr.«

»Wenn ich ihn erreichen könnte, würde er schon verstehen, was ich meine. Dann könnte ich mich begreiflich machen.«

Nähe, das ist mit dem Mann zusammensein. Der Traum von Nähe gipfelt in dem Wunsch, *»alles mit IHM zusammen zu machen«*. Dann soll aus der Verbindung zum Mann alles kommen, was die Frau vom Leben erwartet. Zu lange hat die Frau auf die Erfüllung ihrer Träume gewartet.

In den Jahren ihrer Kindheit, die von Mangel und der Sehnsucht nach dem Mann bestimmt waren, hat die Frau ein Bild vom Mann aufgebaut, das Bild vom Prinzen, der sie aus ihrer emotionalen Vernachlässigung erlösen soll. *»Wenn ich erst mal eine Frau bin, wird er kommen.«* Wenn dann ein Mann kommt, will sie ihn *»ganz«*. Dann soll er die emotionale Leere in ihr ausfüllen, soll ganz für sie dasein, soll ihren Traum verwirklichen.

Viele Frauen kämpfen mit aller Kraft um die Verwirklichung dieses Traumes. Ingrid ist eine solche Frau mit hohen Erwartungen an ihre Beziehung und ihren Mann. Sie kommt mit ihrem Mann in die Beratung, weil nach sechs Jahren zum ersten Mal »die Beziehung nicht funktioniert«. Als ich nach ihren Kriterien für eine funktionierende Beziehung forsche, zählt sie eine Reihe von Vorstellungen auf. Sie will:
– den Mann lieben
– guten Sex mit ihm haben
– zusammen mit ihm wohnen
– Kinder mit ihm haben
– gemeinsam mit ihm arbeiten
– weltanschaulich mit ihm übereinstimmen
– gemeinsam mit ihm die Freizeit verbringen.

Sieben Bedingungen für Liebe und Partnerschaft, sieben Kriterien, an denen Ingrid erkennt, ob ihre Beziehung funktioniert. Ich bin sicher, daß viele Paare zufrieden wären, wenn sich vier oder fünf von Ingrids Kriterien in der Realität ihrer Beziehung erfüllten. Bei Ingrid genügt es schon, wenn eine Bedingung nicht erfüllt ist, um die ganze Beziehung in Frage zu stellen.

Die Frau konzentriert sich auf die Verbindung zum Mann. Wozu ist diese Verbindung so wichtig? Was sucht sie darin? Sucht sie den Austausch von Liebe, oder steht hinter dem Wunsch nach Liebe ein anderer, ihr verborgener Wunsch?

Sabine: »Wir hatten schon länger keine richtige Verbindung mehr, auch nicht im Bett. Schließlich hielt ich es nicht mehr aus und bin zu ihm. Ich wollte endlich wissen, was mit uns ist. Dann haben wir uns heftig gestritten, weil er stumm wie ein Fisch blieb. Ich bin ziemlich massiv geworden und hart an ihn rangegangen. Ich habe getobt, ihn beschimpft und in meiner Wut auch gedroht, ihn zu verlassen. Schließlich standen ihm die Tränen in den Augen. Wie ich ihn so sah, irgendwie hilflos, eine Träne lief ihm runter, da hat sich was verändert. Ich hatte nicht mehr das Gefühl, gegen eine Wand zu

117

reden. *Das hat genügt, da war es gut. Da habe ich ihn gespürt. Es ging mir plötzlich viel besser.*«

Ein Beispiel aus dem Empfindsamkeitstest. Sabines Ziel war es, ihren Freund zu spüren, und schließlich erreicht sie es, wenn auch auf aggressive und destruktive Weise. Was passierte in dem Augenblick, in dem sie seine Tränen sah? Sie beruhigte sich, »*da war es gut*«.

Kein Wort der Liebe war gefallen, er hat ihr nichts gegeben, war nicht zärtlich zu ihr. Die beiden sind sich nicht nähergekommen. Aber Sabine ist beruhigt, denn seine Tränen haben ihr doch etwas gegeben: die Gewißheit, daß *er* Gefühle für *sie* hat; die Gewißheit, daß sie ihm etwas bedeutet.

Therapeut: »*Du weißt jetzt, daß du ihm etwas bedeutest?*«
Sabine: »*Ja, daß ich ihm nicht egal bin, daß ich ihm wichtig bin.*«
Therapeut: »*Was gibt es dir, wenn du ihm wichtig bist?*«
Sabine: »*Das Gefühl, daß ich wichtig bin. Daß ich etwas wert bin.*«
Therapeut: »*Wenn er nicht auf dich eingeht, dann hast du das Gefühl, nichts wert zu sein?*«
Sabine: »*Ich bin schon was wert ohne ihn. Aber ich fühle mich als Frau abgelehnt.*«
Therapeut: »*Woran merkst du, daß du als Frau wertvoll bist?*«
Sabine: »*Daß er mich will. Daß er mich anschaut. Daß er mir nahe ist und ich ihn fühlen kann, auch seinen Körper.*«
Therapeut: »*Was ist mit dir, wenn das alles so ist?*«
Sabine: »*Dann fühle ich mich sicher.*«

Das war, was Sabine suchte: emotionale Sicherheit. Wenn er sie liebt, fühlt sie sich sicher. Diese Sicherheit findet sie in seiner emotionalen Zuwendung, in seiner Aufmerksamkeit, in seinem Begehren, nicht zuletzt im körperlichen Kontakt mit ihm. All dies ist mit Nähe verbunden.

Die Frau will das Gefühl haben, für den Mann wichtig zu sein. Dieses Gefühl entsteht, wenn der Mann etwas für sie tut. Er soll sagen: »*Ich liebe dich.*« Er soll zärtlich sein, er soll aufmerksam sein, er soll sich ihr zuwenden. Doch sobald die Aufmerksamkeit des Mannes nachläßt, sind die Gefühle ihrer Sicherheit in Gefahr. Dann versucht die Frau, den Mann zu Beweisen seiner Liebe zu veranlassen. Wenn diese ausbleiben, startet sie den Empfindsamkeitstest.

Im Bemühen um seine Liebe und im Empfindsamkeitstest sucht die Frau letztlich nicht Liebe, sondern Sicherheit. Die Sicherheit weiblicher Identität. Die Sicherheit, bedeutend und wertvoll zu sein – und zwar als Frau.

Hanna: *»Das schlimmste für mich ist, nicht gesehen zu werden. Zum Beispiel hatten wir Kontakt. Es war schön. Wir waren nahe, und ich wartete drauf, daß das Eigentliche noch passieren würde. Daß wir uns noch näherkommen. Da steht er plötzlich auf und geht in die Küche, um sich was zu holen. Mit einem Mal reißt alles ab. Ich fühlte mich völlig mißachtet. Einfach nicht wahrgenommen mit dem, was ich will, nicht gesehen.«*

Therapeut: *»Was bedeutet es, daß er dich nicht sieht?«*

Hanna: *»Daß ihm an mir nichts liegt.«*

Therapeut: *»Was sagt es über dich aus, wenn ihm an dir nichts liegt?«*

Hanna: *»Daß ich es nicht wert bin.«*

»Er geht so plötzlich in die Küche« bedeutete: Der intime Kontakt mit mir ist ihm nicht wichtig – ich bin ihm nicht wichtig – ich bin es nicht wert.

Ein weiteres Beispiel soll zeigen, wie sehr die Frau um Sicherheit ringt. Stephanie hatte mit ihrem Freund eine zweijährige Beziehung, die endete, als Peter sich endgültig einer Frau zuwandte, mit der er schon seit Monaten Kontakt hatte. Stephanie ist *»völlig fertig«* und gerät in eine tiefe Depression. Erschwerend kommt hinzu, daß sie Peter am Arbeitsplatz regelmäßig sieht. Das macht es noch schwerer für sie, denn im Grunde möchte sie noch immer mit ihm zusammensein.

»Ich kann nicht mal wütend werden, ich liebe ihn einfach zu sehr. Wenn ich wütend sein könnte, ginge es mir vielleicht besser. Aber ich kann einfach nichts gegen ihn machen. Das wäre so, als ob ich was gegen mich selbst mache. Es fühlt sich an, als ob er ein Teil von mir ist. Ich kann ihm nichts antun.«

Stephanie beschreibt, was in ihrem Inneren passiert: »*Es fühlt sich an, als ob eine Hälfte von mir ausgelaufen wäre, seit er fort ist. Als ob alle Kraft aus mir rausgeflossen wäre. Ich bin nur noch halb da, und halb bin ich leer. Es kommt mir alles so sinnlos vor.*«

Stephanie fühlt sich halb. Gegen ihren Freund kann sie keine Aggressionen entwickeln, da er ein Teil von ihr ist. Obwohl Peter schon länger mit der neuen Freundin zusammen war und ihr das mißfiel, konnte sie nicht darauf reagieren, denn ihre Aggressionen waren gehemmt. »*Du kannst doch nichts gegen jemand machen, der ein Teil von dir ist – du würdest ja etwas gegen dich selbst machen*« ist die verborgene Überzeugung, mit der sie ihre Aggressionen hemmt und so in die Lage gerät, daß er sich schließlich von ihr trennt.

Peter war der erste Mann ihres erwachsenen Lebens, dem sie sich geöffnet hatte. Er war der erste Mann, der sie mit den Augen des Begehrens ansah und ihr dadurch eine Bestätigung ihrer Weiblichkeit verschaffte. Durch sein Begehren wurde sie ganz, durch seine Zuwendung füllte sich die Leere, die sie seit den Tagen ihrer Kindheit in sich trug. Durch die Zuwendung des Mannes hat Stephanie eine bis dahin leere Hälfte von sich aufgefüllt, denn als er sie verließ, lief sie aus. Plötzlich ist da eine Leere, die ihr vor der Beziehung gar nicht bewußt war und die ihr Leben jetzt unerträglich und sinnlos scheinen läßt.

Stephanie ist in ihrem Alltag eine extrem selbstbewußte und selbständige Frau, die immer bestens alleine zurechtkam. Schon im Alter von sechs Jahren lebte sie manchmal eine Woche allein, wenn ihre Mutter verreist war, und versorgte sich selbst.

Ihr Vater war im Krieg gefallen. Stephanie erinnert sich, als Kind oft auf seine Rückkehr gewartet zu haben. Doch das geschah nicht. Sie lernte, ihre Sehnsüchte zu verdrängen und sich auf sich selbst zu besinnen.

Materiell und beruflich ist Stephanie vollkommen unabhängig – bis sie einen Mann trifft, der die alte Wunde Sehnsucht in ihr aufreißt. Als er sie verläßt, bricht Stephanie zusammen. Sie kann die unerwartet gefundene Sicherheit einer weiblichen Identität nicht unabhängig von seiner Zuwendung aufrechterhalten. Es scheint, als ob sie mit ihm auch ihre Kraft verloren habe. Sie träumt davon, wochenlang nur zu schlafen um endlich Ruhe zu haben vor den Schmerzen des Verlassenseins.

An Stephanies Beispiel wird deutlich, daß es ihr erst in zweiter Linie um den Austausch von Liebe geht. Wichtiger ist, was durch Peters Zuwendung *in ihr* geschehen ist und worauf sie jetzt verzichten muß: Sie erlangte die emotionale Sicherheit, eine Frau zu sein und als Frau ganz und wertvoll zu sein. Sie erlangte weibliche Identität.

Doch wenn die Aufmerksamkeit des Mannes nachläßt, droht der Frau der Verlust einer Kraft, der sie sicher zu sein glaubte – der Kraft ihrer geschlechtlichen Identität. Hier besteht ein Unterschied zur Reaktion des Mannes, der – wenn er verlassen wird – sich als Mensch in Frage stellen kann, dessen Identität als *Mann* jedoch nicht in diesem Maße ins Wanken gerät.

Wenn der Mann geht, bedeutet dieser Verlust für die Frau mehr als den Verlust eines Mannes. Sein Gehen und sein Fliehen bedeuten den Verlust ihres Selbstwertes.

Identität

Identität ist lebensnotwendig. Ohne Identität können wir nicht leben. Ohne Identität können wir uns nicht von anderen Menschen abgrenzen. Ohne Identität sind wir anderen Menschen ausgeliefert.

Der Prozeß der Identitätsfindung ist ein zugleich schmerzvoller und lustvoller Vorgang, denn Identität entsteht an Grenzen. Wir empfinden es als schmerzvoll, wenn wir vom anderen abgelehnt werden, und als lustvoll, wenn der andere uns annimmt. In den Auseinandersetzungen an den Grenzen unseres Kontaktes, durch die Erfahrung, von einem geliebten Menschen abgelehnt oder angenommen zu werden, entsteht die Identität, ein Mensch, ein Ich, ein

121

unverwechselbares Individuum zu sein. Identität entsteht also im Wechsel von Grenzöffnung und Grenzziehung im menschlichen Kontakt.

Weibliche Identität

Wie soll die Frau geschlechtliche Identität finden, wenn ihr klare Zuwendung oder Abwendung vorenthalten wird? Wenn sie an den Botschaften des Ja/Nein verzweifelt? Wenn sie nichts hat, woran sie sich halten kann, verliert die Frau den *Halt* und wird haltlos. Sie wird orientierungs- und damit identitätslos. Kein Wunder also, daß sie den Mann bedrängt, *um ihn zu spüren,* denn nur darin glaubt sie, *sich spüren zu können.* Da sie ihn aber nicht spürt, kann sie sich nicht spüren. Da sie sich nicht spürt, kann sie sich nicht finden. Also kämpft sie weiter auf der Suche nach sich selbst.

Darin liegt das Geheimnis hinter dem Wunsch nach Nähe. Die Frau sucht nicht bloß Nähe. In der Nähe will sie sich finden, sich als Frau, ihre geschlechtliche Identität.

Ihr Versuch, als erwachsene Frau ihre Identität in der Zuwendung des Mannes zu finden, den Beweis des eigenen Wertes in seiner Liebe zu erkennen, hat aber einen entscheidenden Nachteil: Solange sie ihre Sicherheit, ihre Identität an die Zuwendung eines Mannes knüpft, befindet die Frau sich in Abhängigkeit. Solange sie glaubt, Liebe und Aufmerksamkeit vom Mann fordern zu müssen, um sich *als Frau* fühlen zu können, erlebt sie Liebe im Kontext der Abhängigkeit.

Thesen dieses Abschnitts:

– Die Frau will Nähe, sucht Verbindung mit dem Mann.
– Diese Nähe soll sie vollständig machen, soll ihr Sicherheit geben.

– Doch hinter dem Wunsch nach Nähe steht ein tieferes Bedürfnis. Das Bedürfnis, Sicherheit im Aufbau weiblicher Identität zu finden.

– Da die Frau glaubt, weibliche Identität nur in der Zuwendung durch den Mann finden zu können, erlebt sie Liebe im Kontext der Abhängigkeit.

5

Angst als Grundlage
der Liebe

Der widersinnige Konflikt

Der Hintergrund, auf dem unsere Liebe wächst, bestimmt diese Liebe. Leben wir aus Angst, dann bestimmt Angst unsere Liebe.

Das destruktive Verhalten der Partner im Kampf um Liebe führt zur Zerstörung der Beziehung. Aber auch wenn die Partner das wissen, wenn sie es vom Kopf her verstehen – es ist ihnen fast unmöglich, sich anders zu verhalten. Wie können Mann und Frau ein derart widersinniges Verhalten aufrechterhalten? Warum machen sie nicht einfach das Gegenteil von dem, was sie tun?

Warum nimmt der Mann sich nicht den wirksamen Abstand, den er so dringend braucht?	Warum läßt die Frau den Mann nicht los, wenn sie doch keine Sicherheit und Orientierung bei ihm findet?

Weil etwas uns daran hindert. Etwas in unserem Inneren, das nichts mit dem Partner zu tun hat.

Rüdiger und Claudia leben seit vierundzwanzig Jahren in Ehe. In bezug auf ihr Verhalten sind sie ein typisches Paar – er fühlt sich seit Beginn der Ehe bedrängt, sie fühlt sich seit Beginn der Ehe vernachlässigt. Trotzdem sind sie nach so langer Zeit noch zusammen, kämpfen miteinander um die Ziele *Freiheit* und *Sicherheit*. Ihren Kampf führen die beiden auch in den ersten Stunden der Eheberatung mit Vehemenz. Er nimmt den gleichen Verlauf wie im Alltag des Paares:

Claudia beschuldigt ihren Mann, vorwiegend an seiner Arbeit interessiert zu sein und sich nicht genügend um sie und ihre Bedürfnisse zu kümmern. Mit ihren Vorwürfen ließe sich eine ganze Buchseite füllen. *»Du fährst zu oft zu* deiner Mutter... Die ist dir wichtiger als unsere Familie... Du schläfst nicht genug mit mir... Du bist egoistisch... Du hörst mir nicht zu... Du siehst mich nicht...«

Rüdiger zeigt die typisch männliche Reaktion. Zuerst versucht er, sein Verhalten zu erklären, zu rechtfertigen und zu verteidigen. Dann wird er stiller und versinkt schließlich ganz in Schweigen, worauf ihn Claudia heftiger mit Vorwürfen bedrängt.

Schließlich hält er es nicht mehr aus. Er verschafft sich mit den Worten »halt den Mund, laß mich in Ruhe« Luft. Dabei gerät er außer sich vor Wut und macht Claudia durch seinen Zorn angst.

Claudia ist von diesem Ausbruch eingeschüchtert. Sie bekommt ein schlechtes Gewissen und hört erst einmal auf, ihn zu bedrängen. Er wird ruhiger. Ein kurzer Scheinfrieden entsteht, der jedoch bald im neu aufflammenden Konflikt zerfällt.

Am Beispiel dieses Paares können wir beobachten, wie der Geschlechterkampf auf die Spitze getrieben wird und endgültig in einen sinnlosen Kreislauf gegeneinander gerichteter Reaktionen mündet.

Rüdiger hält seine Frau in der Ja/Nein-Falle gefangen. Von seiner enttäuschten Frau läßt er sich mit Vorwürfen traktieren und versucht, diese »vernünftig« zu widerlegen. Da seine Frau aber *emotional* und nicht rational reagiert, muß dieser Versuch zwangsläufig scheitern. Rüdiger sieht die Sinnlosigkeit seiner Versuche ein und gibt auf – er schweigt.

Claudia versucht, zu ihrem Partner vorzudringen. Da er sich zurückzieht und in der Festung seiner Argumentationen und Rechtfertigungen einmauert, rückt sie nach und wendet die Mittel des Empfindsamkeitstestes an, um ihn zu erreichen.

Doch dieses Verhalten kann keiner der Partner ewig durchhalten. Irgendwann sind die Gefühle der Enge zu groß, irgendwann ist die Frau von ihren Bemühungen erschöpft. Dann kommt es zu einer extremen Gegenreaktion:

Während seine Frau ihn weiter in die Ecke drängt, zieht sich Rüdiger weiter nach innen zurück. Bis der Punkt erreicht ist, wo er das alles *nicht mehr aushält*. Dann schlägt er zu und stößt Claudia von sich, um sich Platz zum Atmen zu verschaffen. Das ist sein Versuch, Freiheit zu erreichen.

Claudia erkennt die Sinnlosigkeit ihres Drängens und ihrer Bemühungen und merkt, daß sie ihn mit den Gemeinheiten und Spitzen des Empfindsamkeitstests verletzt und sich erschöpft hat. Jetzt zieht sie ihre Bedürfnisse zurück und *beginnt zu warten*. Das ist ihr Versuch, ihn zum Bleiben zu bewegen.

Aber auch diese Gegenreaktion können die Partner nicht lange aufrechterhalten, denn nach einer Weile:

– versucht er aus schlechtem Gewissen heraus, ihr wieder Zuwendung zu geben.

– hält Claudia es nicht mehr aus zu warten und beginnt von neuem, seine Nähe zu suchen.

Dann beginnt das Spiel von vorne. Erneut halbe Nähe, erneut Mangel, erneut Enge und Bemühen – tagelang, wochenlang, jahrelang. Die Partner scheinen in ihrem Kampf lediglich zwei extreme Verhaltensmöglichkeiten zu haben, zwischen denen sie hin und her schwanken:

Der Mann läßt sich bedrängen und in die Ecke treiben – bis er die Enge nicht mehr ertragen kann. Dann stößt er die Frau von sich, um sie alsbald wieder auf Sicherheitsabstand ranzulassen.

Im Versuch, zu ihm vorzudringen, erschöpft sich die Frau. Dann hält sie sich zurück und erwartet ihn. Bald jedoch hält sie *Warten* nicht mehr aus und drängt erneut zum Kontakt.

Wenn wir aus dem Teufelskreis der Reproduktion von Enge und Mangel aussteigen wollen, können wir nicht umhin, eine Frage zu beantworten: Was steckt hinter diesem merkwürdig hartnäckigen Verhalten, das Claudia und Rüdiger dazu bringt, den Streit immer wieder anzufangen? Was macht es den Partnern möglich, sich so sinnlos zu verhalten? Beide wissen vom Verstand her, daß ihr Verhalten destruktiv ist. Beide würden sich gern anders verhalten, bringen es aber nicht fertig. Etwas hindert sie daran. *Was also verhindert ein anderes, sinnvolleres Verhalten?*

Frage an den Mann:
»Was ist die Überzeugung, die es dir möglich macht, dich bedrängen zu lassen?«

Frage an die Frau:
»Was ist deine insgeheime Überzeugung, die dich dazu bringt, dich zu bemühen?«

In den Antworten finden wir einen Schlüssel zum Verständnis der extremen Verhaltensweisen des endlosen Beziehungskampfes:

»Claudia will so viel, und ich gebe ihr schon so wenig. Wenn ich mich jetzt noch weigere, ihr zuzuhören, stehe ich ihr ja überhaupt nicht mehr zur Verfügung.«

»Wenn ich mich nicht darum bemühe, etwas von Rüdiger zu bekommen, dann tut sich überhaupt nichts. Wenn ich ihn in Ruhe lasse, kann ich warten, bis ich schwarz werde.«

Rüdiger ist davon überzeugt, sich das anhören zu müssen, und Claudia ist davon überzeugt, sich um seine Zuwendung bemühen zu müssen. Diese Überzeugungen sind so stark, daß sie keine alternativen Verhaltensweisen zulassen, was sich im Gebrauch des Wortes »müssen« zeigt. Wenn sie sich so verhalten *müssen,* dann *können* sie nichts anderes tun, dann bleibt ihnen keine andere Wahl.

Wozu aber *müssen* die beiden tun, was sie tun? Welche Konsequenzen würde ein anderes Verhalten mit sich bringen? Was würde denn geschehen, wenn Mann und Frau sich anders verhielten? Was befürchten die beiden in diesem Falle?

»Dann würde sie mich verlassen! Sie hat es mir oft genug angedroht!«

»Dann würde ich nie etwas von ihm bekommen. Dann könnte ich genausogut gehen!«

Dann verläßt sie mich ... bekomme ich keine Liebe ... dann bin ich allein. Es ist die Angst vor dem Verlassen-Werden, die es den Partnern ermöglicht, sich bedrängen zu lassen oder sich zu bemühen. Diese Überzeugungen erkennen wir leicht *als Voraussagen[1],* die aus dem jeweiligen Kontext der Partner stammen.

»Wenn ich mir das nicht anhöre, werde ich sie verlieren, werde ich allein sein!« (und damit die Möglichkeit verlieren, zu lieben).

»Wenn ich mich nicht bemühe, werde ich seine Liebe nie erhalten« (und damit dauernd allein sein und meine Identität nicht finden).

Wenn ich nicht ertrage, wenn ich mich nicht bemühe, dann... werde ich allein sein. Diese Überzeugungen binden Mann und Frau an das Verhalten des Beziehungskampfes und verhindern, daß sie etwas anderes tun. *»Ich muß mich so verhalten, MUSS es aushalten, MUSS mich bemühen, sonst werde ich verlassen.«*

Es ist Angst vor dem Verlust des Partners, vor dem Verlust der Liebe, die unsere Reaktionen aufeinander beherrscht. Diese Angst bildet den Hintergrund des Kampfes um Liebe.

Zweifel? Dann, liebe Leser, überprüfen Sie Ihr eigenes Verhalten im Beziehungskampf durch die Frage: Welche innere Überzeugung ermöglicht mir diese Reaktion? Welche Überzeugung hat es mir ermöglicht, sie/ihn anzuschreien? sie/ihn zu beschuldigen? sie/ihn mit Verachtung zu strafen?

Wenn Sie sich etwas Zeit nehmen, den Antworten aus Ihrem Inneren zu lauschen, werden Sie erstaunt sein. Erstaunt über die Ängste, die sich hinter Ihrem Verhalten

---

[1] Zur Bedeutung von Voraussagen siehe unter »Reproduktion von Enge und Mangel«

verbergen, erstaunt über die Voraussagen, die Sie aufgrund dieser Ängste treffen – und sich nicht mehr über die daraus resultierende Reaktion wundern.

Unschwer erkennen wir hinter den Überzeugungen der Angst die Erfahrungen, die wir als Kinder gemacht haben.

»Wenn ich mich mit Mutters Vorschriften nicht abfinde, wenn ich sie nicht aushalte, werde ich ihre Liebe verlieren!«	*»Wenn ich mich nicht um Vaters Aufmerksamkeit bemühe, wird nichts passieren, wird er mich nicht wahrnehmen.«*

Die Überzeugungen der Angst stammen aus einer Zeit, da Liebe im Zusammenhang mit Abhängigkeit vorkam, denn wir waren von der Zuwendung unserer Eltern abhängig. Doch auch wenn wir heute glauben, die Vorgänge der Kindheit hinter uns gelassen zu haben: Auf emotionaler Ebene erklären wir uns die Dynamik der Liebe auf genau die Weise, in der wir sie als Kind erlebt und erfahren haben. Unsere Ängste und Gefühle erweisen sich dabei als mächtiger als unser schlauer Kopf. Sie zwingen uns zu einem Verhalten, unter dem wir leiden.

Erdulden – die Qual des Mannes

Wie groß die Angst des Mannes ist, seine Frau zu verlieren, können wir am Ausmaß seiner Erleidens- und Erduldensfähigkeit ermessen:

Mann: »*Ich muß ihr ständig das Gefühl geben, daß sie jemand ist.*«
Therapeut: »*Wie geschieht das?*«
Mann: »*Indem ich mir alles anhören soll, was sie zu erzählen hat.*«
Therapeut :»*Was mußt du dir anhören?*«
Mann: »*Zum Beispiel den ganzen Ärger, den sie mit ihrer Familie hat. Sie schimpft auf allen rum, und ich soll zuhören und ihr recht geben. Wenn nicht, ist sie beleidigt.*«

Dieser Mann hört seiner Frau zu, zähneknirschend zwar, aber er spielt mit. Er fürchtet ihr Beleidigt-Sein und die Konsequenzen.

– wenn ich ihr nicht zuhöre, ist sie beleidigt
– dann glaubt sie wieder, ich würde sie nicht mögen
– dann macht sie mir Vorwürfe, ich wäre nicht an ihren Gefühlen interessiert
– und stellt die Beziehung in Frage
– und droht mir, zu gehen
– das erspare ich mir lieber
– und nehme ihren Ärger in Kauf.

Wie Perlen auf einer Kette reihen sich die Ängste des Mannes aneinander. Am Ende der Kette steht die Angst, verlassen zu werden. Diese Angst taucht in verschiedenen Formen auf.

Erich: »*Ich fühle mich dafür verantwortlich, daß es ihr gutgeht. Ich kann es nicht ertragen, wenn sie leidet. Sie wirft mir ja auch immer vor, wegen mir zu leiden. Dann versuche ich, ihr zu helfen. Ich diskutiere mit ihr, mache ihr Vorhaltungen, versuche sie davon zu überzeugen, daß es keinen Grund gibt zu leiden, ziehe sie auf. Ich versuche alles, sie da rauszuholen, damit diese Last von mir genommen ist, denn ich fühle mich immer schuldig an ihrem Zustand.*«

132

Dieser Mann findet keine Ruhe, wenn seine Frau leidet. In seinem Fühlen übernimmt er die Verantwortung für ihren Zustand. Er glaubt, ein schlechter Mann zu sein (ein Mann, der seine Frau nicht glücklich macht) und versagt zu haben (in seiner Pflicht, sie zu lieben).

Erich macht etwas, was vielen Männer passiert: Erst zieht er sich einen Schuh an, der ihm viel zu eng ist, dann versucht er, ihn loszuwerden. Er bemüht sich, findet aber keine Wege, seiner Frau zu helfen. Ihr zu helfen ist auch nur sein sekundäres Interesse. Primär will er sich vor allem von der Last seines schlechten Gewissens befreien. Wir können annehmen, daß auch das Kind Erich gegenüber seiner Mutter mit den gleichen Schuldgefühlen zu kämpfen hatte, wenn sie litt. *»Mutter leidet«* heißt für das Kind ja auch, die Liebe von Mutter ist in Gefahr = ich bin in Gefahr. Auch daher stammt die Überzeugung: *»Ich muß ihr helfen – ich muß etwas für sie tun – sonst werde ich sie verlieren.«*

Der Mann Erich ist innerlich gelähmt, wenn seine Frau leidet. Seine Frau weiß, bewußt oder unbewußt genau, wie sie ihren Mann unter Druck setzen kann. Sie ist schwach und hilflos. Sie sagt nichts, sie klagt nicht, aber ihr Blick spricht Bände.

»Ich habe mich in meiner ersten Ehe 17 Jahre lang so unter Druck setzen lassen. Wenn ich heute die Worte Migräne und Kopfschmerzen höre, sträuben sich mir noch die Haare« *(Kommentar Rudolf).*

Die unausgesprochene Botschaft an ihn lautet: *»Mir geht es so schlecht, weil du mich nicht genug liebst, weil du dich nicht genug um mich kümmerst. Ich leide so sehr, weil du so egoistisch bist und nur an dich denkst.«*

Therapeut: *»Was bedeutet ihr Zustand für dich?«*

Erich: *»Sie deckt mich mit ihrer Wehleidigkeit völlig zu. Dauernd diese diffusen Anklagen, es macht mich wahnsinnig.«*

Therapeut: *»Bist du schuld? Wenn ja, was bedeutet es für dich?«*

Erich: *»Ich denke nicht, daß ich schuld bin. Aber ich fühle mich schuldig. Das heißt dann, daß ich was für sie tun muß.«*

Therapeut: *»Was mußt du tun für sie?«*
Erich: *»Ihr helfen. Es ist wie eine Art Lastenausgleich für mich.«*

Sein Verstand, sein Denken sagt Erich, daß er nicht schuld ist. Doch seine stärkeren Gefühle sprechen ihn schuldig. Das belastet ihn derart, daß er ihr Klagen kaum ertragen kann und nur einen Wunsch fühlt: Weg von hier, weg von ihr. Aber auch wenn er in die Kneipe oder zu Freunden geht, sein schlechtes Gewissen nimmt er mit. Deshalb ist er schließlich doch zum Lastenausgleich bereit. Dieser Lastenausgleich findet jedoch niemals statt – denn die Aufmerksamkeiten Erichs sind nicht von Liebe getragen, sondern ebenfalls von der Angst, die Partnerin zu verlieren.

Erich steht beispielhaft für Männer, die sich aufgegeben haben. Im Glauben, zu Liebe verpflichtet zu sein, haben sie ihre Freiheit aufgegeben: die Freiheit, zu fühlen und zu tun, was ihnen entspricht, und zwar auch unabhängig vom Zustand oder der Zustimmung der Frau. Die Überzeugungen der Angst, verlassen zu werden und allein zu sein, wenn sie nicht erdulden, haben sie dazu gebracht, ihre Freiheit aufzugeben.

Bemühen – die Qual der Frau

Wie groß die Angst der Frau ist, die Liebe des Mannes nicht zu bekommen, können wir am Ausmaß ihres Bemühens und Verzichtens erkennen:

Frau: *»Das Schlimmste ist, wenn ich merke, daß ich mich verliere.«*
Therapeut: *»Wie geschieht das?«*
Frau: *»Indem ich etwas für ihn mache, was mir eigentlich nicht gefällt.«*
Therapeut: *»Was machst du für ihn, was dir nicht gefällt?«*
Frau: *»Zum Beispiel wenn ich müde bin und mich doch nicht ins Bett lege, weil er noch nicht da ist. Dann warte ich, bis er kommt, weil ich weiß, wie enttäuscht er ist, wenn ich schon schlafe.«*

Diese Frau tut etwas für ihn. Sie merkt, daß sie sich im Bemühen um den Partner verliert, aber ihre Angst vor seiner Enttäuschung ist groß. *»Wenn ich schon vor ihm schlafe, enttäusche ich ihn – wenn ich das zu oft tue, will er mich nicht mehr – wenn er mich nicht mehr will, verliere ich seine Liebe.«*

Am Beispiel von Ruth zeigt sich, was Frauen für die Liebe aufgeben. Ruth ist felsenfest davon überzeugt, einen selbstsüchtigen und gewissenlosen Mann zu haben.

»Werner denkt nur an sich. Ich würde gerne so viel mit ihm unternehmen, aber er ist kaum interessiert. Das macht mich sehr oft traurig. Dann macht er mir Vorhaltungen oder nimmt mich nicht ernst. Es macht mich rasend, wenn er meinen Arm tätschelt oder mir eines seiner flüchtigen Küßchen verpaßt, diese ›Nun-laß-mal-gut-sein-Beschwichtigungs-Küßchen‹, mit denen er mich abwimmeln will. Ich werde dann völlig verzweifelt und weiß nicht, wie ich ihm verständlich machen soll, was ich will.«

Sobald Ruth Lust hat, etwas zu unternehmen, versucht sie, ihren Mann dafür zu interessieren. Da dieser meist auf Abwehrhaltung geht (was soll ich denn jetzt schon wieder tun?), wird Ruth traurig. In ihrem Erleben ist tatsächlich ihr Mann Verursacher dieser Traurigkeit. Sie glaubt, *»daß er*

nicht richtig versteht, was ich will – oder mich nicht verstehen will«.
Ihre Versuche, sich verständlich zu machen, bleiben im
Kreislauf von Druck und Abwehr stecken. *So* hatte sie sich
ihren Mann und die Beziehung zu ihm nicht vorgestellt:

*Therapeut: »Eure Beziehung hat sich nicht so entwickelt, wie du es
dir vorgestellt hast?«*

*Ruth: »Natürlich habe ich vor unserer Heirat gemerkt, daß wir ver-
schieden sind. Wir hatten uns ja über ein Jahr gekannt. Aber ich
habe geglaubt, das würde sich mit der Zeit ändern.«*

Therapeut: »Wie sollte das geschehen?«

*Ruth: »Ich dachte, wenn wir uns Mühe geben, können wir alle
Schwierigkeiten aus dem Weg räumen.«*

Therapeut: »Wie hast du selbst versucht, das zu tun?«

*Ruth: »Indem ich in die Beziehung investiert habe. Ich hab
geglaubt, wenn wir es schaffen uns zu ändern, wenn jeder nicht nur
an sich denkt, kann es nicht schiefgehen.«*

Was hat Ruth nicht alles für ihren Mann getan. Sie hat
sich schön gemacht für ihn, ihre Freunde und Bekannten
aufgegeben für ihn, ihre Arbeit vernachlässigt für ihn.
Natürlich hat sie Entsprechendes auch von ihm erwartet –
daß er sich für sie ändert. Sie glaubte, wenn sie sich genügend darum bemüht und ihre Kraft in die Beziehung investiert, im Laufe der Zeit zum Mittelpunkt seines Lebens zu
werden. Wozu? Um zu bekommen, worauf sie seit den
Tagen ihrer Kindheit wartet: die ganze, ungeteilte Aufmerksamkeit und Zuwendung eines Mannes und dadurch
die Gewißheit, als Frau wertvoll zu sein.

Seit sie ein Mädchen war, trägt die Frau ein genaues Bild
in sich, wie eine Beziehung sein soll und was darin für sie
geschehen muß. Zu lange hat sie ihre Hoffnungen und
Erwartungen aufgeschoben, zu lange auf die Erlösung ihrer
Sehnsüchte gewartet, als daß sie jetzt noch länger warten
könnte. Dieser Mann soll ihr Mann sein und ihr geben,
worauf sie bisher verzichten mußte. In ihren Phantasien hat
sie Werner zum Erfüller ihrer Wünsche und Sehnsüchte
bestimmt. Heute versucht sie, ihn nach dieser Vorstellung
zu formen. Werner merkt das:

»In Wirklichkeit meint sie doch gar nicht mich. Sie hat ein Bild von mir, wie ich sein soll, wie sie mich haben will. Das hat mit mir nicht viel zu tun.«

Anstatt zu werden, wie sie es sich erträumte, anstatt sich zu ändern, verschließt sich Werner und geht auf Distanz. Seine Weigerung, sich ihrem Idealbild anzupassen und sich ihren Vorstellungen entsprechend zu ändern, läßt ihn in Ruths Augen zum Egoisten, *»zum egoistischen Schwein«* (Ruth) werden, von dem sie sich ausgebeutet fühlt.

Im Bemühen, den Mann zu ändern, ihn zu formen, und in der Hoffnung, von ihm zu bekommen, was sie brauchen, haben sich viele Frauen ganz dem Mann zugewandt. Ihn geheiratet, ihr Leben auf ihn oder die Beziehung eingestellt, ihre Unabhängigkeit nicht nur finanziell aufgegeben. Jetzt erwarten sie, daß der Mann die ihm zugedachte Aufgabe, sie zu lieben, erfüllt und gebrauchen ihre Kraft, den Mann dazu zu zwingen, dazu zu verführen, dahin zu manipulieren. Sie versuchen dies auf zwei unterschiedliche Weisen.

Zum einen ist das Bemühen der Frau positiv auf den Mann gerichtet. *»Kann ich noch was für dich tun? Gefalle ich dir so? Soll ich mich ändern? Bin ich dir so recht? Gern warte ich darauf, daß sich etwas ändert! Gern warte ich darauf, daß du mich liebst! Ich weiß doch, wie schwer du es hast! Wenn wir uns nur bemühen, wird es schon klappen!«*

Zum anderen ist ihr Bemühen negativ gegen den Mann gerichtet. *»Das solltest du nicht tun! Das enttäuscht mich! Das hätte ich nie von dir gedacht! Es ist nicht recht von dir, das zu tun!«*

Paradox am Bemühen der Frau ist, daß sie eigentlich selbst nicht weiß, worum genau es ihr geht. Was sie genau vom Mann will. Sie will gesehen werden, als ganze Person geliebt werden, sein ein und alles sein. Ihre Wünsche sind diffus, ihre Vorstellung ist unkonkret. Sie drängt den Mann mit unkonkreten und undifferenzierten Vorstellungen, stellt aber selten konkrete Forderungen, zu denen der Mann Ja oder Nein sagen kann. Die Frau weiß nicht, was sie wirklich will. Woher sollte sie auch den wahren Charakter ihrer Wünsche kennen. Sie hat sich ja stets am Mann orientiert. Selbst wenn ihr konkrete Bedürfnisse bewußt waren, hat sie diese selten direkt und offen vertreten. Dadurch blieben ihre wirklichen Bedürfnisse undeutlich und unerfüllt.

Alles Bemühen, ob sie sich selbst oder den Partner ändern will, in jedem Falle zahlen sich die Investitionen der Frau nicht aus. Frauen stellen früher oder später fest: Sie können den Mann nicht ändern. Und sie können auch sich selbst nicht *›für die Liebe‹* ändern, wenn sie sich nicht im Mann verlieren wollen, denn sich über den Mann zu definieren bedeutet, sich auf Dauer von ihm abhängig zu machen.

Sich aufgeben

So geht es uns allen, die wir in Beziehungen leben. Wir geben für die Beziehung etwas auf, das uns wertvoll war. Wir geben für die Liebe etwas auf, das wir schließlich vermissen. Dann geben wir die Schuld dem Partner. Doch der kann wirklich nichts dafür. Es sind unsere geheimen Überzeugungen und Ängste, verlassen zu werden, die uns faule Kompromisse aufzwingen und die fragwürdige Bereitschaft der Selbstverleugnung abverlangen.

Aus Angst, die Partnerin würde ihn sonst verlassen, erduldet der Mann ihre Übergriffe und gibt seine Freiheit auf.

Aus Angst, der Partner würde ihr sonst seine Liebe nicht geben, bemüht sich die Frau um ihn und gibt ihre Unabhängigkeit auf.

Erdulden und *Bemühen* sind Ergebnisse der Angst, den Partner zu verlieren, wenn wir uns ihm nicht anpassen.

Wenn Angst Grundlage unseres Verhaltens in schwierigen Situationen ist, dann bestimmt Angst einen großen Teil unserer Beziehungen. Dann bestimmt Angst unser Denken, Fühlen und Handeln an den vielen Punkten, an denen Probleme auftauchen, an denen wir – bewußt oder unbewußt

– fürchten, den anderen zu verlieren. Dann werden wir Opfer unserer Ängste, dann motiviert Angst vor Einsamkeit den Kampf um Liebe. Dann opfern wir für die Liebe unsere Freiheit und Unabhängigkeit.

Liebesbeweise

Angst kann uns sogar so weit bringen, daß wir in der Bereitschaft, uns aufzugeben, Beweise unserer Liebe sehen.

Gerhard und Christine sind nach fünfzehn, mitunter von langen und schwierigen Auseinandersetzungen begleiteten gemeinsam verbrachten Jahren noch davon überzeugt, den Partner zu lieben. Sie fühlen sich aber vom Partner nicht entsprechend geliebt. Die Frage, woran der andere ihre Liebe denn erkennen könnte, beantworten sie folgendermaßen:

»Daran, daß ich nach 15 Jahren und all dem Streit immer noch bei dir bin!«	*»Daran, wieviel Energie ich in unsere Beziehung gesteckt habe, damit sie wieder etwas wird!«*

Die Antwort des einen empört den anderen Partner. Daran soll er Liebe erkennen? Aber es stimmt:

Durch sein Aushalten einer oft unerträglichen Situation, und dadurch, daß er – obwohl er leidet – bleibt, zeigt der Mann sein Interesse am Erhalt der Beziehung.	Durch ihr liebevolles oder verzweifeltes Bemühen, durch ihr Bohren und Drängen und durch ihre Bereitschaft, zu warten, warten, warten, zeigt die Frau ihr Interesse an der Fortführung der Beziehung.

Mit der Fähigkeit, für die Liebe zu leiden, wollen wir unsere Liebe beweisen. Mit der Fähigkeit, uns für die Liebe aufzugeben, wollen wir den Partner halten.

Doch die Fähigkeiten des Erduldens und Bemühens gehören nicht zum Wesen der Liebe. *Sie gehören zum Wesen einer Liebe im Kontext von Abhängigkeit und Angst, im Kontext von Enge und Mangel.*

Sich aufzugeben erweist sich im Laufe der Partnerschaft jedoch als schlechter Tauschhandel. Die Kalkulation *»Liebe durch Anpassung«* geht nicht auf. Unsere eigenen Verhaltensweisen des Erduldens und Bemühens, die uns Liebe bringen sollen, treiben uns schließlich in Enge und Mangel, denn früher oder später:

– vermißt der Mann die Freiheit, die er aufgegeben hat, hält er die Enge nicht mehr aus.	– hat die Frau sich im Bemühen, ihn oder sich zu verändern, erschöpft und, anstatt sich zu finden, sich verloren.

Dann fühlen wir uns betrogen und beginnen erst recht, gegen den Partner zu kämpfen. Wir glauben jedes Recht dazu zu haben, denn schließlich scheint es doch der andere zu sein, der uns die Freiheit nahm oder zwang, auf etwas zu warten, das nicht geschah. Wir haben soviel geopfert für die Liebe, und der andere hat es uns nicht gedankt. Wir haben soviel gelitten, also kämpfen wir weiter – und fügen uns dabei tiefe Wunden zu.

Thesen dieses Abschnitts:

– Im Kampf um Liebe produzieren die Partner ein fatales Verhalten:
● Der Mann erduldet *»für die Liebe«.*
● Die Frau bemüht sich *»für die Liebe«.*
– Wenn die Partner dieses Verhalten nicht mehr durchhalten können:
● stößt der Mann die Frau von sich.
● beginnt die Frau zu warten.
– So schwankt der Mann zwischen Erdulden und Wegstoßen, die Frau zwischen Sich-Bemühen und Warten hin und her.

140

– Angst ist die Triebfeder dieses widersinnigen Verhaltens, denn Mann und Frau glauben, den Partner zu verlieren und allein zu sein, wenn sie etwas anderes tun.

– Mann und Frau glauben sogar, daß sich in ihrer Bereitschaft, *zu erdulden oder sich zu bemühen,* das Ausmaß ihrer Liebe zeigt.

Die Wunden
des Geschlechterkampfes

Wie in jedem Kampf scheint auch im Kampf um Liebe Angriff die beste Verteidigung zu sein. Im Visier der Partner befinden sich Herz und Bauch.

Aus Angst nehmen wir den Kampf um Liebe auf. Einen Kampf, der Enge und Mangel verhindern und den Partner an die eigenen Bedürfnisse anpassen soll. Diesen Kampf führen die Partner auf unterschiedliche Weise. Jeder kämpft mit seinen Waffen und Fähigkeiten. *Er* kämpft wie ein Mann, *sie* kämpft wie eine Frau.

Kämpfen wie ein Mann heißt, hart aufzutreten, Gefühle zu leugnen, den Verstand vorzuschieben, zu argumentieren, sich zu verteidigen, sich rechtfertigen, Schmerzen und Traurigkeit zu unterdrücken; kurzum, der gesellschaftlichen Botschaft an den Mann zu folgen: *Sei stark!*

Kämpfen wie eine Frau heißt, die Kraft ihrer Gefühle einzusetzen, um ihr jeweiliges Ziel zu erreichen. Sei es, einen Mann zu bekommen, ihn zu behalten, ihn zu verändern; kurzum, der gesellschaftlichen Botschaft an die Frau zu folgen: *Du mußt einen Mann haben!*

Im Kampf Ratio gegen Emotion, Verstand gegen Gefühl, fügen wir uns gegenseitig tiefe Wunden zu.

Die Wunden des Mannes

Dietmar liegt im Dauerstreit mit seiner Frau, der sich seit Elkes Drohung, ihn endgültig zu verlassen, zugespitzt hat.

Elke weiß sich nicht anders zu helfen. Nachdem alle Versuche des Empfindsamkeitstests und alles Warten und Gedulden nichts nutzt, setzt sie ihrem Mann das Messer auf die Brust. Die Drohung, ihn zu verlassen, bewirkt zumindest, daß Dietmar in die Therapie geht, wo er von seinen Gefühlen erzählt:

»Ich fühle mich irgendwie gespalten. Mein Empfinden teilt sich in Tag- und Nachtgefühle auf. Wenn sie tagsüber vor mir steht und mir droht zu gehen, reagiere ich gar nicht drauf. Oder ich sage ihr einfach, es wäre ihre Entscheidung und nicht meine. Aber nachts liege ich dann im Bett und wälze mich rum. Ich muß ständig an ihre Drohung denken und finde keinen Schlaf.«

Therapeut: *»Dir machen diese Drohungen etwas aus!«*

Dietmar: *»Irgendwie schon. Es trifft mich.«*

Dietmar: (schließt die Augen, legt die Hand auf die Brust) *»Es fühlt sich an wie ein Stich hier.«*

Therapeut: *»Ein Stich womit?«*

Dietmar: *»Wie mit einem Messer.«*

Therapeut: *»Steckt es noch drin?«*

Dietmar: *»Ja.«*

Gemeinsam ziehen wir ein imaginäres Messer aus seiner Brust.

Therapeut: *»Tut es noch weh?«*

Dietmar: *»Ja, aber es ist gut, daß es draußen ist«* (beginnt zu weinen).

Dietmar erlaubt sich zu weinen und zu spüren, wie verletzt er ist. Zum ersten Mal seit vielen Jahren nimmt er Kontakt zu seinem Herzen auf und spürt die Traurigkeit und Schwere dort, wo Elke ihm tatsächlich das Messer auf die Brust gesetzt und in sein Herz gebohrt hat. Er verschließt es, um den Schmerz nicht zu fühlen und kämpft auf diese Weise gegen die Angriffe seiner Frau an.

Er kämpft wie ein Mann. Tags, wenn er wach ist, läßt Dietmar die Drohungen seiner Frau nicht an sich herankommen, läßt die Gefühle seiner Frau an sich abprallen. Nachts aber, wenn seine Kontrolle, seine Abwehr nachläßt, steigen die verdrängten Ängste empor und lassen ihn nicht zur Ruhe kommen. Auch wenn er lieber stark wäre oder erscheinen würde. Er ist empfindsam.

Der Mann hat im allgemeinen so wenig Kontakt zu seinem Herzen, daß er oft nicht spürt, ob, wann und wodurch er verletzt wird, wie wir an Helmut sehen können.

Helmut lebt seit drei Jahren mit seiner Freundin zusammen. Bald nachdem er Regina kennengelernt hatte, wurde sie schwanger. Da beide das Kind wollten, bezogen sie eine gemeinsame Wohnung. Die folgenden Monate werden eine Zeit großer Belastung. Das Paar ist durch die neue Situation verunsichert, und Regina ist aufgrund der Schwangerschaft besonders empfindlich. Sie beansprucht die Aufmerksamkeit ihres Freundes oft über dessen Kräfte hinaus. Helmut fühlt sich überlastet. Er nimmt das zwar wahr, stellt seine Bedürfnisse aber zurück:

»Ich habe ihr eine Art Schwangerschaftsbonus gegeben. Manchmal war sie so verzweifelt, daß sie auf mich eingeschlagen hat. Ich habe mir gesagt, das muß an der Schwangerschaft liegen, und es mehr oder weniger ertragen. Auf jeden Fall wollte ich es ihr nicht übel nehmen. Als das Kind dann da war, wurde ein Kleinkindbonus daraus. Irgendwann habe ich dann gemerkt, daß ich ganz verschlossen für Regina bin. Ich habe mich emotional weit von ihr entfernt.«
Therapeut: *»Wie weißt du, daß du dich entfernt hast?«*
Helmut: *»Ich fühle nichts mehr für sie. Es fühlt sich betäubt an«* (berührt seine Brust).

Helmut ist durch den »Terror« seiner Freundin verletzt, aber er macht diese Belastung mit sich selbst aus und versucht, stark zu sein. *»Stell dich doch nicht an – sie ist schwanger«* sagt er sich selbst.

»Stell dich nicht so an – sie ist doch schwach und hilflos. Das habe ich mir auch immer gesagt. Und ich war überzeugt davon, stark sein zu müssen und daß mir ihr Drängen nichts ausmachen würde« *(Kommentar Gerd)*.

Warum zeigt dieser Mann seine Verletzung nicht? Weil er sie selbst gar nicht wahrnimmt und dem Gefühl der Belastung keine Bedeutung zumißt. Es dauert fast zwei

Jahre, bis er in der Taubheit seiner Brust die Folgen ihres »Terrors« und seines Erduldens entdeckt.

Der Mann spürt die Angriffe der Frau im Herzen, weil sich ihre Angriffe dorthin richten. Ihre Waffen treffen ihn wie Stiche, wie Messer in die Brust; oder aber als das schleichende, zersetzende Gift ihres Bohrens und Nörgelns. Der *Terror* ihrer Gefühle, ihre Enttäuschung, wenn ihr Idealbild vom Mann zerbricht, ihr Haß, wenn er sich ihren Erwartungen verweigert, ihre Wut, ihre Schuldzuweisungen, haben seine Liebe durchlöchert und zersetzt, sein Herz angegriffen und belastet. Die Folgen dieser Angriffe spürt der Mann als Enge der Brust, als Ring um die Brust, als Atemnot, als Taubheit und Stumpfheit des Herzens.

Frauen können sich kaum vorstellen, wie empfindsam Männer in bezug auf ihr Herz sind. Sie sind im Gegenteil davon überzeugt, sie müßten die Abwehr des Mannes knacken. Wie Einbrecher einen Tresor aufschweißen, verätzen oder sprengen, um an die wertvollen Dinge heranzukommen, versuchen Frauen, an die wertvollen Gefühle des Mannes zu gelangen: mit Ausdauer und notfalls mit Gewalt.

Der Mann kämpft um seine emotionale Unversehrtheit und verschließt sich. Hinter dem Schutzpanzer seiner Abwehr bleibt sein Herz jedoch nicht unbeschadet. Es ist vielmehr beengt, eingeschnürt und kann sich nicht bewegen. Es kann nicht atmen (du nimmst mir die Luft) und verkümmert.

Das Herz hat, wie jedes Organ unseres Körpers, eine doppelte Funktion. Auf körperlicher Ebene pumpt es Blut durch den Körper und versorgt ihn so mit Leben. Auf psychischer Ebene ist es Zentrum eines anderen lebenswichtigen Elixiers: der Liebe. Liebe strömt, fließt, bewegt sich. Liebe braucht Platz und Raum, um sich entfalten zu können.

Auch wenn er es nicht bemerkt oder nicht zeigen kann – der Mann nimmt sich die Vorgänge im Kampf um Liebe sehr zu Herzen. Die Drohung, ihn zu verlassen, die ausgesprochen oder unausgesprochen in den meisten Konflikten aufkommt, ist eines der schwersten Geschütze der Frau. Sie wird nur von einer weiteren Drohung übertroffen: der Drohung, ihn durch Selbstmord zu verlassen (wenn du mich nicht liebst, hat das Leben keinen Sinn für mich).

Die Drohung, ihn zu verlassen *»Wenn du tust, was mir angst macht, wenn du etwas ohne mich tust, wenn du mich nicht genug beachtest, werde ich dich verlassen«* vermittelt die Botschaft: *»Du mußt mir geben, was ich brauche, sonst wirst du mich verlieren.«*

Verlassen werden bedeutet für den Mann nicht nur, in seiner Aufgabe, die Frau zu lieben, versagt zu haben. Zugleich mit der Frau verliert er auch die Möglichkeit, Zugang zu den weichen Gefühlen der Liebe zu haben, denn ohne Frau ist er in der gefühlsarmen Männerwelt isoliert.

In der Enge-Wahrnehmung des Mannes ergibt die Drohung des Verlassens-Werdens nur einen Sinn: *»Ich darf nicht ich selbst sein, ich darf nicht sein, wie ich bin, ich muß mich nach ihren Vorstellungen richten, ich muß meine Freiheit (zu fühlen was ich fühle) aufgeben – wenn ich ihre Liebe nicht verlieren will).«* Dieser Druck schnürt das Herz des Mannes ein, macht es unbeweglich und starr.

Da er die Frau braucht, da er Liebe braucht, opfert der Mann seine Freiheit der Liebe, einer Liebe, die er durch die Wunden des Kampfes oft kaum mehr wahrnehmen, geschweige denn ausdrücken kann und die unter der Last des Drucks zu ersticken droht.

Die Wunden der Frau

Auch die Frau wird im Kampf der Geschlechter verletzt. Ingrid kommt in die Beratung, weil sie in ihrer Beziehung zu Manfred *»nicht mehr weiß, woran ich bin«*. Sie ist Opfer der Ja/Nein-Falle ihres Freundes geworden und *»hängt in der Luft«*:

146

»Es ist zum Verrückt-Werden. Ich muß erahnen und erdeuten, was in ihm vorgeht. Ich weiß nie, warum er gerade eingeschnappt ist. Ob ich ihm etwas angetan habe, oder warum er gerade muffelig ist. Vor allem, wenn es mir nicht gutgeht, weicht er mir aus. Das ist besonders schlimm für mich. Da fühle ich mich gerade dann weggestoßen, wenn ich ihn brauche.«

Ingrid will wissen, woran sie ist. Ob Manfred sie noch liebt oder nicht. Wozu ist das wichtig?

Therapeut: *Was ist, wenn er dich nicht mehr liebt?«*

Ingrid: *»Dann weiß ich, woran ich bin.«*

Therapeut: *»Was ist anders, wenn du das weißt?«*

Ingrid: *»Dann kann ich gehen.«*

Dann könnte sie gehen. Dann würde sie sich nicht mehr um seine Liebe bemühen *müssen,* weil es offensichtlich sinnlos wäre. Zum einen ist das der Grund, warum Manfred seine Freundin im ungewissen läßt – er befürchtet, sie zu verlieren. Zum anderen weiß er selbst nicht, warum er so abwesend reagiert, wenn es seiner Freundin schlechtgeht. Erst in der Beratung erfährt er es:

Manfred: *»Es stimmt. Ich kann schlecht aushalten, wenn sie sich nicht gut fühlt. Dann ziehe ich mich lieber zurück.«*

Therapeut: *»Wozu ist es gut, sich in solchen Momenten zurückzuziehen?*

Manfred: *»Ich will nicht das Gefühl haben, daß ihr Zustand von mir abhängt. Ich will diesen Druck nicht haben, was für sie tun zu müssen, wenn es ihr schlechtgeht.«*

Manfred hat das Gefühl, Ingrids emotionaler Zustand hänge von seiner Zuwendung ab. Er wehrt sich gegen diese vermeintliche Pflicht zu lieben, indem er auf Distanz geht und darauf wartet, daß seine Freundin *»von selbst wieder auf die Beine kommt«.* Gerade, wenn Ingrid auf Worte oder Gesten des Verständnisses wartet, entzieht sich Manfred. Unerträglich wird diese Situation für seine Freundin dadurch, weil er sich zu seinem Verhalten nicht äußert. Er läßt Ingrid in völliger Desorientierung und schweigt.

Gegen die Mauer seines Schweigens kämpft Ingrid. Schweigen ist etwa das Schlimmste, was Manfred ihr in dieser Situation antun kann, denn jetzt läßt er jede Deutlichkeit vermissen. Ingrid hat kaum eine Möglichkeit, sein Verhalten zu *deuten* und sich zu erklären. Sie kann seine Reaktion letztlich nur auf sich selbst beziehen, wenn sie ihren Mann nicht für gestört erklären will. Sie kann sein Verhalten nur durch ihren Mangel-Kontext deuten[1], denn nur in diesem Zusammenhang ergibt es einen Sinn: *»Ich muß etwas falsch gemacht haben! Bin ich falsch? Stimmt etwas mit mir nicht? Soll ich was anderes tun?«*

Doch der Mann schweigt, selbst wenn er spricht. Die Frau erhält von ihm keine Antwort, die ihr helfen könnte. Im Gegenteil – die Waffen seines Verstandes lassen die Gefühle der Frau nicht zu, lassen sie nicht gelten. Sein Kopf stoppt Gefühle, analysiert sie, zerteilt sie, bewertet sie, beurteilt und verurteilt sie. Seine scheinbare Kälte, seine Unnahbarkeit, seine scheinbare Unberührtheit, seine gefühllose Logik treiben die Frau zur Verzweiflung und tiefer in heftige Gefühle hinein.

Das Schweigen des Mannes, sein Reden, ohne etwas zu sagen, die Blockade seines Hirns gegen ihre Gefühle verletzen die Frau, denn jetzt wird sie orientierungslos. Nichts ist für die Frau schwerer zu ertragen als Orientierungslosigkeit. Ohne Orientierung zu sein heißt, ohne Informationen über den eigenen Wert (für den Partner) zu sein, heißt, den eigenen Wert (für den Partner) nicht bestimmen zu können, heißt letztlich, den eigenen Wert (als Frau) nicht bestimmen zu können.

»Es ist so, als ob man sich auflöst und nichts dagegen tun kann« *(Kommentar Gabi).*

Die fehlende Orientierung an der Aufmerksamkeit des Vaters und die fehlende positive Identifikation mit der

---

[1] Zum Thema Deutung siehe Abschnitt »Reproduktion von Enge und Mangel«

Mutter bescherte dem Mädchen ein unterentwickeltes Selbstwertgefühl und damit große Unsicherheit. Für die Frau kommt hinzu, daß ihr selbst die letzte mögliche Sicherheit, die Gewißheit, ob der Mann sie *nicht* liebt, verschleiert bleibt. Könnte sie sich sicher sein, daß er *nicht* mehr an ihr interessiert ist, könnte die Frau ihr Warten und ihre Bemühungen aufgeben und ihn verlassen – und damit weiterer Ungewißheit und Verletzungen durch den Mann entkommen.

Aber er schweigt, und sie bemüht sich weiter um Klarheit. Die Frau erschöpft sich völlig im Versuch, Liebe oder Klarheit vom Mann zu erhalten. Nach Jahren des Bemühens, sich selbst oder ihn zu verändern, es ihm recht zu machen, ihn aufzuweichen, ihn aufzubrechen, ist die Frau ausgehungert und geschwächt.

Im Hin und Her der Ja/Nein-Falle gefangen, vor der verschlossenen Tür seines Herzens stehend, wird die Frau ohnmächtig, wird zur *Frau ohne Macht*. Ohne Macht kann sie nichts machen, kann sie nicht handeln. Sie fühlt sich ausgeliefert und hilflos.

Der Bauch ist das Zentrum unserer Kraft, unsere Mitte. In seiner körperlichen Funktion der Verdauung gibt er uns Kraft und Stärke, uns zu bewegen, aktiv zu sein, zu leben. In seiner psychischen Funktion gibt er uns die Stärke der Selbstbehauptung und Unabhängigkeit.

Die Frau spürt die Wunden des Kampfes in Orientierungslosigkeit, Haltlosigkeit, Ungewißheit, Selbstzweifel und Erschöpfung. Sie fühlt sie als Wut, Verzweiflung, Unsicherheit, Hilflosigkeit und Ohnmacht, als das Gefühl, in der Luft zu hängen, den Boden unter den Füßen zu verlieren, hängengelassen zu werden, die eigene Mitte verloren zu haben. Die körperlichen Schmerzen des Gefühls, nicht geliebt zu werden, strahlen in den gesamten Unterleib und die Nieren aus.[1]

Herz und Bauch sind verwundbare, sensible Bereiche. Sie verdienen unseren Schutz, gerade weil sie durch die Vorgänge der Kindheit zu Schwachpunkten wurden. Mann und Frau ahnen nicht, daß der andere gerade dort, wo sie selbst stark sind, schwach ist. Deshalb ist ihnen meist nicht bewußt, wie sehr sie sich im Kampf um Liebe verletzen.

Thesen dieses Abschnitts:

Der Mann kämpft mit der Kraft seines Verstandes, um sein Herz zu schützen. Sein Kampf ist *»kalt«*. Er verletzt die Frau durch Kälte.

Die Frau kämpft mit der Kraft ihrer Emotionen um Orientierung. Ihr Kampf ist *»heiß«*. Sie verletzt den Mann durch Hitze.

– Indem sie sich gegenseitig verletzen und zulassen, verletzt zu werden, zerstören die Partner ihre Liebe (Herz) und ihr Vertrauen (Bauch) zueinander.

[1] Oft sind die weiblichen Organe des Unterleibs durch fehlende Liebe (=Nahrung) und übergroße Anstrengung in Mitleidenschaft gezogen. Es kommt zu Beschwerden der Gebärmutter und Entzündungen in diesem Bereich, ebenso wie in den Organen der Beziehung und Bezogenheit, der Blase und der Nieren (Orientierung/Sicherheit).

150

6

Die Alternative –
Freude als Grundlage
der Liebe

Brauchen

Wie sähe Liebe auf dem Hintergrund von Unabhängigkeit und Freude aus? Wie würden wir lieben, wenn wir uns nicht so sehr brauchten, daß wir für Liebe kämpfen?

Im Kampf um Liebe stellen die Partner zwei Forderungen aneinander. Zum einen fordern sie Liebe. Zum anderen fordern sie Freiheit respektive Sicherheit (Nähe).

Gib mir Liebe und Freiheit!   *Gib mir Liebe und Sicherheit!*

»*Gib mir...*« ist die Erwartung, die wir an den anderen richten. Der andere kann sie erfüllen, dann sind wir glücklich und fühlen uns geliebt. Er kann sie aber auch ablehnen, dann werden wir unglücklich und fangen zu kämpfen an. »*Gib mir...*« macht unser Glück vom Partner abhängig. Wenn er gibt, scheint alles gut zu sein, scheinen wir am Ziel zu sein. Wenn er aber unterläßt zu geben, leiden wir.

Wir wollen lieben, wir brauchen Liebe und wir fordern Liebe. Es sei dahingestellt, ob sich Liebe überhaupt fordern läßt. Sicherlich besteht der Sinn unserer Beziehungen im Austausch von Liebe. Wie aber sieht es mit der Forderung nach Freiheit beziehungsweise Sicherheit aus? Kann die Frau dem Mann Freiheit, die Möglichkeit, sich zu fühlen, geben und der Mann der Frau die Sicherheit einer weiblichen Identität? Wir können es auch so sehen:

Was für eine Freiheit soll das sein, die von jemand anderem gegeben wird?   Was für eine Sicherheit soll das sein, die von jemand anderem abhängt?

Freiheit und Sicherheit, die von anderen abhängen, können nicht wirksam Freiheit und Sicherheit sein. Wirkliche Freiheit und wirkliche Sicherheit kann uns niemand *geben*, wir können sie nur *haben*.

152

In der Verbindung zweier sich gegenseitig ausschließender Erwartungen liegt die eigentliche Ursache des Geschlechterkampfes. Vielleicht können wir Liebe voneinander erwarten, wenn wir uns aufeinander beziehen. Gewiß aber können wir weder Freiheit noch Sicherheit vom anderen verlangen. Solange wir davon überzeugt sind, außer Liebe könnten wir vom Partner auch Freiheit und Sicherheit erhalten, so lange erleben wir Liebe im Kontext von Abhängigkeit.

Solange Mann und Frau Freiheit oder Nähe voneinander *fordern*, so lange werden sie ein Gefängnis kreieren, in dem Liebe erstickt, denn sie werden alles tun, den Partner für die eigenen Ziele zu manipulieren. Solange wir außer Liebe vom Partner etwas wollen, das dieser nicht geben kann, weil es nicht in seiner Macht liegt, es zu geben, werden wir den Geschlechterkampf fortführen und uns gegenseitig verletzen.

Der Kampf um Liebe ist im Gange. Aus Überzeugung, die Partnerin wolle ihm Freiheit nehmen, kämpft der Mann *»wie ein Mann«* – hart und verschlossen, um sein Herz zu schützen. Aus Überzeugung, der Partner liebe sie nicht oder nicht genug, kämpft die Frau wie *»eine Frau«* – mit der Kraft ihrer Gefühle, um Sicherheit und Orientierung zu bekommen.

Der Partner soll uns Freiheit oder Sicherheit geben. Diese Erwartungen wurden schon in der Einleitung dieses Buches deutlich, als Paare auf die Frage antworteten, wie sie ihren Partner verändern würden, wenn sie dies mittels eines Zaubertranks könnten.

Männer wünschen sich unabhängigere Frauen, die nicht zu viel von ihnen erwarten.	Frauen wünschen sich Männer, die den Mut zum Fühlen und zur Auseinandersetzung haben.

Es wäre schön, wenn der Partner ganz von allein diesen Weg einschlagen würde. Dann brauchten wir uns nicht mit uns selbst zu befassen. Wenn der andere geben würde, was wir erwarten, brauchten wir keine Angst zu haben. Ja, wenn der Partner sich ändern würde …

Darauf, daß der andere sich ändert, warten wir. Manchmal ein halbes, manchmal ein ganzes Leben lang. Doch der Partner wartet auch. So wartet jeder auf den anderen. Es kann sich nichts bewegen. Irgend jemand muß den ersten Schritt machen.

Männer beklagen sich über abhängige Frauen. Aber: Wie abhängig muß ein Mann sein, um mit einer abhängigen Frau zu leben?

Frauen beklagen sich über ängstliche Männer. Aber: Wie ängstlich muß eine Frau sein, um mit einem ängstlichen Mann zu leben?

Selbstverantwortung ist das Letzte, was Partner freiwillig übernehmen wollen: Der andere ist schuld. Diese Sichtweise ist zwar einfach, aber wenig hilfreich.

Die Wahrheit ist, daß der Mann nicht frei ist. Wäre er innerlich frei, könnte keine Frau ihn bedrängen. Wäre er innerlich frei, würde er Freiheit haben und brauchte nicht darum zu kämpfen.

Die Wahrheit ist, daß die Frau nicht selbstsicher ist. Wäre sie innerlich sicher, könnte kein Mann sie verunsichern. Wäre sie sich selbst genug wert, würde sie Sicherheit haben und brauchte nicht darum zu kämpfen.

Wenn der Mann frei und die Frau in sich selbst sicher wäre…wenn wir nicht solche Angst hätten…wenn wir uns nicht so sehr brauchten, daß wir uns füreinander, für die Liebe aufgeben…wie sähe dann unsere Liebe aus?

Nicht so sehr brauchen

Begleiten wir ein Paar aus der Sackgasse des Kampfes hinaus auf das Feld möglicher Alternativen. Reiner und Gerda geht es wie allen Partnern, die in die Beratung kommen. Es ist ihnen nicht bewußt, welche Ängste und verborgene Überzeugungen sie zum Verhalten des Sich-Verschließens und Bedrängens veranlassen. Schließlich entdecken sie in den Sitzungen die Angst hinter ihren Überzeugungen, die ihnen einflüstert:

»Du mußt dir das gefallen lassen, sonst geht sie.«	*»Du mußt dich bemühen, sonst bekommst du seine Liebe nie.«*

Die Partner sind durch einige Sitzungen vorbereitet. Sie haben ihr Verhalten so weit reflektiert, daß sie wissen, was sie tun – sich vor dem anderen verschließen beziehungsweise ihn bedrängen –, und haben erfahren, wohin dieses Verhalten führt – in die Sackgasse. Die Schlüsselfrage an diesem Punkt lautet: Was möchtest du eigentlich am liebsten tun? Wie würdest du lieber reagieren, als zu erdulden/ dich zu bemühen? Was würdest du tun, wenn du den anderen nicht so sehr brauchtest, daß du dich bedrängen läßt/ dich bemühst?

Reiner:	*Gerda:*
»Ich würde dafür sorgen, daß sie aufhört, mich zu beschuldigen und niederzumachen.«	*»Ich würde ihn stehenlassen und weggehen. Mich nur noch um mich kümmern.«*

»…nicht mehr betteln um Liebe« *(Kommentar Renate).*

Am liebsten würden wir…nicht erdulden und leiden, uns nicht bemühen und leiden, nicht warten und leiden, nicht verzichten und leiden. Am liebsten würden wir das genaue Gegenteil von dem machen, was wir tun.

Lust

Die Frage »*Was würdest du lieber tun?*« ist die Frage nach der Lust der Partner. Wann immer ich diese Frage stelle, sind Mann und Frau erst einmal verwirrt. Lust? Da ist keine Lust, da ist nur Unlust, Ärger, Angst – glauben sie.

Wenn ich jetzt von Lust spreche, ist damit nicht sexuelle Lust gemeint. Lust in diesem Zusammenhang sind alle Bewegungs-, Gefühls- oder Gedankenimpulse, die in uns geschehen und *die nicht unserer Angst entspringen.* Lust in diesem Sinne kann etwas sehr Verschiedenes bedeuten. Es kann der Impuls sein, zu weinen, wenn wir Weinen unterdrücken. Es kann die Lust (der Impuls) sein, unsere Kraft auszudrücken, wenn wir diese Kraft zurückhalten. Es kann die Lust sein, gegen den Partner aufzubegehren oder auch, sich ihm zu öffnen und anzuvertrauen. Die Lust von Mann und Frau ist das, was sie spontan machen würden, wenn da nicht diese Angst vor den Konsequenzen wäre, die sie in ihrer Spontaneität lähmt.

Den Partnern fällt es meist schwer, die hinter Abwehr und Widerstand, Bemühen und Erwarten versteckten Impulse ihrer Lust wahrzunehmen. Aber diese Impulse sind da und Reiner und Gerda haben sie wahrgenommen.

Anstatt sich beschuldigen und niedermachen zu lassen, würde Reiner sich lieber wehren.	Anstatt sich um seine Liebe zu bemühen, würde Gerda sich lieber um sich selbst kümmern.

Betrachten wir, wohin der Weg der Lust die Partner führt.

Reiner.
Seit sieben Jahren lebt Reiner mit seiner Frau zusammen. In dieser Zeit hat sich eine Situation entwickelt, unter der er leidet:

Reiner: »*Ich kann mit Gerda nicht mehr zu Freunden gehen, ohne daß Streit entsteht. Wenn wir auf einer Party sind und ich fröhlich*

156

bin, fängt sie an, mir die Freude zu verderben. Wenn ich froh bin und sie nicht die Ursache davon ist, macht sie meine Freude kaputt. Wenn ich tanzen will, mag sie den Tanz nicht. Wenn ich lachen will, ist es ihr zu laut. Sie dämpft alles, was mir Spaß macht.« (Reiner erregt sich zunehmend.) *»Ich kann überhaupt nicht mehr froh sein!«*

Therapeut: *»Du möchtest wieder froh sein können?«*
Reiner: *»Ja, verdammt noch mal, ich will endlich wieder lachen können, ohne daß sie mir dazwischen funkt«* (er empört sich zunehmend, ballt eine Faust).
Therapeut: *»Du bist empört!«*
Reiner: *»Ja, sicher. Ich will froh sein können, ohne daß es ihr angst macht. Ich will mir meine Freude nicht nehmen lassen!«* (atmet erregt und tief).
Therapeut: *»Du willst dir Luft machen!«*
Reiner: (atmet noch tiefer) *»Platz, ich will mir Platz machen. Ich will mich bewegen können.«*

Reiner fährt damit fort, sich zu empören. Situationen tauchen auf, in denen er sein Lachen und seine Freude aus Angst, das könnte seiner Frau Angst bereiten und zu Streit führen, zurückgenommen und unterdrückt hat. Mit Unterstützung des Therapeuten empört er sich weiter und packt einiges von dem aus, was er in den Jahren der Ehe geschluckt und zurückgehalten hat. Nachdem seine Erregung abgeklungen ist, erzählt er Gerda, wieviel ihm all das ausgemacht hat und wie sehr er innerlich verletzt ist. Gerda hört betroffen zu. Jetzt, da Reiner sich weder rechtfertigt noch verteidigt, jetzt, da er sich zu erkennen gibt und seine Gefühle *offen* zeigt, kann sie ihn fühlen und auch mit ihm fühlen.

Die Atmosphäre entspannt sich und gestattet Reiner, mehr von sich zu erzählen und sich zu zeigen. Als Gerda als Zeichen ihres Verstehens seine Hand ergreift, rollen ihm Tränen aus den Augen. Mit den Worten *»Ich will wieder froh sein können«* beginnt Reiner zu weinen. Sein Weinen befreit ihn. Mit einem Seufzer atmet er durch und beginnt schließlich zu lächeln. Reiner hat sich gefunden – hat seine Gefühle wiedergefunden – hat seine Freude wiedergefunden – weil er den Impulsen seiner Lust folgte.

Viele Jahre waren Empörung und Verletztheit in ihm begraben. Da er für die Liebe und weil er ein Mann ist seine Verletztheit nicht mitteilte, hat Gerda nicht gewußt, wie sehr ihm das alles unter die Haut ging. Sie hat sich nicht an seinen Gefühlen orientieren und Rücksicht nehmen können, weil er sie verbarg. In der Sitzung gelang ihm ein Durchbruch. Er verschaffte sich Platz – Platz, seine Gefühle zu fühlen und seine Lust wahrzunehmen.

Seine Lust bestand darin, durchzuatmen, sich Raum zu nehmen, die Bedrängung durch seine Frau *offen* abzuwehren, die Gefühle der Empörung und Verletztheit zuzulassen und sich Luft zu machen. Als eine Folge davon wurde sein Herz freier, und er nahm bald darauf auch wieder zärtliche Gefühle für seine Frau wahr.

Gerda.
So lang wie Reiner seine Gefühle vor Gerda verbarg, so lang ist die Geschichte ihrer Bemühungen, an ihn heranzukommen. Wenn er Lachen und Freude unabhängig von ihr erfuhr, nahm sie das als Zeichen dafür, daß er sie nicht wirklich liebt. Sie wurde unsicher und ängstlich und drängte auf Beweise seiner Liebe.

Was würde Gerda tun, wenn sie, statt ihrer Angst, ihrer Lust folgte? Zuerst einmal hat Gerda keinen Zugang zu dieser Vorstellung. *»Lust? Ich habe Lust auf Reiner – er ist meine Lust.«* Sie macht ihre Lust an Reiner fest und bemüht sich um seine Zuwendung, obwohl ihr das nicht im geringsten Lust, aber jede Menge Unlust und Frustration beschert. Was aber ist ihre Lust? Was würde sie tun, wenn sie ihren Freund nicht so sehr brauchte?

Therapeut: *»Macht es dir Lust, dich um seine Liebe zu bemühen?«*
Gerda: *Es nervt mich. Er rückt ja doch nichts raus. Es ist frustrierend.«*
Therapeut: *Was würdest du denn auf so einer Party tun, wenn du*

Reiner nicht so sehr brauchtest, daß du dich um seine Aufmerksamkeit bemühst?

Gerda: (überlegt) »Ich würde Kontakt zu den anderen Leuten suchen. Mit meinen Bekannten sprechen. Vielleicht jemanden kennenlernen, der mich interessiert.«

Therapeut: »Wie ist es mit tanzen?«

Gerda: »Ja, tanzen auch. Aber mit jemand, der wirklich Spaß daran hat.«

Therapeut: »Wozu hättest du noch Lust?«

Gerda: »Auf jeden Fall nicht darauf, nach ihm zu schauen. Ich würde mich durch die Party treiben lassen und sehen, was auf mich zukommt. Einfach machen, was mir Spaß macht.«

Gerda bleibt noch eine ganze Weile in ihren Phantasien, wo sie erlebt, was sie vor sieben Jahren aufgegeben hat: sich unabhängig von ihrem Partner zu erfahren und zu machen, was ihr Spaß macht.

»Die eigene Lust unabhängig vom Mann zu suchen – auf die Idee bin ich von alleine nie gekommen« (Kommentar Gabriele).

Seit sie mit Reiner zusammen ist, ist sie blind für das, was auf sie zukommt, denn sie hat nur noch Augen für IHN. Seit sie zusammen sind, hat sie sich an Reiners Handlungen orientiert. Mit einem anderen Mann tanzen? Wozu? Schließlich bin ich doch mit Reiner zusammen!

Die Vorstellung, sich getrennt von Reiner und der Beziehung zu ihm zu erleben, ist für Gerda einerseits fremd und ungewohnt, andererseits aber auch verlockend. Sie dehnt ihre Phantasie auf den Alltag aus:

»Wenn ich mehr machen würde, was mir Spaß macht, dann würde sich schon einiges ändern. Zum Beispiel bei Verabredungen. Ich würde öfter reiten gehen und ihm sagen: ›Du kannst mich ja vom Reitstall abholen, wenn du willst‹, anstatt den Reittermin abzusagen und mich nach ihm zu richten. Ich würde überhaupt wieder mehr für mich tun, Freundschaften pflegen oder neue suchen. Ich würde auch aufhören, mich im Haus so viel um seine Bequemlichkeit und sein

Wohlergehen zu kümmern. Er hat zwar nie verlangt, daß ich den Haushalt so führe, aber ich habe es trotzdem getan. Am Anfang hat es sogar Spaß gemacht. Aber jetzt habe ich eigentlich kaum noch Lust dazu. Vielleicht würde ich den Haushalt auch ganz lassen und mir wieder eine Arbeit suchen, etwas, das mir mehr Sinn gibt, als das Haus es tun kann.«

Gerda hat zu Beginn der Ehe ihre Arbeit aufgegeben und sich um das Haus und ihr beider Wohlergehen gekümmert, eben um die Beziehung. Dazu gehörte unter anderem, ihren Mann möglichst unselbständig zu halten, sich für ihn unentbehrlich zu machen, ihm zu zeigen, was sie alles für ihn tut. Damit ihr Alltag einen Sinn bekommt. Damit er sich bei ihr wohl fühlt. Damit er bleibt.

Durch ihr TUN wollte Gerda wertvoll für ihn sein, nicht durch ihr Wesen, nicht durch ihr SEIN. Daß sie für ihren Freund durch ihr Wesen wertvoll sein könnte, kam Gerda nicht in den Sinn. Den Wert ihres Wesens hat sie entsprechend ihrer inneren Unsicherheit nicht in die Waagschale der Beziehung geworfen.

Das alles wird Gerda deutlicher und bewußter. Schließlich gewinnt sie eine Erkenntnis:

»Reiner hat mich nicht auf die Weise in sein Leben eingebaut, wie ich es tue. Er hat mich angebaut. Aber ich habe ihn eingebaut und mein Leben um ihn herum aufgebaut.«

»Ich bin immer davon ausgegangen, ich muß ihm etwas Tolles bieten. Daß mein Wesen für ihn wertvoll sein könnte, ist ein neuer Aspekt für mich« *(Kommentar Helga).*

Wie viele Frauen hat Gerda den Mann zum Zentrum ihres Lebens gemacht. Das war unausweichlich, weil sie ihrer Angst folgte und sich um seine Anerkennung und Zuwendung bemühte. Wenn sie jedoch ihrer Lust folgt, verschiebt sich ihre Aufmerksamkeit. Sie macht sich selbst und ihre eigenen Interessen zum Zentrum ihrer Bemühungen – und baut den Partner an ihr Leben an.

Von Lust zu Freude

Im Kampf um Liebe taucht Lust als der Impuls auf, die Situationen der Enge und des Mangels zu verändern und statt dessen Situationen der Weite und des Überflusses zu kreieren.

Im Erleben der Enge bestehen die Impulse des Mannes in der Lust, sich Raum und Weite zu verschaffen.

Im Erleben des Mangels bestehen die Impulse der Frau in der Lust, vom Mann abzulassen und sich statt um ihn um sich selbst zu kümmern.

Lust, wenn wir ihr konsequent folgen, führt uns unvermeidlich zu Freude – indem sie befreit, was wir zurückgehalten und unterdrückt haben. Ob es Tränen, Aggressionen, Träume oder Zuneigung sind. Was wir zurückgehalten haben, wartet tief in unserem Inneren auf Befreiung.

Selbstverständlich kommt es in der Beziehung zu einem anderen Menschen darauf an, die Impulse der Lust ihm gegenüber angemessen auszudrücken, also eine der Verbindung adäquate Art und Weise zu finden, sie mitzuteilen. Dabei können Beratung oder Therapie helfen, denn es gelingt den Partnern im Alltag ihrer Beziehung oftmals nicht, wirksame Wege der Mitteilung zu finden.

Die Partner in den Impulsen ihrer Lust zu unterstützen, ihre spontanen Impulse wahrzunehmen und ihnen zu folgen, sehe ich als eine wichtige Aufgabe der Partnerberatung an. Denn wenn wir zulassen, daß Angst die Impulse unserer Lust hemmt, gehen wir den Weg in die Sackgasse, den Weg in den Kampf um Liebe.

Der Mann auf dem Weg seiner Lust

Unsere Lust, unsere Impulse weisen einen Weg aus Angst und Enge, aus Angst und Anstrengung, aus Angst und Leid. Doch wenn wir in der Falle des Kampfes stecken, ist es nicht einfach, die inneren Impulse aufzuspüren. Noch schwerer ist es, ihnen treu zu bleiben.

Hans lebt seit 19 Jahren mit seiner Frau Cornelia, mit der er zwei Kinder hat. Die seit einigen Jahren immer häufiger auftauchenden Konflikte nahmen in den letzten Monaten so zu, daß Hans sich zu einer Einzeltherapie entschließt. Sein Problem schildert er folgendermaßen:

»Ich komme mit ihrer Art einfach nicht klar. Ich fühle mich regelrecht belagert von ihr. Wenn sie in Fahrt ist, läßt sie mich nicht zum Zuge kommen. Dann beschimpft sie mich und macht mich nieder. Für sie bin ich der Egoist, dem egal ist, wie es ihr geht, ein gewissenloser Typ.«

Wenn es zu solchen Vorwürfen und Szenen kommt, versucht Hans, seine Frau vom Gegenteil zu überzeugen. Das kann ihm nicht gelingen, denn die Beweise seiner Liebe (ich bin noch da, trotz des ewigen Streites) erkennt seine Frau nicht an. Cornelia hat genug von seinen Worten, sie wartet auf Emotionen, sie will ihren Mann spüren. Doch Hans windet sich unter dem Druck ihrer Gefühle, hat Angst vor den emotionalen Ausbrüchen seiner Frau und einer Auseinandersetzung mit ihr.

Hans nimmt sich den Streit sehr zu Herzen und versucht, seiner Frau klarzumachen, daß ihm die *»Atmosphäre des Terrors«*, wie er es nennt, weh tut. Damit geht Hans sogar einen Schritt weiter als die meisten Männer, die ihre Verletztheit entweder nicht wahrnehmen oder sie vor der Partnerin leugnen. Aber leicht macht es ihm seine Partnerin nicht.

»Wenn ich versuche, ihr klarzumachen, daß mich ihr Verhalten schockiert, setzt sie noch eins drauf. Dann kriege ich zu hören: ›DU

mußt gerade sagen, daß dir was weh tut, wo DU immer nur an dich denkst...‹ oder ›DU nimmst dir noch das Recht raus, dich zu beschweren. Gerade DU egoistischer Typ...‹«

Wenn das passiert, wird Hans innerlich eiskalt und macht die Schotten dicht. Er weiß sich nicht anders zu helfen, als den Kontakt abzubrechen und aus dem Haus zu gehen. Hans ist verzweifelt, ist von zwei Kräften gespalten.

Sein Verstand ist stark, er weiß, daß er nicht zu Liebe verpflichtet ist und daß er im Klima von Druck und Anschuldigung nicht lieben kann. Doch seine Gefühle sind schwach, sie halten der Auseinandersetzung nicht stand. Hans fühlt sich schuldig und verantwortlich für das Leid seiner Frau.

»...ich bin dann sprachlos, mir fehlen die Worte« *(Kommentar Klaus).*

Seine Frau setzt auf seine zaghaften und *»kläglichen«* Selbstbehauptungsversuche *»noch eins drauf«*, und Hans kippt innerlich um. Um nicht auch äußerlich umzukippen, macht er sich hart und flieht aus dem Haus. Er fühlt sich nach solch einem Vorfall *»...regelrecht ausgeplündert und total leer. Der Vorwurf, ich sei schuld an ihrem Zustand und ihren Schmerzen, ist so mächtig, daß ich dem nichts entgegenzusetzen habe. Wenn ich ihr sage, daß ich sie nicht auf die Weise lieben kann, wie sie es sich vorstellt, droht sie mir, zum Rechtsanwalt zu gehen und mir das Haus und die Kinder wegzunehmen. Wenn es soweit ist, gehe ich besser aus dem Haus, bevor noch was passiert.«*

Cornelia weiß, womit sie Hans unter Druck setzen kann. Sie droht, ihm den Kontakt zu seinen Kindern und sein Haus zu nehmen, wenn er sie nicht ihren Vorstellungen gemäß liebt. Natürlich handelt auch Cornelia aus innerer Not, glaubt, sich nur mit Drohungen helfen zu können, glaubt, Hans durch Drohungen zum Einlenken bewegen zu können. Deshalb setzt sie Hans unter Druck und läßt seine Gefühle nicht gelten, was er mit den Worten beschreibt: *»Ich komme mit meinen Gefühlen bei ihr gar nicht vor.«*

Indem er versucht, sich zu wehren, hat Hans auf dem Weg seiner Lust einige kleine, zaghafte Schritte gemacht.

Aber sobald er sich auf das dünne Eis der emotionalen Behauptung wagt, droht er einzubrechen und unterzugehen. Er versucht es, er ist *ein wenig* mutig, er wehrt sich *etwas,* dann gibt er auf.

Hans ist auf dem Weg seiner Lust (ich wehre mich, so lasse ich mich nicht behandeln) seiner Angst begegnet und kapituliert, sobald seine Frau schweres Geschütz auffährt. Er bekommt Angst, seine Frau, seine Kinder und sein Haus zu verlieren, sein ganzes Zuhause also, wenn er weiter versucht, sich emotional zu behaupten. Also gibt er nach und gibt auf. Demzufolge fühlt Hans sich ausgeplündert und leer. Nachgeben, der Angst folgen, ändert seine Situation jedoch nicht.

In den Einzelsitzungen versuchen wir deshalb konsequent, den Impulsen seiner Lust zu folgen – sie nicht aufzugeben. Hans erinnert sich an viele Gelegenheiten, in denen er seinen Anspruch auf Gefühle und Verletzlichkeit aufgegeben und der Beziehung geopfert hat. In seiner Therapie gewinnt der Satz *»Ich habe auch ein Recht...«* zentrale Bedeutung. *»Ich habe auch ein Recht, mit meinen Gefühlen ernst genommen zu werden...glücklich zu sein...auf Schmerz...zu zeigen, was es mir ausmacht...auf meine Gefühle.«*

Hans begreift allmählich, wie sehr er sich durch sein Nachgeben aufgab, den Kontakt zu sich verlor und innerlich leer wurde. Er erkennt, daß es so nicht weitergehen kann und entschließt sich, etwas anderes als sich selbst aufzugeben: den Versuch, es seiner Frau um den Preis der Selbstaufgabe recht zu machen, den Versuch, nachzugeben, damit sie bleibt. Zugleich macht er Cornelia klar, daß er keine Trennung will, weder auf die Kinder noch sein Heim verzichten wird, und daß er für seine Rechte notfalls auch vor Gericht eintreten wird.

»Ich habe es ihr so gesagt, ohne Streit oder Vorwürfe, in aller Ruhe. Ich habe klargemacht, daß ich nicht gehen werde. Wenn sie die Beziehung beenden will, muß sie gehen, nicht ich. Ich werde mit den Kindern bleiben, denn es ist auch mein Zuhause, das ich mir aufgebaut habe und ich bin nicht bereit, es aufzugeben.«

So hat Cornelia ihren Mann noch nicht erlebt. Ruhig, klar und deutlich hat er ihr die Grenzen seiner Belastbarkeit gezeigt und keine Zweifel an seiner Entschlossenheit gelassen, sein Recht auf Gefühle zu behaupten. Seine Botschaft *»Ich kann so nicht mehr weitermachen, ich gehe kaputt – ich lasse mich nicht länger von dir erpressen«* ist wirklich (wirksam) bei ihr angekommen – Cornelia hat gemerkt, daß Hans meint, was er sagt. *»Ich werde nicht gehen, du mußt gehen, wenn du es willst«* legt die Verantwortung für das Ende der Beziehung in Cornelias Hände.

Cornelia ist verwirrt. Zum ersten Mal in der langen Geschichte ihrer Auseinandersetzung kann sie die Gefühle ihres Mannes nicht mehr *»überrollen«* und ihn zur Aufgabe zwingen. Er macht deutlich, daß er nicht gehen und nicht auf das verzichten wird, was ihm am Herzen liegt: seine Gefühle, seine Kinder, sein Zuhause und auch sie. Zum ersten Mal hat Cornelia das, was sie sich immer wünschte: ein Gegenüber, einen spürbaren Mann, einen Standpunkt, an dem sie sich orientieren kann.

Hans hat sich ihr entgegengestellt, sich nicht in die Ecke oder aus dem Haus drängen lassen, sie nicht weggestoßen, sich nicht abgeschottet oder hart gemacht. Er hat sich zu erkennen gegeben und Cornelia damit Orientierung ermöglicht. Jetzt kommt er mit seinen Gefühlen bei ihr vor.

Ihr standzuhalten und entgegenzutreten wurde Hans möglich, weil er seiner Lust, seinen Impulsen, seiner inneren Wahrheit treu blieb und nicht länger seiner Angst folgte, obwohl diese recht massiv war und ihn zu beherrschen drohte. Cornelia reagiert anders als erwartet. Sie entspannt sich und erkennt seine Gefühle an. Sie geht nicht weg und fordert auch nicht weiter, daß er geht. Sie beginnt für möglich zu halten, was er immer schon behauptet hatte: daß sie ihm viel bedeutet.

In der Folgezeit entspannt sich die Situation der Partner zunehmend. Die Atmosphäre der Beziehung wird weicher, was es Hans ermöglicht, nach und nach die Erlebnisse und Erfahrungen der Therapie einzubringen. Der Hintergrund seiner Angst vor der Frau zeigt sich in den Erinnerungen von Hans: »*Mir wird heute noch ganz mulmig, wenn meine Mutter mit Stolz erzählt, was für ein gängiges Kind ich war. Daß sie mich nie schlagen mußte, weil ich schon auf ihre Blicke reagiert habe.*«

Hans erfährt in den Sitzungen die (bedrängenden) Überzeugungen, die er damals von sich und den Frauen gewonnen hat, und lernt, sich zu behaupten und mitzuteilen. Je mehr er zu seinen Gefühlen stehen kann, desto näher kann er in der Folgezeit seiner Frau kommen, ohne Angst zu bekommen, ausgeplündert und verschlungen zu werden.

Sicherlich dauert es noch eine Zeit, bis Hans und Cornelia wieder Freunde sein können und ihre Zuneigung sich wieder entfalten kann. Doch die festen Verhaltensmuster, die Gewohnheiten des Kampfes sind aufgebrochen und erste Handlungsalternativen werden wirksam. Es geht bergauf. Hans' Beitrag zu dieser positiven Entwicklung besteht in der Entdeckung und konsequenten Entwicklung seiner emotionalen Impulse – eben seiner Lust.

Seine emotionalen Impulse zu entdecken und trotz der Angst, die Frau zu verlieren, *offen* dazu zu stehen, ist die vielleicht schwierigste Aufgabe des Mannes. In der druckfreien Atmosphäre der Einzelsitzung ist das einfacher als im oft spannungsgeladenen Klima der Beziehung. Aber auch in der Therapie fällt es Männern aufgrund ihrer Enge-Wahrnehmung nicht leicht, ihre Lust zu entdecken, wie wir am Beispiel von Kristoff sehen können.

Wir steigen in eine Einzelsitzung ein, als es um die Wahrnehmung der inneren Impulse geht. Der Therapeut sendet verbale Botschaften, die die Aufmerksamkeit Kristoffs auf seine Gefühle und sein Innenleben richten sollen. Es passiert jedoch etwas anderes:

Therapeut: »*Du kannst einfach sein, was du gerade bist.*«
Kristoff: (schweigt, zieht die Augenbrauen zusammen)
Therapeut: »*Du brauchst nichts zu leisten, du kannst einfach sein, wie du gerade bist.*«

166

Kristoff: (verkrampft sich weiter) »*Was soll das? Was willst du von mir?*«

Therapeut: »*Was hast du gerade gehört?*«

Kristoff: »*Daß ich etwas machen soll.*«

Therapeut: »*Was glaubst du, machen zu sollen?*«

Kristoff: »*Das weiß ich nicht. Irgendwas, was du willst.*«

Obwohl die Worte und auch die Stimme des Therapeuten keine Erwartung enthielt, hat Kristoff eine ganz andere Botschaft empfangen, als gesendet wurde. Der Filter seiner Enge-Wahrnehmung hat die Botschaft »*Du kannst sein, was du gerade bist*« in »*Ich soll machen, was jemand anderes will*« umgedeutet. Er ist innerlich der Überzeugung, auf der Hut sein zu müssen, denn soviel Gutes kann nur etwas Schlechtes bedeuten. Irgendwo muß da ein Haken sein. Irgendwas wird der andere schon wollen, wozu sollte er sonst so freundlich sein?

Kristoff mißtraut der Botschaft »*Du kannst du sein*« völlig, denn in seiner Erfahrung läßt sich kein Beleg dafür finden. Also stellt er sich auf zu erwartende Nachteile ein und beugt vor: Er bleibt mißtrauisch und gespannt. Er hat sein Augenmerk mißtrauend nach außen, auf den anderen gerichtet, dem er Schlechtes unterstellt. Dabei geht ihm die innere Wahrheit verloren. Sie gerät aus seinem Blick. Mit diesem Mißtrauen tritt Kristoff grundsätzlich Menschen, und vor allem Frauen, gegenüber.

Das erkennt er und beginnt die Möglichkeit einzubeziehen, daß der Therapeut nichts Nachteiliges von ihm will, ihm vielleicht wirklich bei der Entdeckung seines Innenlebens helfen will.

Therapeut: »*Du brauchst nichts zu tun, du kannst einfach sein, was du gerade bist.*«

Kristoff: (verwirrt) »*Hm, was bin ich gerade?*«

Therapeut: »*Du kannst einfach wahrnehmen, was du gerade fühlst.*«

Kristoff: »*Was ich fühle?*« (lange Pause) »*Ich fühle mich müde. Erschöpft.*«

Therapeut: »*Du kannst ruhig müde sein.*«

167

Kristoff: *»Das wäre schön. Mich nicht mehr anstrengen müssen. Einfach mal loslassen. Nichts tun müssen. Einfach dasein.«*

Einfach dasein. Nichts tun müssen. Entspannen. Das sind Impulse von Kristoff, das ist seine Lust. Nichts tun und Entspannung kommen in seinem Leben zu kurz. Wie die meisten Männer ist er unablässig am Machen, Tun, Leisten, Erreichen. Nichts tun *müssen* ist eine unterdrückte Sehnsucht – unterdrückt von der Angst, ein Versager zu sein, wenn er nicht genug leistet, erreicht, aufbaut, tut. Angst, von anderen über den Tisch gezogen zu werden. Auch hier zeigt sich eine Lösung seines Problems durch den Weg der Lust, der Lust, sich loszulassen und einfach mal nur dazusein.

Durch Massage (verwöhnen) und Atemarbeit (spüren) wird in den nächsten Monaten der Prozeß der Entdeckung seiner weichen Seiten zusätzlich unterstützt. Je mehr er aufweicht, desto weiter wagt sich Kristoff in das Reich seiner Gefühle vor, desto näher kommt er den Empfindungen seines Herzens, auch wenn dort erst einmal nur ein leerer Fleck zu sein scheint, wie er in der Atemarbeit entdeckt:

Therapeut: *»Du kannst nichts fühlen in der Brust?«*

Kristoff: *»Da ist nichts, ich kann nichts fühlen.«*

Therapeut: *»Wie weißt du, daß du nichts fühlen kannst?«*

Kristoff: *»Es ist wie ein tauber Fleck, so dumpf.«*

Therapeut: *»Wie weißt du, daß es dumpf ist?«*

Kristoff: *»Da ist so ein dumpfes Gefühl da.«*

Therapeut: *»Also doch ein Gefühl. Ein taubes Gefühl.«*

Kristoff: *»Ja, wie betäubt, wie nicht durchblutet. Ein leeres Gefühl.«*

Kristoff glaubt, in der Brust (Herz) keine Empfindung zu haben. Er bemerkt nicht, daß er Taubheit *fühlt*, also doch Gefühle und Empfindungen hat, wenn diese auch unangenehmer und undifferenzierter Art sind. Was ist an diesem Punkt der Impuls seiner Lust?

Therapeut: *»Etwas ist nicht durchblutet?«*

Kristoff: *»Als ob zuwenig Blut in mein Herz kommt, als ob es nicht genug versorgt ist.«*

Therapeut: *»Was braucht dein Herz?«*

Kristoff: »*Es fühlt sich irgendwie leer und etwas kalt an. Wärme. Es braucht Wärme.*«

Therapeut: »*Wie könntest du ihm Wärme geben?*«

Kristoff: (legt eine Hand auf sein Herz) »*So.*«

Wenn er die Aufmerksamkeit nach innen lenkt, kann Kristoff durchaus fühlen, auch wenn er zuerst einmal nichts fühlt. Aber auch das *fühlt* er. Auch die folgenden Sitzungen haben das Herz im Zentrum seiner Aufmerksamkeit. Kristoff tastet sich langsam an sein empfindsamstes Organ heran. Als sich sein Herz schließlich öffnet, tauchen schmerzliche Erinnerungen genauso auf wie das Gefühl der Befreiung und Weitung seines Brustraumes.

Indem Kristoff in den Sitzungen seine sanfte Seite entdeckt und sie annimmt, wird er entspannter und gewinnt Vertrauen zu sich und seinen Gefühlen. Das wirkt sich auch positiv auf seine Beziehung aus, denn er beginnt, die kleinen, scheinbar nutzlosen oder uneffektiven Freuden des Alltags mehr zu genießen – und zugleich, sich mehr Wärme von seiner Frau zu holen.

Wenn der Mann den Weg seiner Lust, den Weg seiner verborgenen Impulse geht, entdeckt er bisher verdrängte Gefühle. Er dringt ein in das verborgene Reich seiner Emotionen – seiner Empfindsamkeit, seiner Verletzlichkeit, seiner Sanftheit und seiner Freude. Worte wie loslassen, fühlen, entspannen, genießen charakterisieren Erfahrungen seiner Lust.

Natürlich ist die Entwicklung seiner Freude, die zugleich auch eine Befreiung seines Herzens ist, ein Prozeß, der sich über viele Jahre hinziehen kann. So leicht ist die harte Rüstung Männlichkeit nicht aufzuweichen. Außerdem wird der Mann seine Rüstung erst dann ablegen, wenn er gelernt hat, sich *anders als durch Härte und Kälte* zu schützen.

Die Gefühle, die auf den ersten Schritten des Weges seiner Lust auftauchen, sind nicht unbedingt sofort diejenigen Gefühle, die sich Frauen wünschen und auf die sie warten. Der Mann kann nur äußern, was er *jetzt* fühlt, und das sind zuerst einmal Enge und Bedrängtheit. Daran schließen sich oft die Gefühle der Empörung und des Ärgers an. Doch dann, wenn die sogenannten negativen Gefühle geäußert sind und der Mann sich Luft oder Platz gemacht hat, wenn er sich aus der inneren Enge befreit hat, wird er in der Lage sein, die zarten, positiven Gefühle für die Frau wieder wahrzunehmen und auszudrücken.

Die Frau auf dem Weg ihrer Lust

Cornelia ist fünfundvierzig Jahre alt. Sie befindet sich in einer schwierigen Lage, seit ihr Mann ein Verhältnis zu einer fünfzehn Jahre jüngeren Frau hat. In die erste Sitzung kommt sie völlig deprimiert. Ihr Mann war gerade mit seiner Freundin für einige Tage weggefahren. In die zweite Sitzung kommt sie bester Laune:

Cornelia: »*Mir geht's gut. Mein Mann ist gerade mit zwei Geschäftsfreunden auf Männertour. Da weiß ich, daß nichts passieren kann.*«

Therapeut: »*Was gibt dir das?*«

Cornelia: »*Ein ruhiges Gefühl. Da brauche ich keine Angst zu haben. Ich fühle mich sicher. Im Unterschied zur letzten Woche fühle ich mich wie auf einem sanften Ruhekissen.*«

Ihr emotionaler Zustand hängt von den Handlungen ihres Mannes ab. Er kann Cornelia ein sanftes »Ruhekissen« geben, es ihr auch wieder entreißen. Wenn er auf Männertour ist, fühlt sie sich sicher. Ist er bei seiner Freundin, geht ihre Sicherheit verloren, und der Kampf um IHN beginnt von vorne. Heute jedoch geht es ihr gut, heute braucht sie nicht um ihn zu kämpfen, heute ist sie entspannt:

Cornelia: »*Vielleicht ist das falsch, vielleicht habe ich auch zuwenig Kampfgeist.*«

Therapeut: »*Du willst um ihn kämpfen?*«

Cornelia: »*Nicht unbedingt kämpfen, aber wie soll ich ihn sonst zurückbekommen? Ich will ihn nicht verlieren, aber ich will auch nicht gehen. Ich will, daß er von selbst zurückkommt.*«

Therapeut: »*Wieso sollte er das tun?*«

Cornelia: »*Weil es bei mir besser ist.*«

Therapeut: »*Was ist besser bei dir?*«

Cornelia: (zögert) »*Ich kann's dir sagen, aber ich finde es selber nicht gut, weil es so herkömmlich klingt. Ich bin besser, was die Versorgung angeht.*«

Therapeut: »*Und ganz persönlich, was ist gut an dir?*«

Cornelia: »Ich bin charmant, kann gut auf Leute zugehen, kann organisieren, komme mit den Kindern gut klar, kann gut mit meinem Mann sprechen. Aber das ist ja nichts Besonderes, das kann die andere auch.«

Therapeut: »Aha, das ist nichts Besonderes. Was ist denn schlechter an dir?«

Cornelia: »Das kann ich dir auf Anhieb sagen. Ich bin schon mal fünfzehn Jahre älter als sie. Außerdem bin ich im Bett nicht so aktiv, und sie hat eine engere Scheide als ich, sagt er. Sie himmelt ihn an und schaut zu ihm auf, das gefällt ihm.«

Von ihrem Verstand her möchte Cornelia nicht kämpfen, sondern warten, daß ihr Mann von selbst zurückkommt. Doch ihre Gefühle sagen etwas anderes: »Kämpfe um ihn, sonst verlierst du ihn, denn die andere ist besser – sie kann alles, was du kannst, und sie ist jünger und attraktiver.«

Cornelia kämpft, um ihn nicht zu verlieren, und sie kämpft auf mehrfache Weise. Zum einen versucht sie, ihren Mann auszuhorchen und auszuspionieren, um Informationen über die Bedeutung zu bekommen, die seine Freundin für ihn hat. Zum anderen will sie ihren Wert für ihren Mann verbessern: Sie sucht einen Chirurgen auf und läßt sich wegen eines Lifting ihrer Tränensäcke und ihres Hintern beraten.

»Ich sehe es doch, ich weiß ja, daß ich falsch reagiere. Aber auf der anderen Seite habe ich das Gefühl, daß ich in solchen Situationen nicht anders kann. Das ist doch mein Problem.«

Wie viele Frauen bestimmt Cornelia ihren Wert als Frau über den Mann. Über den Nutzen, den ihre Fähigkeit, ihn emotional und im Haushalt zu versorgen, hat. Ihre wesensmäßigen Eigenschaften schätzt sie selbst gering ein, »das hat die andere auch«. Von seiner Haltung hängt es ab, ob sie sich wertvoll oder wertlos fühlt. Für seine Zuwendung und das daraus resultierende Gefühl der Sicherheit ist sie sogar bereit, sich unter das Messer eines Schönheitschirurgen zu begeben. So stark sind Gefühle. Dabei weiß sie (vom Kopf her) längst, daß auch eine Operation keine Sicherheit bringen würde.

»Ich habe immer versucht, die eine für ihn zu sein. Früher hat er mir das Gefühl gegeben, sein ein und alles zu sein. Ich habe versucht, es zu machen, wie er es gerne hätte. Aber der Effekt ist, daß es doch wieder nicht richtig ist. Irgendwas fehlt immer. Ich komme nie ganz dahin, es ihm recht zu machen. Ich gebe nach und komme doch nie an...«

An diesem Punkt geht die Therapie in Richtung Kindheit, denn an diesem Punkt steht ihr der Vater gegenüber, dessen ein und alles sie sein wollte. Sie wollte für ihn die einzige sein, so wie er ihr alles war. Die Entscheidung, sich ganz und ausschließlich auf ihren Mann einzulassen, sein alles zu sein, hat Cornelia vor fünfzehn Jahren ganz bewußt getroffen:

»Ich hatte damals noch einen anderen Freund, aber ich wollte endlich eine klare Linie in meine Beziehungen reinbringen und habe meinen Mann gewählt.«

Seit dieser Entscheidung – es war ja tatsächlich eine Ent-Scheidung, ein Sich-Scheiden von den Gefühlen und Bedürfnissen, die nicht zur klaren Linie paßten – stand ihr Mann im Mittelpunkt ihres Lebens. Mit IHM hatte ihr Leben eine klare Linie, einen Sinn, und an IHM hat sie sich orientiert. Solange sie sein ein und alles war, war alles gut. Jetzt aber steht Cornelia vor den Folgen ihrer Entscheidung, denn jetzt scheint sie nur noch zweite Wahl für ihn zu sein.

Solange Cornelia das Spiel der Liebe nach ihren alten Regeln spielt (ich muß für IHN gut sein, IHM gefallen, schön sein, mich auf IHN einstellen), wird sie leiden, verzichten, abhängig sein und doch keine Chance gegen die jüngere Frau haben. Wenn sie weiterhin ihrer Angst folgt, wird sie sich weiterhin aufgeben. Sie wird sich operieren lassen, liften lassen, für ihn sorgen, um ihn kämpfen. Wenn sie jedoch ihrer Lust folgt, gerät ihr Mann aus dem Zentrum ihrer Aufmerksamkeit:

Therapeut: *»Was würdest du eigentlich am liebsten tun, wenn du könntest? Was würdest du tun, wenn du ihn nicht so sehr brauchtest?*
Cornelia: *»Am liebsten möchte ich, daß er zurückkommt.«*

Therapeut: »*Daß ER. Ich meine DICH!*«

Cornelia: »*Ich würde mir sagen, bitte, soll er doch machen, was ihm Spaß macht. Aber das geht nicht, dann wird er auf jeden Fall bei ihr bleiben.*«

Therapeut: »*Wieder ER. Also, er macht, was ihm Spaß macht. Und du? Was würde dir Spaß machen?*«

Cornelia: »*Das weiß ich nicht*« (verwirrt, lacht). »*Da bin ich perspektivlos. Das wirft er mir ja auch vor. Ich glaube, ich bin im Laufe der Jahre stehengeblieben und habe aufgegeben, etwas für mich zu tun.*«

Es fällt Cornelia schwer, die Frage nach ihrer Lust zu beantworten. Seit sie die »*gerade*« Linie in ihr Leben brachte, hat sie sich fast ausschließlich im Zusammenhang mit ihrem Mann erlebt.

»Klaus hat mein Leben ausgemacht. Er war alles für mich. Deshalb war es wie sterben, als er mich nicht mehr wollte. Alles war vorbei« *(Kommentar Gabriele).*

Es gibt buchstäblich keinen Bereich, in dem sie sich unabhängig von ihm erfährt. Immer wieder taucht ER auf. Wenn ER…nicht mit der anderen wäre, wenn ER…nicht so egoistisch wäre, wenn ER…zurückkommen würde.

Therapeut: »*Unabhängig von ihm, was würde dir Spaß machen?*«

Cornelia: »*Also, ich müßte mir sagen, daß ich restlos von mir selbst überzeugt bin. Dann würde ich es so sehen: Das mit der Freundin ist jetzt für ihn wichtig, und für mich ist etwas anderes wichtig.*«

Therapeut: »*Aha, du müßtest von dir überzeugt sein und dir sagen, daß für dich etwas anderes wichtig ist? Was denn zum Beispiel?*«

Cornelia: »*Ich glaube, ich muß ganz ehrlich sagen, wichtig wäre momentan ein Flirt. Aber ich will ja viel lieber mit ihm flirten.*«

Therapeut: »*Schon wieder ER. Bleib dabei, was würdest du tun, wenn du ihn nicht so sehr brauchtest?*«

Cornelia: »*Mit einer Freundin ausgehen und flirten. Ich glaube nicht, daß ich mit einem anderen schlafen will, aber flirten würde mir guttun.*«

Cornelia entwickelt eine Flirt-Phantasie. Dabei erfährt

sie in Bildern und Vorstellungen Zuwendung und Anerkennung von anderen Männern. Die Phantasie gefällt ihr, sie fühlt sich gleich etwas besser. In der Folgezeit der Therapie entwickelt Cornelia mehr und intensivere Phantasien. Damit tut sie, was ihr bisher fast unmöglich war: *Sie erlebt sich unabhängig von ihrem Mann.* Schritt für Schritt erweitert sie ihre Vision von sich, oder anders ausgedrückt, ihr Selbstbild und erlebt sich in anderen Zusammenhängen und neuen Beziehungen.

In der Erweiterung ihrer Vorstellungskraft, ihrer Fähigkeit, Bilder eines durchaus möglichen Lebens zu entwerfen, gewinnt Cornelia Zuversicht und Kraft. Sie beginnt bald darauf, die ersten Phantasien in die Tat umzusetzen. Der erste Schritt erscheint sehr klein: Sie kocht nur noch, was IHR schmeckt, und räumt die Wohnung nur soweit auf, wie SIE es will. Schließlich zieht sie mit ihren Freundinnen los. Als nächstes nimmt sie ihren alten Beruf halbtags wieder auf. Sie folgt ihren Impulsen, sich um sich selbst zu kümmern, und läßt diese nicht weiter unter ihrer Angst begraben liegen.

Auch wenn in den Sitzungen immer wieder starke Gefühle und Ängste auftauchen – der Weg aus ihrer Misere öffnet sich für Cornelia über die Impulse ihrer Lust. Die halbe Therapie besteht darin, Fragen zu stellen, die sie nur beantworten kann, wenn sie sich unabhängig von ihrem Mann phantasiert.

Am Ende einer einjährigen Sitzungsreihe stellt Cornelia eine interessante Frage: *»Wieso habe ich eigentlich keinen Geliebten.«* Sie entschließt sich endgültig, trotz der noch vorhandenen Angst, ihren Mann zu verlieren, keine Operation durchführen zu lassen. Sie geht weiter den Weg der Lust, obwohl ihre Angst sie wieder und wieder in Versuchung führen will, sich weiter an ihm zu orientieren. Dabei erfährt sie auch eine Menge schöne Erlebnisse und ihren Wert außerhalb der Beziehung. Sie findet wieder, was sie zum Teil aufgegeben hatte: ihre Spontaneität, ihre Freude, ihre Gelassenheit.

Sie löst allmählich ihre Bedürfnisse aus der Insel der Partnerschaft und geht auf Entdeckungsreise – auch wenn sie dabei Untiefen überqueren muß und oftmals keinen Boden unter den Füßen spürt.

Was es Frauen schwermacht, den Weg der Lust konsequent zu gehen, ist die Überzeugung, der Partner wäre ihre Lust, ER wäre ihr Wunsch, ER wäre ihr Bedürfnis. Da die Frau glaubt, nur mit IHM könnte sie erleben, was sie sucht und nur von IHM bekommen, was sie braucht, ist seine Liebe über alles wichtig für sie. Deshalb sucht sie ständig Bestätigung seiner Liebe. Deshalb stellt sie so oft die Frage: *»Liebst du mich?«*

Therapeut: *»Du möchtest wissen, ob er dich noch liebt?«*
Maren: *»Ja. Seit er vor zwei Jahren mal fremdgegangen ist, bin ich mir nicht mehr sicher, ob er mich noch liebt, auch wenn er es immer wieder sagt.«*
Therapeut: *»Wozu brauchst du es zu wissen, ob er dich noch liebt?«*
Maren: *»Damit ich weiß, woran ich bin.«*
Therapeut: *»Was ist, wenn du weißt, woran du bist?«*
Maren: *»Dann kann ich machen, was ich will.«*
Therapeut: *»Heißt das, wenn du nicht weißt, ob er dich liebt, kannst du nicht machen, was du willst?«*
Maren: (nachdenklich) *»Hm, klingt merkwürdig, ist aber wohl so.«*

Sie würde machen, was sie will! Solange sie nicht weiß, sich nicht sicher ist, ob ER sie liebt oder nicht, verzichtet Maren auf etwas, das sie sonst machen würde. Es wäre interessant zu erfahren, worauf sie verzichtet.

Therapeut: *»Was würdest du tun, wenn du ihn nicht so sehr brauchtest, daß du wissen mußt, ob er dich noch liebt?«*
Maren: *»Dann würde ich mich woanders umsehen. Mich nicht so viel um ihn kümmern. Einfach mein Leben leben, wie es gerade für mich stimmt.«*

Wenn Maren das könnte, würde sie nicht auf Beweise der Liebe ihres Freundes drängen. Sie würde einfach ihr Leben leben, *»wie es gerade stimmt«*.

Die Frau glaubt, nur dieser Mann könnte ihr geben, was sie braucht. Wenn sie hingegen ihrer Lust folgt, wird sie etwas finden, was ihr niemand nehmen kann: die Erfahrung, ihre Bedürfnisse unabhängig von *diesem* Mann erfüllen zu können und ihren Wert unabhängig von *diesem* Mann bestimmen zu können.

Die Fixierung IHN, auf einen einzigen, ganz bestimmten Mann ist deshalb von derart großer emotionaler Kraft, weil sie im Zusammenleben mit einem einzigen, ganz bestimmten Mann entstanden ist: dem Vater. Das erklärt, warum sie so schwer aufzulösen ist. Heute aber gibt es durchaus andere Wege für die Frau, Bestätigung und Verbindung zu erreichen, als durch *einen Mann.* Vor allem der Versuch, ihre Bedürfnisse durch einen Mann zu erfüllen, der verschlossen und undeutlich ist, der sie aus seinem Herzen ausschließt und auf Abstand hält, bereitet der Frau keine Lust, er bereitet Frust.

Der Weg der Lust, der unterdrückten Impulse, führt die Frau in die Unabhängigkeit. Obwohl sie glaubt, der Mann wäre ihre Lust, ER wäre ihr Ziel, stellt sie fest, daß es ihr in Wirklichkeit nicht um ihn geht, sondern um das, *was sie durch ihn erreichen will:* Bestätigung, Verbindung, Geborgenheit, Sicherheit, Liebe, Identität.

Auf dem Weg der Lust entfernt die Frau den Mann aus dem Zentrum ihrer Wahrnehmung und ihrer Gefühle. Sie macht den Mann vom *wichtigsten Bereich* ihres Lebens zu *einem wichtigen Bereich* ihres Lebens.

»Dazu gehören auch die Punkte ›sich etwas gönnen‹ und ›Geld ausgeben‹. Mit dem Bild meiner zu Verzicht bereiten Mutter vor dem inneren Auge, die wie ein Drache vor den Schätzen meiner Lust sitzt, ist es mir immer schwergefallen, für mich zu sorgen, für mich etwas zu fordern oder gar mir etwas zu nehmen« *(Kommentar Bettina).*

Mutter war bestimmt kein gutes Modell der Selbstsicherheit für das Mädchen, denn auch Mutter folgte nicht ihrer

Lust. Insofern muß die Frau den »*Drachen Mutter*« in sich erkennen und besiegen. Den Drachen Angst zu besiegen heißt aber, der Lust zu folgen.

Doch auch bei der Frau ist die Entwicklung ihrer Lust ein Vorgang, der Zeit und Aufmerksamkeit erfordert, denn die emotionalen Konditionierungen ihrer Erziehung lösen sich nur langsam auf.

Der Weg in die Lust, in die Freude, auch in die Freude an der Partnerschaft, ist kein linearer Weg. Er führt durch Höhen und Tiefen, birgt Erfolge und Rückschläge. Es gibt jedoch nur eine Möglichkeit, nicht am Ziel anzugelangen: indem wir vorher aufgeben.

Thesen zum Weg der Lust:

– Mann und Frau wollen eigentlich viel lieber etwas anderes tun, als *zu ertragen* oder *sich zu bemühen*. Wenn sie den anderen nicht so sehr brauchten, wenn sie nicht solche Angst hätten, würden sie ihrer Lust folgen.

– In den Impulsen ihrer Lust zeigt sich also ein Ausweg aus dem Erleben der Enge und des Mangels:

● der Lust des Mannes, sich offen zu wehren und emotional zu behaupten.

● der Lust der Frau, den Mann loszulassen und sich selbst in das Zentrum ihrer Bemühungen zu setzen.

Hindernisse – die Angst vor Trennung

Wenn wir uns nicht trennen wollen, werden wir auseinandergehen. Wenn wir uns trennen können, können wir zusammenbleiben.

Wenn wir dem Weg der Angst folgen, verzichten, erdulden, uns bemühen, uns aufgeben, ist das Maß irgendwann voll. Irgendwann können wir Ärger und Enttäuschung nicht mehr zurückhalten. Dann glauben wir, nur noch durch die große Trennung Freiheit oder Orientierung zu finden. Die große Trennung, das heißt die Beziehung beenden, das Experiment Partnerschaft aufgeben, sich abschneiden, den Partner verlassen, Schluß machen.

Große Trennung

Wenn Partner mit dem Wunsch der großen Trennung in die Beratung kommen, entdecken sie, daß in dieser Vorstellung eine Möglichkeit verborgen liegt. Was würde die Trennung ermöglichen? Was könnten sie dann tun, was sie jetzt nicht können?

»Ich könnte wieder mit gutem Gewissen machen, was mir Spaß macht. Ich hätte sie nicht mehr im Nacken sitzen. Ich wäre die Kontrolle los, die ständige Kritik.«

»Ich brauchte nicht mehr darauf zu warten, daß er für mich aufmacht. Die unerträgliche Situation wäre vorbei. Ich würde aufhören, für ihn dazusein und mich um Liebe zu bemühen.«

Wenn wir nicht mehr mit dem Partner zusammen wären, könnten wir etwas machen, das wichtig für uns ist und auf das wir lange verzichtet haben. Es sieht so aus, als ob der Partner schuld an unserem Verzicht wäre, als ob er uns gehindert hätte zu tun, was wir brauchen.

Der Mann sagt: »*Ich muß gehen, weil sie mir keine Ruhe läßt. Würde sie mich in Ruhe lassen, könnte ich bei ihr bleiben.*«

Die Frau sagt: »*Ich muß gehen, weil ich bei ihm nicht ans Ziel komme. Meine Bemühungen sind umsonst. Es bringt nichts.*«

Doch der Partner wird vorgeschoben. Er ist nicht schuld – er hat uns nichts weggenommen, und er hat nichts verhindert. Es liegt an uns, wenn es zur Trennung kommt, denn:

Der Mann will sich trennen, weil er keine Möglichkeit kennt, sich innerhalb der Beziehung Ruhe und Distanz zu verschaffen.

Die Frau will sich trennen, weil sie keine Möglichkeit kennt, sich innerhalb der Beziehung um sich selbst zu kümmern.

Trennung mangels anderer, angemessener, sinnvoller Verhaltensmöglichkeiten, mangels Alternative. Das sind die Gründe, warum die meisten Partner auseinandergehen. Ihre Motive entspringen der Enge/Mangel-Wahrnehmung, der Überzeugung, ER wolle sie »*auflaufen lassen*« und SIE wolle ihn »*vereinnahmen*«, und dagegen müßten wir uns wehren. Wir haben uns gewehrt, haben alles versucht, aber unsere Versuche haben zu nichts geführt, sie haben unsere Situation nur verschlimmert. So sehen wir nur einen Ausweg: Trennung.

Dabei will der Mann sich in erster Linie gar nicht von der Frau trennen, sondern von Ärger und Streit, von Druck und Belastung, von Enge und Pflicht. Die Frau will sich eigentlich auch nicht vom Mann trennen, sondern von Anstrengung und Enttäuschung, von Mühe und Frustration, von Unsicherheit und Warten.

Der Wunsch nach Trennung taucht in einer Beziehung immer dann auf, wenn Abstand vom Partner oder vom eigenen Verhalten nicht anders hergestellt werden kann. Wenn wir uns nicht anders zu helfen wissen. Wenn wir es nicht mehr aushalten, uns aufzugeben, zu bemühen, zu verzichten, zu warten, scheint Trennung der einzige Ausweg zu sein. Endlich kann ich wieder ... endlich brauche ich nicht mehr ...

Tatsächlich liegt in der großen Trennung auch eine Chance. Sie ist zwar schmerzhaft, aber sie hat positive Seiten. Sie zwingt Mann und Frau, sich mit etwas auseinanderzusetzen, das sie bisher vermeiden wollten: der Aufgabe, Distanz zum Partner oder Distanz zu sich selbst, zum eigenen Verhalten, zu finden.

Der Mann hat endlich seine ersehnte Freiheit und Ruhe. Er braucht die Frau nicht mehr abzuwehren. Jetzt ist er allein.	Die Frau braucht sich nicht mehr um seine Liebe und Aufmerksamkeit zu bemühen. Jetzt ist sie allein.

Vorteile. Der Kampf ist zum Erliegen gekommen, der Kampf ruht, weil der Gegner fehlt. Doch die große Trennung ist eine zwiespältige Angelegenheit. Ihre Vorteile sind, daß:

– der Mann aufatmen und all das tun kann, worauf er verzichtet hat. Er hat Platz, kann sich fühlen und feststellen, was seine Frau ihm noch bedeutet.	– die Frau sich auf sich selbst besinnen kann, sich an sich selbst orientieren und sich unabhängig vom Mann erleben kann.

Carola nach der Trennung: »*Ich lerne allmählich, erwachsen zu werden, meine Gefühle in Einklang mit dem zu bringen, was ich äußerlich darstelle. Das heißt für mich, nicht so zu klammern. Jedesmal, wenn ich einen Mann verliere, sage ich mir beim nächsten: ›Klammere nicht so, mach die Beziehung nicht kaputt.‹ Ich nehme langsam Abschied von der Vorstellung, daß es einen gibt, der für mich sorgt, der mich immer liebt, der sich um mich kümmert, der mir ein Zuhause gibt, Geborgenheit vor der bösen Welt.*«

Jürgen nach der Trennung: »*Der Gedanke allerdings, daß ich in der Ehe nicht genügend Zuneigung und Liebe für sie empfunden habe oder ihr meine Liebe nicht genügend gezeigt habe, daß also dieser Mangel in mir stecken könnte und nun wirklich herauskommt, dieser Gedanke erschreckt mich.«*

Carola und Jürgen erleben positive Folgen der großen Trennung. Jürgen nimmt die Gefühle seines Herzens wahr und an. Carola nimmt Abschied vom idealisierten Partnerbild und entwickelt emotionale Unabhängigkeit. Aber ob sie diese positiven Ergebnisse aufrechterhalten können, wird sich erst in der nächsten Beziehung zeigen.

Nachteile. Die Nachteile der großen Trennung bestehen darin, daß wir zwar vom Partner befreit sind, aber nicht notwendigerweise von den Verhaltensweisen, durch die wir die Situation schufen, der wir durch Trennung zu entkommen suchten. Wir sind den anderen los, aber unsere innere Unfreiheit und Unsicherheit nehmen wir zu einem großen Teil in die nächste Beziehung mit.

Wir haben die Situation verlassen, in der wir am besten lernen könnten, mit unseren Kompromissen aufzuhören, in der es aber zugleich auch am schwierigsten ist. Wir haben Distanz gefunden. Manchmal wird daraus allerdings ein langer Abschied von der Liebe.

Irmtraut: »Männer habe ich erst einmal auf Eis gelegt. Ich bin als Beziehungsmensch ziemlich unmöglich. Wenn ich jetzt einen Freund hätte, würde ich Gefahr laufen, meine beruflichen Interessen zurückzustellen. Meine Zukunftspläne würden völlig durcheinander geraten, so nach dem Motto: *›Jetzt hast du eine tolle Beziehung, da ist der Job nicht so wichtig.‹«*

Für Irmtraut besteht die einzig praktikable Möglichkeit, ihre beruflichen Interessen unbeeinflußt zu verfolgen, darin, der Liebe aus dem Weg zu gehen. Sie praktiziert die große Trennung auf Dauer – wie viele Männer das ebenfalls tun, indem sie sich auf Liebe und Beziehungen nicht mehr einlassen.

Die große, die abrupte Trennung ist ein Produkt der Angst. Wann immer Partner die große Trennung vollziehen, ist es ihnen zuvor nicht gelungen, die kleinen Trennungen der Partnerschaft herzustellen. Hätten wir Mut zu den kleinen Trennungen gehabt, die in jedem Tag unseres Beziehungslebens auf uns warten, wäre vielleicht alles anders gekommen.

Sicherlich ist es gut, wenn wir uns *trennen können* und nicht unter allen Umständen beim Partner bleiben, nur weil wir Angst vor der großen Trennung haben. Bestimmt ist es aber nicht gut, wenn wir uns *trennen müssen,* weil wir keine andere Wahl, keine Alternative zu haben glauben.

Kleine Trennung

Die Alternativen zur großen Trennung liegen in der kleinen Trennung, in den vielen kleinen Abschieden des Beziehungsalltags. In der Phantasie *»was ich machen würde, wenn ich den Partner nicht so sehr brauchte«* werden solche kleinen Trennungen sichtbar.

Wie sähen unsere Beziehungen aus, wenn wir uns nicht so sehr brauchten, daß wir bereit sind, uns für die Beziehung aufzugeben? Diese Frage habe ich vielen Paaren gestellt. Sie mochten diese Vorstellung, denn es liegt etwas Verlockendes darin. Die Frage deutet auf Möglichkeiten hin, auf ein Potential, das wir haben, aber nicht nutzen. Wenn wir uns nicht (so sehr) brauchten, dann würde ich

»...nicht so viel Rücksicht darauf nehmen, wie er mich haben will.«

»...im Bett nicht so leicht nachgeben und darauf bestehen, daß ich auch meinen Spaß habe.«

»...mir nicht so viele Gedanken machen, ob ich gut genug rieche für ihn, ob ich noch attraktiv genug bin.«

»...nicht so viel arbeiten und mehr reisen. Leisten könnten wir es uns.«

»...nur noch mit ihr schlafen, wenn ich es wirklich will, und nicht, weil ich glaube, es zu müssen.«

»...mir nicht ständig den Kopf über seine Sorgen zerbrechen. Ihm schon helfen, aber seine Probleme nicht zu meinen machen.«

»...viel öfter ohne ihn ausgehen.«

»...mir keine Gedanken darüber machen, ob meine Lust für ihn zu viel ist. Ich würde mich so richtig gehen lassen.«

»...öfter alleine sein.«

»...mir das Gerede nicht anhören, wenn ich keine Lust dazu hätte.«

»...ehrlich sagen, was ich denke, und nicht so viele Kompromisse machen.«

»...mir auch einen Geliebten zulegen.«

»...mir die Unverschämtheiten nicht gefallen lassen.«

»...mich nicht so mies behandeln lassen.«

»...mich mit meinen Forderungen durchsetzen und nicht nachgeben um des Friedens willen, sondern nur, wenn ich es einsehe.«

»...mich mehr darum kümmern, was mir guttut.«

»...die Hausarbeit für ihn einfach nicht mehr mitmachen!«

Die Vorstellung, den anderen nicht so sehr zu brauchen, zeigt uns, was wir aufgegeben haben und zugleich auch einen Weg, wie wir wieder zu uns finden und uns neu entfalten können. Der Weg zu dieser Entfaltung verläuft allerdings nicht reibungslos. Es tauchen Schwierigkeiten auf, denn in der Beziehung stellen wir oftmals fest, daß die Bedürfnisse der Partner verschieden sind. Dann bekommen wir Angst.

Peter: *»Ich wollte mir schon vor zwei Jahren ein eigenes Schlafzimmer einrichten, habe es aber immer rausgeschoben. Zuerst war Gudrun dagegen, weil sie mit mir in einem Bett schlafen wollte. Ich habe es dann zurückgestellt, denn ich wollte es nicht gegen ihren Willen tun. Ihr Einverständnis habe ich aber auch nicht bekommen. Das Thema kam immer wieder zur Sprache. Schließlich war sie so genervt, daß sie einverstanden war. Aber ich habe gemerkt, daß es ihr doch noch viel ausmachen würde. Also habe ich drauf verzichtet.«*

In solch einem Falle der eigenen Lust zu folgen bedeutet, der eigenen Angst zu begegnen. Dann taucht die Stimme der Angst als schlechtes Gewissen oder Befürchtung auf. *»Mach es nicht, sonst verlierst du den anderen!«* Wir wollen keinen Streit. Wir wollen den Partner nicht verlieren und geben nach. Damit geben wir unsere Lust auf und Bedürfnisse preis. Wir scheuen das Risiko, lassen uns zuviel gefallen, nehmen zuviel in Kauf, laden uns mit Angst und Enttäuschung auf.

An diesem Punkt erhebt die Angst Einwände gegen den Weg der Lust. Hier entscheiden wir, ob wir auf unsere Angst oder unsere Lust hören. Ich bin durchaus nicht der Meinung, Partner *müßten* sich für ihre Lust entscheiden. Manchmal ist die Angst so groß, daß wir ihr folgen. Nur sollten wir uns über die Konsequenzen im klaren sein, die sich einstellen, wenn wir den Gefühlen der Angst folgen und die kleinen Trennungen vermeiden.

Im Gegensatz zur großen Trennung bezieht sich die kleine Trennung auf ein bestimmtes Verhalten, auf einen bestimmten Moment, auf eine bestimmte Überzeugung. Sie stellt weder die Beziehung in Frage noch will sie die Partnerschaft auflösen. Ihr Ziel ist es, einem der Partner die Befriedigung seiner Lust zu ermöglichen – *und zwar auch und gerade unabhängig vom anderen.*

Oft scheint es sich bei unserer Lust um Kleinigkeiten zu handeln. Dabei sind es gerade die Kleinigkeiten, die über die Qualität unseres Zusammenlebens entscheiden, denn es sind die vielen kleinen Rücksichten und Einschränkungen, die uns auf die Dauer belasten. Mit jedem Verzicht stauen wir Unzufriedenheit auf, die sich schließlich in der großen Trennung befreien will. Wenn diese Unzufriedenheit einmal durchbricht, sind wir oft überrascht.

Ich habe in der Beratung das Erstaunen vieler Männer und Frauen erlebt, wenn der Partner auspackte, was er in den Jahren der Beziehung geschluckt hatte. Oft liegen die Ereignisse, die dann zutagetreten, Jahre oder Jahrzehnte zurück. Manchmal haben wir zulange gewartet und es ist zu spät, wieder zu Verständigung zu finden und neu anzufangen – dann hilft nur noch die große Trennung. Oft aber entspannen sich die Konflikte der Partnerschaft, wenn die Partner ihre Lust unabhängig voneinander aufdecken und beginnen, die kleine Trennung zu praktizieren.

Die vielen kleinen Abschiede des Alltags anzunehmen ist jedoch schwer, denn auch wenn ich hier die Worte *»kleine*

Trennung« wähle: Wir brauchen großen Mut, wenn wir unserer Lust folgen wollen. Wir brauchen Mut, wenn wir den kleinen Abschied praktizieren wollen, denn in unseren Gefühlen sind die kleinen Abschiede groß. In unseren Gefühlen nehmen sie eine große Bedeutung an.

Als Ulla zur Beratung kam, hatte sie den Kampf um Liebe begonnen. Sie hatte einige Vorstellungen, die sie mit ihrem Freund Gunnar verwirklichen wollte. Dazu gehörte, mit ihm zusammenzuwohnen, was den Umzug eines der Partner erfordert hätte, da ihr Freund in einer anderen Stadt wohnte. Da Gunnar sich zu diesen Punkten nicht äußerte, rief sie ihn fast täglich an und verwickelte ihn in lange und aufreibende Gespräche. Sie wollte hören, daß er sie vermißt, daß er seine Wohnung aufgibt und zu ihr zieht. Ulla empfand ihr Drängen selbst »unmöglich«, konnte aber nicht davon lassen. Nach einigen Monaten der Therapie hatte sie ihr Verhalten und die dahinter liegenden Ängste so weit reflektiert, daß sie den Mut aufbrachte, ihre Anrufe einzustellen. Sie schreibt ihrem Freund einen Brief:

»...diese Situation ist für uns beide unwürdig. Ich habe keine Lust mehr, mich zu quälen und werde dir nicht weiter auf die Nerven fallen...«

Ulla entschließt sich zur kleinen Trennung, dazu, ihn zu lassen. Sie bleibt ihrem Entschluß treu und meldet sich nicht mehr bei ihrem Freund. Zwei lange Wochen vergehen:

»Es war verflixt schwer, die Finger vom Telefon zu lassen. Ich habe mir halt gesagt, wenn ihm was an mir liegt, wird er sich melden. Wenn er sich nicht meldet, hat es auch keinen Sinn, ihn zu drängen.«

Der Entschluß, durchzuhalten und nicht den Überzeugungen ihrer Angst zu folgen, die Beziehung wäre beendet, wenn sie sich nicht weiter um Gunnar bemühe, war die schwerste Aufgabe für Ulla. Nach zwei Wochen geschieht dann ein Wunder:

»Es klingelt, und er steht vor der Tür. Ich bin vor Schreck und Überraschung fast umgefallen, weil ich die Hoffnung fast aufgegeben hatte. Und dann steht er da.«

Zwei Wochen – so lange hat es gedauert, bis sich Gunnar über seine Wünsche und seine Lust klarwerden konnte. Als er sich nicht mehr zu wehren brauchte, bekam er Gelegenheit, seine eigene Lust zu erkennen und von sich aus auf seine Freundin zuzugehen. Zwei Wochen, die Ulla (durch die Brille Mangel) ewig und ihrem Freund (durch die Brille Enge) kurz erschienen. Einige Monate später wohnen die beiden zusammen. Ulla ist ihrer Lust treu geblieben:

»So schwer es mir fiel, ich habe mir lieber auf die Lippen gebissen, als an ihm zu zerren und zu versuchen, ihn zu etwas rumzukriegen, das er nicht wollte. Die einzige Möglichkeit, wie ich es schaffen konnte, war, einfach meinen Kram machen. Mit der Zeit habe ich dann gemerkt, daß es meistens funktioniert. Er ist anders. Er braucht viel mehr Zeit, als ich es mir vorstellen kann, um eine Antwort zu geben oder was Verläßliches zu sagen.«

Auch wenn es ihr schwerfällt, Ulla gibt ihre Lust nicht auf. Sie vollzieht konsequent die kleine Trennung. Sie behält den Mut, sich abzuwenden und sich um sich selbst zu kümmern. Nach und nach erkennt sie, daß Gunnar lange Reaktionszeiten hat, und bezieht sein anfängliches Schweigen und seine Undeutlichkeit nicht mehr auf sich persönlich. Zugleich wird sie von seinen Äußerungen und seiner Zuwendung in dem Maße unabhängiger, in dem sie ihre eigenen Interessen verfolgt, gleich, ob Gunnar mitzieht oder nicht.

Den kleinen Abschied zu praktizieren ist auch für den Mann eine schwierige Aufgabe. Kurt macht diese Erfahrung, als er versucht, sich gegenüber seiner Frau durchzusetzen. Elisabeth treibt ihren Mann mit der Drohung, sich das Leben zu nehmen, *»wenn sich zwischen uns nicht bald etwas ändert«*, an den Rand der Verzweiflung. Kurt reagiert durch Schweigen und Betroffenheit. In der Beratung erfährt er sein Schweigen und seinen Rückzug als Hilflosigkeit und entdeckt seine Lust, sich zu wehren. Er entschließt sich, mutiger zu werden und klar und offen seinen Standpunkt zu vertreten.

»Ich habe immer geglaubt, sie müßte doch wissen, wie mich ihre Drohungen in Streß versetzen. Ich habe nicht begriffen, wie sie so etwas tun kann. Dabei habe ich nicht gemerkt, daß mein Schweigen für sie wie eine glatte Wand war, an der sie abrutschen mußte. Jetzt lerne ich, mich eindeutiger zu verhalten. Das Schwerste ist, zu ihr Nein zu sagen, wenn sie fordernd vor mir steht, und trotzdem nicht den Vorwurf gelten zu lassen, ich würde sie nicht lieben. Das kostet mich immer noch Überwindung. Auf der anderen Seite gewinne ich dadurch ein Stück Freiheit, ein Stück Freude für mich.«

Kurt hat geglaubt, seine Frau müsse wissen, was Rückzug und Sprachlosigkeit bedeuten: Ratlosigkeit, Unklarheit, Verwirrtheit, Verletztheit. Seit er weiß, wie mißverständlich sein Verhalten für Elisabeth ist, bemüht er sich, der Lust, *»sich zu behaupten und ihrem Druck standzuhalten«*, treu zu bleiben. Behaupten kann er sich nur, wenn er Elisabeth etwas entgegensetzen kann – und das einzige, was er ihr entgegensetzen kann, sind die Gefühle, die er *jetzt* hat. Er fühlt sich unklar, und auch wenn er ihr in dem Augenblick, in dem sie es fordert, keine andere Orientierung geben kann, praktiziert er die kleine Trennung konsequent:

»Der wohl wichtigste Punkt in der Beratung betraf mein Verhältnis zu dem, was ich fühle, empfinde, spüre. Dieses Verhältnis war bisher verschüttet unter Schuldgefühlen, Mißtrauen und Ängsten. Entweder habe ich nicht gewußt, was in mir vorging, oder ich habe mich nicht getraut, es ihr gegenüber zu vertreten. Das ist jetzt anders. Jetzt kann ich dazu stehen, daß ich etwas fühle, auch wenn es Unklarheit ist.«

Kurt gewinnt die Klarheit, seiner Frau in aller Deutlichkeit zu sagen, daß er unklar ist und Zeit braucht. Die Aussage *»Ich bin mir unklar – das muß klar genug sein!«* ermöglicht es seiner Frau, die Gründe seiner Undeutlichkeit in ihm und nicht in einem Mangel von sich selbst zu suchen.

Durch die Auseinandersetzungen, die entstanden, als sie ihrer Lust treu blieben und den kleinen Abschied praktizierten, ohne die Beziehung dadurch in Frage zu stellen, haben Kurt und Ulla etwas begriffen, was für Mann und Frau durch die Brille ihres Kontextes Enge/Mangel so schwer zu begreifen ist: den Wert der kleinen Trennungen.

Einwände gegen den Weg der Lust

Der Weg der Lust führt zu einem neuen Verhalten gegenüber dem Partner. Er besteht für den Mann darin, sich zu behaupten und der Frau klar und deutlich gegenüberzutreten, und für die Frau darin, ihre Bemühungen um den Mann zu lassen und sich um sich selbst zu kümmern. *Für sie deutlich sein* und *ihn loslassen* ist die hinter der Angst verborgene Lust von Mann und Frau.

Für die Frau deutlich zu sein ist der erste Schritt des Mannes in Richtung seiner Lust – der Lust, sich Platz zu verschaffen und sich zu fühlen.

Den Mann zu lassen ist der erste Schritt der Frau in die Richtung ihrer Lust – der Lust, ihre Kraft für sich selbst zu gebrauchen.

Wenn ich von der Lust des Mannes schreibe, sich emotional zu behaupten (für sie deutlich zu sein), und der Lust der Frau, emotional unabhängig zu sein (ihn zu lassen), werden gewiß viele Einwände auftauchen. Manche Leser werden denken: Was, das soll meine Lust sein? Gerade davor habe ich doch Angst!

Wir können uns jedoch fragen, ob es uns Lust bereitet, uns zu verschließen oder uns zu bemühen. Sicherlich nicht. Sich verschließen und sich Bemühen sind Produkte von Angst und Frustration. Sich verschließen und sich bemühen bereitet weder Lust noch ändert es etwas – es führt uns lediglich tiefer in die Sackgasse hinein und hilft weder uns noch dem Partner.

Für die Frau geht es um Klarheit und Deutlichkeit. Es nutzt nichts, zu schweigen und sich zu verweigern. Der Mann muß für *sie,* für

Für den Mann geht es um Raum. Es nutzt nichts, ihn zu bedrängen und sich um ihn oder für ihn zu bemühen. Die Frau muß ihm die Frau, die ihm gegenübersteht, *klar und deutlich* (deutbar) sein.

Raum geben, sich zu fühlen. Das heißt, *ihn zu lassen.*

Wir sind es dem Partner schuldig, ehrlich zu sein und uns vorübergehend von ihm zu trennen, wenn unsere Lust in eine andere Richtung zeigt. Wenn der Mann für *sie deutlich* ist und die Frau *ihn läßt,* helfen wir auch dem Partner und darüber hinaus auch uns selbst.

Der Mann kann sich ersparen, bedrängt zu werden, indem er dafür sorgt, daß SIE sich orientieren kann.

Die Frau kann sich ersparen, dauernd abgewiesen zu werden, indem sie gelassen genug ist, IHN zu lassen.

Für sie deutlich sein und *ihn lassen* ist eine schwierige Aufgabe, die Mann und Frau nur lösen können, wenn sie konsequent ihrer Lust und nicht ihrer Angst folgen.

Wenn der Mann seinem Bedürfnis nach Freiheit nachgeht, wird er von seiten der Partnerin mit dem Vorwurf konfrontiert sein, sie nicht wirklich zu lieben. *»Du liebst mich nicht richtig, du liebst mich nicht genug – sonst könntest du so etwas nicht tun.«* Jetzt gilt es, den eigenen Impulsen treu zu bleiben. Jetzt gilt es für den Mann, den Anspruch auf Liebe *und* Freiheit einzulösen. *»Ich liebe dich und ich brauche meinen eigenen Raum«* ist ein Satz, der wohl keinem Mann leicht über die Lippen geht.

Versuchen Sie es, lieber Leser, bei nächster Gelegenheit. Versuchen Sie, diesen Satz Ihrer Frau ins Gesicht zu sagen und standzuhalten. Versuchen Sie, zu Ihrer Liebe zu stehen und gleichzeitig Ihren Bedürfnissen nach Freiheit treu zu bleiben. Ein spannendes Experiment.

Wenn die Frau aufhört, sich um den Mann zu bemühen, und ihn läßt, passiert erst einmal nichts. Erst einmal ist dann Leere – der Mann scheint nicht zu reagieren. Dann heißt die Alternative für die Frau jedoch nicht, auf ihre Bedürfnisse zu verzichten, erneut sich zu bemühen, zu warten und damit ihre Lust zu verleugnen. Ihrer Lust treu zu bleiben kann heißen, sich vom Mann fort, nach außen hin zu orientieren und sich anderen Menschen oder Dingen zuzuwenden. Je mehr die Frau ihre Interessen unabhängig von dem einen Mann verfolgen kann, desto leichter kann sie *ihn lassen.*

Versuchen Sie es, liebe Leserin, bei der nächsten Gelegenheit. Versuchen Sie es, ihn zu lassen und trotzdem Ihre Bedürfnisse zu erfüllen. Eine Aufgabe, die Ihre ganze Kreativität erfordern wird.

Jetzt, nachdem ich Sie zu diesem Versuch aufgefordert habe, beachten Sie bitte, welche Einwände gegen meine Anregungen aufgetaucht sind. Welche Gründe haben sich in Sekundenschnelle angeboten, *warum es nicht geht,* der Lust zu folgen? Normalerweise sagen die Partner:

Ich kann für sie gar nicht deutlich sein. Das nutzt nichts, *weil sie* mein Bedürfnis nicht annehmen wird, weil sie mich nicht respektieren wird.	Ich kann ihn nicht lassen, *weil er* mein Bedürfnis ist. Ich will ja ihn – nur er kann mir geben, was ich brauche.

Weil *sie,* weil *er...* Wenn wir so denken, haben wir den Weg der Lust bereits verlassen – und sind bei der Angst gelandet, denn wir orientieren uns wieder am Partner und nicht an unseren Impulsen. Und weil wir denken, es gehe nicht und das liege am Partner, betreten wir den Weg der Lust so selten – oder kehren um, wenn wir nach den ersten Schritten nicht gleich am Ziel sind. Wir hören auf die Stimmen unserer Einwände und sind überzeugt, daß das neue Verhalten nichts nutzen und nichts verändern wird.

Wir können Beweise für unsere alten Überzeugungen aufführen, Dutzende, Hunderte von Beweisen – unsere ganze reichhaltige Beziehungserfahrung. Aber wir können nur beweisen, daß wir bisher keinen gangbaren Weg und keine funktionierenden Lösungen gefunden haben, denn unsere Beweise stammen aus der Vergangenheit der Beziehung, stammen aus dem Kontext von Liebe mit Enge und Mangel. Sie beweisen nicht, daß der Weg der Lust unbrauchbar ist, denn wir haben es bisher kaum geschafft, *deutlich zu sein* und *ihn zu lassen* konsequent durchzuhalten. Unsere *»wertvollen«* Erfahrungen stammen aus der Enge/Mangel-Wahrnehmung, die zu Reproduktion eben dieser Erfahrungen führt.

Wir müssen uns darüber im klaren sein, daß wir keine Aussage über Liebe im Kontext von Unabhängigkeit machen können, solange wir diesen Kontakt nicht kreiert haben. Erst recht können wir nicht fühlen, wie sich Liebe im Kontext von Unabhängigkeit anfühlt, solange wir sie nicht erreicht und erlebt haben.

Wir haben ein perfektes System gelernt, wie wir uns in Beziehungen *nicht* verhalten sollten. Es wird uns zu nichts anderem führen als zu den *»neuen«* Erfahrungen, die wir schon so oft erfahren haben. Es wird uns nur bestätigen, was wir durch die gefärbte Brille unserer Wahrnehmung immer schon gewußt haben.

Sobald wir aber den Weg der Lust gefunden haben, liegt es an uns selbst, weiterzukommen, indem wir konsequent auf diesem Weg bleiben und nicht aufgeben, *weil der andere* es uns scheinbar unmöglich macht.

Thesen dieses Abschnitts:

– Partner wählen die große Trennung, weil sie aus Angst die vielen kleinen Trennungen vermieden haben und sich nicht länger aufgeben können.

– Wenn wir die kleinen Trennungen praktizieren, wenn wir unserer Lust folgen, werden wir unserer Angst begegnen, die Einwände gegen die kleinen Abschiede des Beziehungsalltags erhebt.

– Wenn wir trotzdem unserer Lust treu bleiben:

● entwickelt der Mann die Fähigkeit, für die Frau deutlich zu werden.

● entwickelt die Frau die Fähigkeit, den Mann loszulassen und ihre Kraft für sich selbst zu gebrauchen.

Die Aufgabe des Mannes:
für die Frau deutbar sein

Der erste Schritt auf dem Weg der Lust des Mannes bedeutet, für die *Frau deutlich* zu sein. Das ist eine Anforderung, die der Mann oft nicht begreift. *»Ich bin doch deutlich, ich habe es ihr doch schon tausendmal erklärt. Sie läßt es einfach nicht gelten«* ist ein häufiger Einwand von Männern. Diese Männer haben nicht verstanden. Es geht nicht bloß darum, deutlich zu sein. Es geht darum, für *sie,* für die Frau, die ihnen gegenübersteht, deutlich zu sein.

Die intellektuelle und emotional distanzierte Weise, in der die meisten Männer versuchen, sich zu erklären, spricht Frauen nicht an. Tatsächlich zieht der Mann sich ja auf die Bastion Kopf zurück, um emotionalen Auseinandersetzungen zu entkommen. Im Vergleich zur Frau ist er in der Äußerung seiner Gefühle ein emotionaler Zwerg, auch wenn in seinem Inneren das ganze Spektrum der Gefühle vorhanden ist. Für sie, für die Frau deutlich zu sein erfordert mehr als Erklärungen, Argumente und Verstand. Es erfordert emotionale Selbstbehauptung.

Andreas und Renate kamen vor einem Jahr zu einigen Beratungen. In der einjährigen Pause hatten sich ihre Konflikte zwar verdeutlicht, es war aber nicht zu einer Lösung gekommen. Vor allem Andreas ist jetzt entschlossen, die erneuten Sitzung für sich zu nutzen. Bald wird er in einer überraschenden Weise direkt:

Andreas: *»So kann es nicht weitergehen. Ich lasse mich nicht mehr unter Druck setzen. Du mußt endlich begreifen, daß der Raum, den du in meinem Leben einnimmst, begrenzt ist. Ich kann und will dir nicht alles geben. Ich lebe nicht für dich allein, ich lebe auch noch für mich.«*
Therapeut: *»Du lebst auch für dich! Was bedeutet das?«*
Andreas: *»Daß ich nicht immer und alles für sie tun kann!«*

Therapeut: »*Sondern?*«
Andreas: »*Daß ich verdammt noch mal auch Bedürfnisse habe!*«

Andreas wird heftig und emotional. Renate wirkt überrascht, fast schockiert. Auf jeden Fall ist sie in ihren Versuchen, Andreas zu verändern und ihn ihren Bedürfnissen anzupassen, gebremst.

Therapeut: »*Du hast auch Bedürfnisse! Welche Bedürfnisse?*«
Andreas: »*Es gibt Dinge, die kann ich mit ihr nicht machen. Das will ich auch gar nicht. Ich will nicht alles mit ihr teilen müssen. Sie versteht das nicht…*«
Therapeut: »*Was soll sie verstehen?*«
Andreas: »*Daß es nicht gegen sie gerichtet ist, sondern daß ich das für mich brauche!*«
Therapeut: »*Du brauchst es für dich!*«
Andreas: »*Ja, für mich. Es ist nicht alles ›Wir.‹ Ich will das ganz für mich allein!*«

Es würde Renate helfen zu begreifen, daß sein Wunsch nach Abstand nicht gegen sie gerichtet ist, sondern daß Andreas Bedürfnisse hat, die er mit ihr nicht erfüllen kann und will. »*Ich habe auch Bedürfnisse – ich habe auch Gefühle – ich habe auch ein Recht.*« Da Andreas sich auf diese Weise für sie deutlich macht, kann Renate seine Bedürfnisse nicht weiter ignorieren oder unterbügeln. Auch wenn sie seinen Wunsch nach Abstand noch nicht ganz versteht, fängt sie an, ihn zu akzeptieren.

Was ihr dies erleichtert ist, daß sie ihren Mann jetzt spüren kann. Er hat sich auf eine Auseinandersetzung mit ihr eingelassen und ihren Bedürfnissen seine Bedürfnisse offen und direkt entgegengesetzt. Er hat sich nicht auf verbale Gefechte zurückgezogen, sondern war durch seinen Ärger und seine Entschlossenheit emotional präsent. Weil er klar und direkt war, hat er auch nicht den Eindruck erweckt, er wolle sich von Renate oder der Beziehung lösen.

»*Es passiert mir leider immer wieder, daß ich gar nicht merke, wann es mir zu eng wird. Ich müßte ihr viel öfter mitteilen, wann ich mich bedrängt fühle und Abstand brauche. Oft hat sie gar nichts gemacht, da sitzt sie nur im gleichen Zimmer, und schon wird mir die*

Luft knapp. Dann werde ich unwirsch, und sie versteht es nicht.
Wenn ich ihr in dem Augenblick von meinen Beklemmungen erzäh-
len könnte, das würde uns helfen.«

Für sie deutlich wird der Mann, indem er seine Gefühle
kommuniziert. Für sie deutlich wird er, indem er sich auf
eine emotionale Auseinandersetzung mit der Frau einläßt.
Emotionale Auseinandersetzung bedeutet jedoch nicht, ihre
Spielregeln zu übernehmen und ebenfalls mit dem Empfindsamkeitstest anzufangen. Emotionale Auseinandersetzung bedeutet auch nicht, sich klein zu machen, zu weinen,
jämmerlich zu werden, sich die Wunden zu lecken oder
sich ihren Forderungen zu unterwerfen.

»Ich kann mich nicht auf das einlassen, was sie von mir fordert. Sie fordert doch Gefühl. Wenn sie es fordert, kann ich
es ihr nicht geben, weil ich mich dann gezwungen fühle«
(Einwand Günther).

Für die Frau deutbar zu sein bedeutet, ihr emotional
standzuhalten und ihren Gefühlen die eigenen Gefühle ent-
gegenzustellen. Dabei geht es nicht darum, die Gefühle zu
zeigen, die die Frau fordert. Es geht darum, die eigenen
Emotionen in die Auseinandersetzung einzubringen – ob
sie der Frau gefallen oder nicht.

Die Wut des Mannes

Seine Gefühle zu zeigen kann auch heißen, sich zu empören. Empörung ist oft das erste bewußt wahrgenommene
Gefühl des Mannes, denn in Empörung ist seine Auflehn-
nung gegen die Forderungen der Frau enthalten. In seiner
Empörung, in seiner Wut liegt die Kraft zur Befreiung aus
Enge und Umklammerung.
Seine Gefühle zeigen kann also zuerst einmal heißen,
offen wütend zu werden. Dabei kann der Mann aber nicht
stehenbleiben. Hinter Wut sind immer andere Gefühle ver-

borgen, denn Wut ist ein sekundäres Gefühl. Wut entsteht als Reaktion auf enttäuschte Erwartungen, Sehnsüchte, Bedürfnisse.

Verletztheit

Gefühle zeigen kann bedeuten, traurig zu sein, in aller Ruhe und Empfindsamkeit mit ihr zu sprechen, die eigene Betroffenheit zu zeigen, deutlich zu machen, *»was es mir ausmacht, so behandelt zu werden«.* Seine Verletztheit, die Wunden seines Herzens aufzudecken, ist der schwierigste Teil für den Mann, denn es bedeutet ja auch die Aufgabe des Selbstbildes vom starken, unverletzlichen Mann. Wie auch immer, auf jeden Fall heißt deutlich sein dazu zu stehen, daß ich auch Gefühle habe, daß ich nach anderen Regeln funktioniere und Zeit brauche, mir über mich klarzuwerden, daß ich etwas anderes brauche, als du es willst.

Deutlich sein konnte der Mann in seiner Kindheit nicht lernen, weil sein Vater ihn darin nicht unterstützte und seine Mutter ihn daran hinderte.

»Ich verhalte mich oft wie mein Vater damals. Ich sage ›Ja, ja‹ und denke ›Halt doch endlich deinen Mund‹« *(Kommentar Gerd).*

Wenn es dem Mann gelingt, deutlich aufzutreten, kann und will die Frau seine Gefühle nicht ignorieren, denn jetzt hat sie etwas, woran sie sich orientieren kann: einen spürbaren, präsenten Mann, ein anfaßbares Gegenüber. Einen Mann, der auch einmal eine Tür schlägt, wenn er bisher kontrolliert war, der auch einmal ärgerlich ist, wenn er bisher immer vernünftig war, der sich auch einmal empört, wenn er bisher verständnisvoll war, der vielleicht auch einmal über den Ausbruch seiner Gefühle lachen oder sich über seine eigene emotionale Intensität wundern kann. Einen emotional gleichwertigen Mann.

Das Schweigen des Mannes wertet die Frau oft als Zeichen dafür, er hätte keine Gefühle. Doch weit gefehlt. Der Mann hat der Frau den Gefühlsbereich überlassen; die Frau hat sich dort ausgebreitet und hält diesen Bereich besetzt. Der Mann kann aber jederzeit den Platz im Gefühlsbereich einnehmen, der ihm zusteht, und den Alleinanspruch der Frau auf Gefühle zurückweisen.

Emotionale Stärke

Wenn es dem Mann gelingt, deutlich zu werden, was zugleich bedeutet, für seine Bedürfnisse einzustehen und diese zu behaupten, läßt er allmählich die Vorstellung los, für das Glück seiner Frau alleinverantwortlich zu sein. Vielmehr übernimmt er die Verantwortung für seine eigenen Gefühle und Bedürfnisse und gewinnt Vertrauen in die Fähigkeit, sich von der Frau und ihren mächtigen Gefühlen abzugrenzen.

Das Ergebnis, wenn es ihm gelungen ist, für die Frau deutlich zu sein, ist emotionale Stärke. Diese Stärke ist für die Fähigkeit zu lieben unbedingt erforderlich, denn sie erlaubt dem Mann, sich wieder mehr auf die Frau und das Abenteuer Liebe einzulassen. Wenn er selbst emotional stark ist, kann die Frau den Mann nicht ausplündern, nicht aussaugen oder festhalten. Dann verschwindet seine Angst vor der dunklen, emotionalen, verschlingenden Seite der Frau.

Die Aufgabe der Frau:
sich vom Mann abgrenzen

Den ersten Schritt auf dem Weg der Lust zu gehen bedeutet für die Frau, sich abzugrenzen, sich von ihm abzuwenden und sich ihren wirklichen Bedürfnissen zuzuwenden. Dies zu tun erfordert allerdings, den Mann loszulassen.

»Da schlägst du uns also vor, wir sollten uns noch mehr zusammenreißen. Als wenn wir das nicht schon genug tun würden« *(Einwand Hanne)*.

Es stimmt. Frauen reißen sich zusammen, wenn sie die Folgen des Empfindsamkeitstests (er macht noch mehr dicht) bemerken. Sie reißen sich zusammen – und warten darauf, daß er von selbst kommt, aufmacht und gibt. Doch alles Bemühen und Warten bringt auf Dauer nur Frustration.

Offensein

Eine Klientin beschreibt diese leidvolle Situation sehr plastisch: »Ich fühle mich ihm gegenüber wie ein offener Halbmond. Nach hinten bin ich rund, aber zu ihm hin bin ich immer offen. Ich schaffe es einfach nicht, ihn zu lassen.«
Diese Frau kann sich gegenüber ihrem Mann nicht abgrenzen. Sie fühlt sich zu ihm immer offen. Sie kann die Tür zu ihm nicht schließen und sich nicht von ihm abwenden. Tatsächlich kann eine Frau sich in der Nähe des Mannes schwer abgrenzen. Sie hält sich offen, bemüht sich und wartet. Wenn sie aber begreift, daß *»es so nicht geht«*, daß *»ich mich verstricke«*, daß *»ich tun kann was ich will, und sich doch nichts ändert«*, daß *»so sehr ich mich bemühe, er doch nicht aufmacht«*, tauchen starke Gefühle der Verzweiflung und Wut auf.

Verzweifelte Wut

Nachdem Isabel einige Monate unter der Zweideutigkeit ihres Freundes gelitten hat und ihre Versuche zur Klärung der Situation scheiterten, gerät sie in einer Einzelsitzung außer sich. Sie tobt und brüllt: *»Was bildet sich der Kerl eigentlich ein. Ich bin doch nicht seine Dienerin oder sein Bettmädchen, nach dem er nur zu pfeifen braucht, wenn es ihn juckt.«*
Isabel macht sich Luft und läßt ihrer Wut freien Lauf. Dabei schimpft sie auf ihren Freund und würde ihm – wäre er anwesend – sicherlich eine saftige Szene machen. Ihre Wut taucht in Form von Verzweiflung auf, als blinde Wut als Emotion, die gegen ihren Freund gerichtet ist.
An diesen Punkt gelangen viele Frauen. Sie haben alles getan, alles versucht, und es hat nichts genützt. Irgendwann platzt ihnen der Kragen, und ihre Wut überrennt sie, macht sie ohnmächtig. Dann machen sie dem Mann Szenen. Diese Form der Wut möchte ich verzweifelte Wut nennen. Sie wird Instrument im Empfindsamkeitstest und trägt zur Zerstörung der Beziehung bei.

Gerichtete Wut

Die Alternative für die Frau heißt jedoch nicht, ihre Wut zu unterdrücken, sich zusammenzureißen, wieder einmal brav zu sein und zu warten. Die Alternative heißt *»gerichtete Wut«*. Betrachten wir, wie Isabel zu dieser Form der Gefühlsäußerung findet. In der Einzelsitzung gestattet sie sich, weiter und ohne Hemmungen auf ihren Freund zu schimpfen. Die große emotionale Ladung baut sich ab, und langsam beginnt sie, klarer zu sehen. Ihr Freund gerät dabei aus ihrer Aufmerksamkeit, und ihr eigenes Verhalten rückt in den Vordergrund.
»Ich sitze wirklich da und warte, daß er sich meldet. Ich komme mir wie hinbestellt und nicht abgeholt vor. Ich komme mir total verarscht vor. Ich muß wirklich verrückt sein. Ich benehme mich ja wie

seine Dienerin. Kein Wunder, daß ich mich so fühle. Wenn der Herr ruft, eile ich zu ihm. Es ist wirklich lächerlich, was ich alles mitmache. Das hört jetzt auf. Ich lasse mich nicht mehr erniedrigen, ich lasse mir das nicht mehr gefallen. Schluß damit, aus, vorbei. Soll er doch sehen, wo er bleibt.«

An diesem Punkt schwenkt die Wut Isabels, die bisher gegen den Freund gerichtet war (DU bist schlecht, DU bist feige, DU DU DU...), um: ICH lasse mir das nicht mehr gefallen. ICH warte nicht mehr auf ihn. ICH bin mir zu schade für so eine Behandlung. Sie sagt jetzt mit anderen Worten: Ich bestimme über meinen Wert selbst! Ich mache mich nicht weiter von deiner Zuwendung abhängig! Aus dem *Du bist...* wird ein *Ich mache...*

Was ihr zu dieser Umkehrung verhalf war, daß Isabel ihre Gefühle nicht länger unterdrückte und nicht weiterhin versuchte, lieb und verständnisvoll zu sein. Sie hat ihre Gefühle gelebt, und das ist wichtig, denn Gefühle, die wir nicht ausdrücken, können uns krank machen. Allerdings hat sie ihre Gefühle auch nicht blind gegen den Partner gerichtet. Sie hat die Kraft ihrer Gefühle für sich selbst genutzt, anstatt sie gegen den Partner zu richten.

Handeln: das Ende des Wartens

Wenn die Frau die Kraft, die in ihrer Wut steckt, für sich selbst und nicht gegen den Mann gebraucht, wird aus dem Zerstörungsmittel Wut das Selbstbehauptungsmittel Wut. Dann findet die Frau die Kraft, ihre eigenen Bedürfnisse zu würdigen und hört auf, sie Bedürfnissen des Mannes unterzuordnen.

Da die Kraft der Frau zu einem großen Teil in ihrer unterdrückten Wut verborgen liegt, ist es für sie eine wertvolle Erfahrung, ihren Haß oder ihre Wut zu berühren. Dafür ist es nie zu spät, auch wenn das erst nach einer großen Trennung geschieht.

Gertrud ist in dieser Lage, denn ihr Mann hat sich von ihr getrennt. Obwohl sie sich in der Beziehung zu ihm als abhängige und hilflose Frau erfahren hat, ist sie bis zum bitteren Ende bei ihm geblieben. In ihrer Erinnerung nimmt sie ihm vieles übel:

»Er übernahm keine Verhütung, daher mußte ich dreimal abtreiben. Jedesmal wurde ich wie ein Stein so schwer vor Trauer. Zum Schluß habe ich für ihn sogar die Sterilisation übernommen. Eine schreiende Ungerechtigkeit, denn er wollte keine Kinder.«

Gertrud ist in der Beziehung oft enttäuscht worden. Was hat sie nicht alles für IHN getan in der Hoffnung, dafür geliebt zu werden. Wenn sie ohnmächtig vor Verzweiflung war, machte sie ihrem Mann Szenen, erschöpfte sich im Empfindsamkeitstest. Doch die Beziehung zerfiel im Kampf. Nach zwölf Jahren Ehe kommt es zur Trennung – der Mann beschließt das Ende. Gertrud bricht zusammen. In den darauf folgenden Wochen des Schmerzes und der Einsamkeit bekommt sie – nach all den Jahren – endlich Kontakt zu ihrer Wut.

»Mein Haß auf ihn ist ungeheuer geworden. Schon zehn Tage nach der Trennung wohnt seine Freundin bei ihm, von der er mir immer vormachen wollte, sie würde keine wesentliche Rolle für ihn spielen. Jetzt sitzt sie in unserem Haus am selben Platz, an dem ich sonst saß.«

Gertrud erkennt, wieviel sie sich gefallen ließ, wie sehr sie sich zurückgenommen und angepaßt hat. Als sie realisiert, daß *»ich selbst blöd genug war, das mitzumachen«*, wandelt sich ihr Zustand von Verzweiflung in Zorn. Im Ausdruck ihrer Wut gewinnt sie ihre Kraft allmählich zurück.

»Ich bin bitter, wütend, aber auch lebendiger als je zuvor, voll Angst und Haß und zugleich auch voll Zuversicht für mich.« Die Zuversicht Gertruds besteht in dem Entschluß, sich nie mehr wieder derart aufzugeben. Gertrud hat durch die Tür Wut Zugang zu ihrer Kraft gefunden.

Der Wert von Wut und Aggression wird deutlich, wenn wir uns vorstellen, es wäre uns unmöglich, Wut zu empfinden. Dann könnten wir uns niemals wehren und wären anderen Menschen ausgeliefert. So fühlt sich die Frau in der Beziehung oftmals. Das ist kein Wunder, wenn wir uns vor Augen halten, wie sehr Mädchen im Gegensatz zum Jungen schon in frühester Kindheit von Aggression ferngehalten und zu bravem und liebem Verhalten motiviert werden.

Abgrenzen

Wut kann für die Frau ein Schlüssel zur Selbstbehauptung und Befreiung aus der Klammer der Abhängigkeit sein, wenn sie in eine produktive Richtung gelenkt wird. Wut ist Kraft. Zielgerichtete Kraft ist Handlung. Mit der Kraft ihrer Wut kann die Frau die Gefühle der Hilflosigkeit und Verzweiflung auflösen, den Schritt zum Handeln machen und sich abgrenzen. Handeln ist das Ende des Wartens, das Ende des Bemühens, das Ende der Verzweiflung und der Beginn einer Abgrenzung von alten, unheilvollen Verhaltensweisen.

Handeln kann heißen, den Mann zu lassen, ihn notfalls zu verlassen, sich anders um die eigenen Bedürfnisse zu kümmern, seine Wäsche nicht mehr zu waschen, sein Essen nicht mehr zu kochen, Geld für sich selbst auszugeben, eine eigene Arbeit zu finden. Handeln heißt, die eigenen Bedürfnisse ernst zu nehmen und dafür einzustehen, der eigenen Lust zu folgen und nicht der Lähmung durch die Angst nachzugeben.

Ihre Fähigkeit zu warten und ihre Bereitschaft zur Selbstaufgabe haben es der Frau unmöglich gemacht, den Mann zu lassen und sich von ihm abzugrenzen. Sie konnte das nicht, denn sie glaubte, ER wäre alles, was sie will und braucht. Das Traumbild ER verband sie mit dem Mann wie ein Klebstoff und machte sie abhängig. Abgrenzung ist die Kraft, die diesen Klebstoff lösen kann.

Wenn die Frau aufhört zu warten, beginnt sie zu handeln. Dann setzt sie sich und ihre Bedürfnisse ins Zentrum ihrer Bemühungen. Das bedeutet herauszufinden, was sie wirklich will. Wenn die Frau entdeckt, was sie wirklich will, was sie *ganz genau will,* was das konkrete Bedürfnis ist, das sich hinter dem Sammelbedürfnis ER verbirgt, gewinnt die Frau die Freiheit der Wahl, denn das jeweilige konkrete Bedürfnis kann nicht nur ER erfüllen.

Therapeut: *»Wie wurde es möglich für dich, ihn zu lassen?«*

Marlene: *»Zuerst fiel mir auf, daß ich ihn nie vermißt habe wenn es mir gutging. Aber wenn es mir schlechtging, habe ich mich nach ihm gesehnt. Dann habe ich gemerkt, daß es nicht so sehr um ihn geht, sondern daß ich etwas ganz Bestimmtes brauche. Mal will ich mit jemand zusammensein, mal kuscheln, mal mich unterhalten, mal nicht allein sein.«*

Therapeut: *»Wie hast du realisiert, daß ER nicht dein eigentliches Bedürfnis ist?«*

Marlene: *»Als ich mich auf einen anderen Mann eingelassen habe und von dem auch das bekam, was ich brauchte. Das hat meine Illusion zerstört, nur er könnte es mir geben.«*

Therapeut: *»Wie konntest du dich auf einen anderen Mann einlassen? Was hat dir den Anstoß dafür gegeben?«*

Marlene: *»Als mir klar wurde, daß ich ein Leben lang warten und versauern kann. Ich wollte alles von ihm haben, er sollte meine Bedürfnisse befriedigen, mit mir in Urlaub fahren, mir Blumen schenken, mit mir schlafen. Dann habe ich mich dafür abgestrampelt, es von ihm zu kriegen, habe aber es nie so bekommen, wie ich es mir gewünscht habe. Ich hatte einfach die Nase voll davon, zu verzichten. Jetzt merke ich, daß es viel einfacher ist, es mir da zu holen, wo ich es haben kann.«*

Alle Gefühle für IHN, alle Sehnsucht nach IHM, alles Bemühen um IHN nutzen nichts – die Frau muß die Erfahrung machen, daß es viel mehr Möglichkeiten gibt, ihre Bedürfnisse zu befriedigen, als bei diesem einen Mann. Die Frau kennt diese konkreten Bedürfnisse meist nicht. Wie sollte sie auch, wenn sie sich ein Leben lang um IHN, den Mann, kümmert? Wenn sie ihre Bedürfnisse verleugnet und dem Mann gibt, um zu bekommen? Wenn sie wartet anstatt zu handeln? Wenn sie nicht ihrer Lust folgt?

»Ich bringe es fertig, ihn zu lassen, kann mich aber dann nicht auf eine Lust besinnen. Es kommen nur Traurigkeit und Schmerz. Ich weiß nicht, ob es eine Lust ist, traurig zu sein. Ich bezweifle es« *(Kommentar Gabriele)*.

Der Begriff Lust steht für die natürlichen, ungebremsten Impulse, die wir in konkreten Situationen empfinden. Wenn wir traurig sind, besteht die Lust darin, traurig zu sein und möglicherweise zu weinen. Traurigkeit ist eines der tiefsten Gefühle. Wer nicht trauern kann, wer Schmerz nicht zulassen kann, wird auf Liebe verzichten, denn Lieben bringt Phasen von Schmerz und Traurigkeit mit sich. Traurig sein können ist eine Voraussetzung für Lebendigkeit. Wer Trauer zulassen kann, wird alsbald neue Impulse, eine neue Lust und das erwachende Bedürfnis nach Lebendigkeit und Freude verspüren.

Neue Identität

Wenn sie die Handlungsbarriere durchbricht, eröffnen sich der Frau neue Erfahrungen. Dann ist sie bereit, sich auf all die anderen Erfahrungen und Gelegenheiten einzulassen, die die Welt für sie bereit hält. In dieser Umorientierung relativieren sich die Gefühle der Fixierung auf einen Mann. Dann läßt sie die Vorstellung von dem Mann, der ihr *alles* geben kann, los und sucht Identität in ihrer eigenen Kraft.

In der Orientierung an sich selbst, an ihren eigenen Bedürfnissen, Möglichkeiten, Fähigkeiten und an ihrer Kraft besteht die einzige Möglichkeit der Frau, ihre Identität unabhängig vom Mann in sich selbst zu finden.

Wenn es der Frau gelungen ist, den Mann zu lassen und trotzdem ihre Bedürfnisse zu erfüllen, stellt sich als Ergebnis emotionale Unabhängigkeit ein. Wie die neuen Möglichkeiten der Bedürfnisbefriedigung konkret aussehen, ist nicht vorauszusehen. Der Weg der Lust kann die Frau ins Kino, in eine Reise, ins Unbekannte führen – oder zu einem anderen Mann.

»Bevor eine Frau in die Welt zieht, tauchen 1000 Einwände auf. ›Ich bin müde‹, ›das ist sinnlos – ich lerne doch niemand kennen‹, ›alleine macht es keinen Spaß‹, ›ich kann doch nicht alleine in die Kneipe gehen‹, ‹wie soll ich alleine nach Hause kommen?‹ usw. In der Zeit nach der Trennung von meinem Freund habe ich mühsam gelernt, wieder Dinge alleine zu tun, wie früher als Studentin. Es hat Monate gedauert, bis ich schließlich mal allein ins Kino gegangen bin« *(Kommentar Gudrun)*.

Natürlich ist es schwer, die Konditionierung des Wartens aufzulösen. Und doch gibt es keinen anderen Weg. Wenn die Frau erfährt, daß die Welt voller Möglichkeiten ist, Bedürfnisse zu befriedigen, verändert sich ihre Mangel-wahrnehmung in eine Wahrnehmung der Möglichkeiten und Alternativen. Dann kann sie die quälende Suche nach dem Ideal, nach dem, was mit einem Mann sein könnte, abbrechen und sich auf das einlassen, was ist – und wird vielleicht feststellen, daß es auch eine ganze Menge schöner Dinge gibt, die sie mit ihrem Mann verbinden, und darüber hinaus so viele andere Möglichkeiten …

»Wenn die Frau sich für den Prozeß, zu lernen, ihn zu lassen, nicht ganz viel Zeit nimmt oder Hilfe holt, wird sie sich schnell wieder schlecht fühlen. Ich sollte…müß-te…ihn lassen, das kann dazu führen, daß sie die Lippen aufeinander beißt, und das tun wir Frauen schon mehr als genug« *(Kommentar Asta)*.

Das ist richtig. Es braucht Zeit, manchmal viele Jahre und viel Aufmerksamkeit und Liebe für sich selbst, den Weg der Lust zu gehen. Allerdings trifft dies auch auf den Mann zu – auch er braucht oftmals Hilfe. Wenn wir es von selbst und ohne Hilfe oder Anstoß von außen könnten, hätten wir den Weg der Lust längst erreicht. Dann hätten wir eine Spaltung aufgehoben, die Mann und Frau trennt, und die Fähigkeiten zurückerobert, die wir seit Jahrtausenden dem anderen Geschlecht überlassen haben.

Männliche und weibliche Qualitäten

Auf dem Weg der Lust begegnen Mann und Frau ihrer Angst. Wenn sie trotzdem den Weg zu ihrer Freude weitergehen, entwickeln sie die verkümmerten Fähigkeiten ihres Geschlechts und werden vollständiger.

Den Weg der Lust zu gehen erfordert Mut, denn wir begegnen unseren Ängsten, den Partner zu verlieren, wenn wir uns auf eine neue Weise verhalten.

Es gibt jedoch nur einen sicheren Weg, Liebe zu zerstören und den Partner zu verlieren: Wenn wir ihn in der Ja/Nein-Falle gefangenhalten oder seine Gefühle im Empfindsamkeitstest zerstören. Der Weg der Angst läßt uns keine andere Alternative, als zu kämpfen, egal ob wir stumm und starr oder laut und bewegt kämpfen. Der Weg der Angst diktiert unser Verhalten. Er sagt Mann und Frau, was sie tun *müssen.* Er verbirgt, was sie jenseits dieser Überzeugungen tun *können,* um:

– als Mann Gefühle zu ent-   – als Frau Sicherheit aus
decken und zu integrieren,   sich selbst zu gewinnen.

Alternativen

Der Weg der Angst schließt Lust und Freude aus. Aber der Weg der Lust schließt Angst mit ein. Er ist der größere Weg. Auf dem Weg der Angst müssen wir unsere Lust-Impulse verdrängen. Auf dem Weg der Lust dagegen können wir auch Angst haben, weinen, uns einsam fühlen, wütend sein. Der Weg der Lust, der Weg der Impulse führt von selbst zur Freude, denn er zeigt uns Alternativen und befreit uns aus dem Gefängnis der Enge und des Mangels.

Die Alternative für viele Männer heißt: Nicht aufgeben, nicht sich einbunkern, nicht sich abschotten, sondern der Lust folgen, die eigenen Gefühle entdecken, *das Recht auf diese Gefühle behaupten* und damit das Recht auf die eigene Verletzlichkeit in Anspruch nehmen.

Die Alternative für den Mann bedeutet, das zu tun, was die Frau wie selbstverständlich macht: Gefühle entwickeln, äußern, zeigen und behaupten.

Wenn der Mann sich der Frau emotional präsentiert und zu seinem Herzen steht, kann er den Gefühlen der Frau seine eigenen Gefühle gegenüberstellen. Dann steht er nicht mehr mit leeren Händen vor ihr.

Die Alternative für den Mann heißt, die weiblichen Fähigkeiten in sich zu entwickeln: den Zugang zu Gefühlen und die Behauptung dieser Gefühle im Kontakt mit der Partnerin.

Die Alternative für viele Frauen heißt: Nicht hinter dem Mann herlaufen, ihn nicht bedrängen, sondern sich von ihm abwenden, die *eigene Lust unabhängig vom Mann* entdecken, sich an den eigenen Bedürfnissen orientieren und trotz auftauchender Ängste diesen Weg gehen.

Die Alternative für Frauen heißt, zu tun, was Männer wie selbstverständlich tun: Sich ganz den eigenen Bedürfnissen zuwenden und entsprechend diesen Bedürfnissen handeln.

Wenn die Frau sich um sich selbst kümmert, nimmt sie Abstand vom Mann. Dann hat sie die Möglichkeit, sich in andere Bereiche des Lebens zu begeben und Bestätigung und Zuwendung dort zu finden.

Die Alternative für die Frau heißt, die männlichen Fähigkeiten in sich zu entwickeln: den Zugang zur handelnden Kraft, zur Tat.

In der Alternative Lust/Freude entwickeln Mann und Frau die verkümmerten Seiten ihres Selbst.

Der Mann findet Zugang zu seiner weichen, weiblichen Seite, quasi zur Frau in sich. Er entwickelt die Überzeugung: Ich darf fühlen!

Die Frau entwickelt ihre starke, unabhängige Seite, quasi den Mann in sich. Sie entwickelt die Überzeugung: Ich komme alleine durch!

Innerer Mann – Innere Frau

Diese Seiten unseres Selbst haben seit den Tagen unserer Kindheit auf Befreiung gewartet. Seit der Zeit, da wir lernten, uns als Junge und Mädchen entsprechend unserem Geschlecht auf eine von Erwachsenen vorgelebte Weise zu verhalten, sind wir innerlich halb. Seit dieser Zeit haben wir versucht, die fehlende Hälfte durch den Partner zu ersetzen. Wir haben sie so sehr vermißt, daß wir darum zu kämpfen bereit waren. Doch anstatt um das zu kämpfen, was uns fehlt, kann der Mann jenen Teil unseres Selbst, den er seinem Mann-Sein geopfert hat und die Frau jenen Teil ihres Selbst, den sie ihrem Frau-Sein geopfert hat, in sich selbst entwickeln. Mit der Entwicklung der Qualitäten des anderen Geschlechts in uns heilen wir zugleich die Wunden des Geschlechterkampfes, denn

– wenn er in der Lage ist, seine Gefühle denen der Frau gegenüberzustellen, schützt der Mann sein Herz auf intelligente Weise. Er sperrt es nicht ein und läßt es verkümmern, sondern läßt die Möglichkeit zu lieben offen.

– wenn sie in der Lage ist, sich zum Zentrum ihres Lebens zu machen, schützt die Frau ihren Bauch, ihre Mitte, auf intelligente Weise. Sie macht sich nicht von einem anderen Menschen abhängig und bewahrt so ihre Kraft.

Wir können die Tür des Gefängnisses, in dem unsere weichen und starken Seiten eingesperrt sind, aufschließen. Diese Tür heißt Angst. Der Schlüssel, der sie öffnet, ist der Schlüssel der Lust oder – ein besseres Wort – der Freude, *»ich selbst zu sein«*.

Die Erfahrung meiner Partnerschaftsarbeit und auch meine persönliche Erfahrung haben mich gelehrt: Wenn wir konsequent den Weg der Lust gehen, werden wir mit Sicherheit Freude finden. Wir hören zu kämpfen auf und schaffen so Raum für Liebe. Wir treiben den Partner nicht von uns fort, sondern geben ihm Raum, mit uns zu sein und sich in unserer Nähe zu entfalten. Wir kreieren eine Partnerschaft, in der Liebe ohne Verzicht und Erdulden, ohne Leid und Zwang möglich wird.

Thesen der letzten Abschnitte:

– Der Weg der Lust offenbart sich in der Vorstellung, den Liebespartner nicht (so sehr) zu brauchen, daß wir uns für ihn oder seine Liebe aufgeben.
– Den Weg der Lust zu gehen verlangt:
● vom Mann den Mut, für die Frau deutlich zu sein.
● von der Frau den Mut, den Mann zu lassen.
– Der Weg der Lust führt:
● den Mann über die Entdeckung und Äußerung seiner Gefühle zur emotionalen Konfrontation mit der Frau.
● die Frau weg vom Mann, zur Entdeckung ihrer Kraft, zur Orientierung an ihren Bedürfnissen, zu emotionaler Unabhängigkeit.
– Wenn sie konsequent ihrer Lust folgen, entwickelt:
● der Mann seine weiblichen Seiten und Qualitäten.
● die Frau ihre männlichen Seiten und Qualitäten.

7

Liebe oder lieben?

Alleinsein

Niemand hat Probleme mit Liebe. Wir haben Probleme mit Nicht-Liebe. Unsere Angst vor dem Verlust der Liebe läßt die Probleme mit Liebe und Partnerschaft entstehen. Denn sobald wir lieben, können wir nicht mehr allein sein.

Für sie deutlich sein und *ihn lassen* sind Fähigkeiten, die den Mut und die Bereitschaft verlangen, allein zu sein. Den Weg der Lust, den Weg der eigenen Bedürfnisse, den Weg der kleinen Trennungen zu gehen erfordert Courage.

Wenn der Mann seine Bedürfnisse für die Frau deutlich vertritt, nimmt er das Risiko des Alleinseins auf sich.

Wenn die Frau es wagt, den Mann zu lassen, nimmt sie das Risiko des Alleinseins auf sich.

Doch wir, die wir in Beziehungen leben, wollen Alleinsein vermeiden, denn es tut weh. Wer einmal verlassen wurde, kennt die Schmerzen der Einsamkeit – und wir sind in unserem Leben viele Male verlassen worden. Viele Abschiede haben uns Schmerzen bereitet. Wir haben Abschied genommen von der schützenden Hülle der Gebärmutter. Wir haben Abschied genommen von unserer Kindheit, von unseren Eltern, von Menschen, die starben, von Freunden, die uns verließen, von Partnern, die sich von uns trennten. Oft haben wir nur mangelhaft gelernt, mit den Gefühlen und Ängsten des Abschieds umzugehen, und haben die mit Trennung verbundenen Schmerzen verdrängt. Die Angst vor Trennung beherrscht uns wohl auch deshalb so sehr, weil sie wie kein anderes Thema unseres Lebens mit den Ereignissen der Kindheit verbunden ist[1].

»Ich hasse es zu warten. Wenn mein Freund mich warten läßt, denke ich sofort, er kann mich nicht lieben, und fühle mich einsam« *(Kommentar Inge)*.

»Wenn meine Mutter mich morgens in den Kindergarten gebracht hat, habe ich mich total verlassen gefühlt. Es war wie Verrat« *(Kommentar Günther)*.

»Meine Mutter war immer sehr überlastet. Einmal zog sie ihren Mantel an und sagte, sie ginge und käme nie wieder. Ich war etwa sechs Jahre alt. Ich glaube, sie kam nachts zurück. Von der Zeit dazwischen weiß ich nichts mehr. Ich kann dem Vorfall bis heute keine Gefühle zuordnen« *(Kommentar Rolf)*.

Angst vor Einsamkeit scheint unsere größte Angst zu sein, ähnlich der Angst vor dem Tode. Wenn wir uns so verhalten, als ob wir den Partner nicht so sehr brauchten, werden wir oft vorübergehende, kleine Trennungen in Kauf nehmen müssen und den schmerzhaften Gefühlen der Angst und Einsamkeit begegnen.

Aber dies sind *unsere* Gefühle, *unsere* Ängste, *unsere* schmerzlichen Erinnerungen an die Vergangenheit. Der Partner hat sie zwar ausgelöst, aber nicht verursacht. Er ist nicht schuld daran, daß wir uns so fühlen, daß wir so große Angst vor dem Verlassen-Werden haben. Wir selbst haben diese Ängste im Laufe unseres Lebens aufgebaut. Jetzt erwarten wir vom Partner ein Verhalten, das uns die Konfrontation mit diesen Ängsten erspart.

[1] Die Themen Einsamkeit, Angst vor Verlassensein und ihre therapeutischen Zusammenhänge mit unserer Kindheit werden in einem anderen Buch des Autors ausführlich besprochen : Mary, wirklich lieben, Nordholt-Verlag, 1988.

Selbstverständlich *müssen* wir unseren Ängsten nicht gegenübertreten. Wenn wir den Gefühlen der Angst vor dem Alleinsein nicht begegnen wollen, können wir weitermachen wie bisher – den anderen verändern wollen und gegeneinander kämpfen.

Wenn wir jedoch unserer Lust folgen, können wir nicht vermeiden, uns mit Gefühlen und Ängsten auseinanderzusetzen. Wie und in welcher Form wir das tun, bleibt unserem Geschick und unseren Fähigkeiten überlassen. Wir haben nur mangelhaft gelernt, mit unseren Gefühlen umzugehen. Meist tun wir es auf die gleiche unzureichende Weise, die uns unsere Eltern vorlebten.

Wenn wir die Beziehungsdynamik unter dem Aspekt des Alleinseins betrachten, erscheint vieles paradox.

– Wir haben nicht gelernt, allein zu sein, und wollen es deshalb nicht.

– Also klammern wir aneinander, vermeiden Distanz und zerstören so unsere Nähe.

– Dann landen wir da, wo wir nie sein wollten: im Alleinsein.

So setzt sich immanente Weisheit durch, und der Prozeß des Alleinsein-Lernens steuert sich auch ohne unsere bewußte Absicht.

Unser Beziehungsbild

Immer wieder, wenn es um Alleinsein geht, höre ich in der Beratung die Meinung: *»Aber ich habe keine Schwierigkeiten mit dem Alleinsein. Ich kann wunderbar alleine sein, schließlich habe ich jahrelang alleine gelebt.«* Ich muß diesen Menschen recht geben. Sie können alleinsein – aber nur solange sie alleine sind. Sobald wir eine Partnerschaft beginnen, geben wir unser Alleinsein auf. Dann sind wir nicht mehr allein, dann sind wir zusammen.

Die Idee vom Zusammen-Sein bildet die Idealvorstellung unserer Partnerschaften. In der Beratung bitte ich Klienten

214

manchmal, ein Beziehungsbild zu malen. Wie stellen sich Mann und Frau dieses Zusammensein vor?

Im Bild des Mannes tauchen zwei Kreise auf, die sich berühren, jedoch nicht durchdringen. Der Mann legt Wert auf Abstand.

Im Bild der Frau tauchen deckungsgleiche Kreise auf. Die beiden Einzelkreise haben sich ineinander aufgelöst. Die Frau legt Wert auf Verbindung.

Zusammensein bedeutet für jeden etwas anderes. Wenn diese Vorstellungen aufeinandertreffen, sind Probleme vorprogrammiert.

Der Mann fürchtet die Vereinigung der Kreise. Er will Eigenständigkeit bewahren.

Die Frau fürchtet Getrenntheit, sie möchte ein Verschmelzen der Kreise erreichen.

Der Realität unserer Partnerschaften entsprechen diese Idealvorstellungen jedoch selten. Selten gelingt es dem Mann, Eigenständigkeit zu bewahren, und selten gelingt es der Frau, Vereinigung herbeizuführen. Weder Nähe noch Abstand werden erreicht. Die Realität unserer Beziehungen ist eine Vermischung beider Bilder. Das Ergebnis dieses Kompromisses entspricht weder den Vorstellungen des Mannes noch denen der Frau, es macht beide unzufrieden.

Hermann: »*Ich trage sie immer mit mir. Was ich auch tue, sie hängt immer in mir drin. Ich werde sie nicht los. Selbst wenn ich mache, was mir Spaß macht, selbst wenn ich alleine bin, ich habe immer ein schlechtes Gewissen.*«

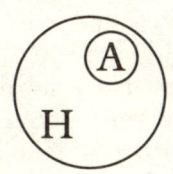

Hermann ist ein Mann, der fühlt, was er will, und es auch macht. Aber er hat Probleme, denn er kann nicht genießen, was er tut. Sein Problem ist es, daß er die Frau mit sich trägt, auch wenn er allein ist.

»Urlaub ist immer ein Streitpunkt. Meist geht es darum, wohin wir fahren. Ich surfe gern und will an die Küste, sie will in die Berge. Allein will sie aber nicht dorthin, also fährt sie mit mir zum Meer. Da hängt sie dann mehr oder weniger rum und ist unzufrieden und erwartet von mir, daß ich mich um sie kümmere. Das kann mir das Surfen richtig madig machen, weil ich immer das Gefühl habe, ich hätte mit ihr in die Berge fahren müssen. Ich fühle mich ihr gegenüber schuldig.«

Hermann trägt Anne immer mit sich, kann nicht frei von ihr sein und deshalb sein Surfen nicht ungetrübt genießen. Nicht anders ergeht es seiner Frau – auch sie trägt den Partner mit sich und kommt nicht von ihm los, was ihr den Urlaub und die Zeit ohne ihn verdirbt:

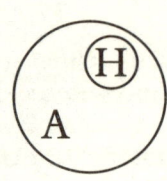

Anne: *»Ich versuche, nicht an ihn zu denken, aber es gelingt mir nicht. Was macht er jetzt? Ist er jetzt mit einer anderen unterwegs? Wie lange dauert das noch? So geht das ununterbrochen. Ich langweile mich und fühle mich überflüssig.«*

Seit die beiden zusammen sind, ist ihr Alleinsein nicht mehr unbeschwert. Bevor sie die Partnerschaft begannen, erlebten sie sich als getrennte, unabhängige Menschen, aber seit sie ein Paar sind, erleben sie sich als dauernd verbunden und abhängig.

So geht es uns – sobald wir eine Beziehung beginnen, nehmen wir den anderen in uns auf. Dann ist er immer bei uns. Äußerlich mag es so aussehen, als seien wir allein, aber innerlich sind wir es nicht mehr. Das ist unproblematisch, solange alles gut läuft. Problematisch wird diese Art der Verbindung jedoch immer dann, wenn wir versuchen, unserer Lust unabhängig vom Partner zu folgen, wenn wir also die kleine Trennung praktizieren wollen.

Wir versuchen, immer gemeinsam zu sein. Als Ergebnis dieses Versuchs sind wir selten vereint, aber oft verzweifelt und zwischen unseren eigenen und den Bedürfnissen des Partners hin und her gerissen. Weil wir nie mehr allein sind, fühlen wir uns ständig bedroht – von Enge oder Mangel, von Unfreiheit oder Unsicherheit. Weil wir ständig bedroht sind, kämpfen wir gegen diese Bedrohung an.

Diese Unfreiheit und diese Unsicherheit, die dadurch entsteht, daß wir den Partner in uns tragen, sind nicht vom Partner verursacht, nicht von IHREM Drängen, nicht von SEINEM Rückzug.

Es ist die innere Unfreiheit des Mannes und die innere Unsicherheit der Frau, die wir mit in die Beziehung brachten, die uns die Freude am Alleinsein verderben. Es ist unsere Vorstellung vom Zusammengehören, die uns hemmt, die kleine Trennung zu wagen. Es ist das Gefängnis unserer eigenen Vorstellungen, in dem wir gefangen sind.

Alleinsein im Zusammensein

Es scheint im Kontext unserer Beziehungen buchstäblich keinen Platz für die Vorstellung »*Alleinsein im Zusammensein*« zu geben. Alleinsein? Wozu sind wir dann zusammen? Wozu haben wir dann eine Beziehung? Dann brauche ich doch keinen Partner! Wenn jeder nur noch macht, wozu er Lust hat, wozu dann eine Beziehung? Ist das überhaupt noch eine richtige Beziehung, wenn ich meine Lust an erste Stelle setze? Bin ich dann nicht zu egoistisch?

Entweder sind wir zusammen oder allein. Dazwischen scheint es in unserer Vorstellung – und entsprechend in unserer Erfahrung – keine andere Möglichkeit zu geben. Frieder und Hilde sind seit 26 Jahren zusammen. Er möchte ein eigenes Zimmer. Sie möchte das auf keinen Fall:

»Wenn er das macht, trenne ich mich augenblicklich von ihm. Die Vorstellung, er liegt in seinem Zimmer und ich in meinem daneben, halte ich nicht aus. Dann mache ich lieber Schluß.«

Die Drohung scheint absurd, denn wenn sie Frieder verläßt, ist Hilde auch allein – und zwar ganz und gar. Sie möchte auch keinen anderen Mann, denn sie hat langsam die Nase voll von Männern.

Hilde wehrt sich mit allen Mitteln dagegen, innerhalb ihrer Beziehung allein zu sein. Zu schmerzhaft wäre diese Erfahrung für sie. Doch auch wenn sie sich von ihrem Mann ganz trennt, wird sie eines realisieren: Wir sind allein. Wir sind alleine auf diese Welt gekommen, und wir werden alleine aus dieser Welt gehen. Wir können uns auf Menschen beziehen, wir können zusammen*sein*. Aber wir *gehören* nicht zusammen.

Diese Erfahrung machen viele Menschen am Ende ihres Lebens. Sie waren mit drei, mit vier, mit fünf Partnern zusammen. Sie haben drei-, vier-, fünfmal die große Trennung gewählt und eines dadurch gelernt: daß Beziehung möglich ist, aber nicht ewig sein muß, daß Zusammenkommen und Auseinandergehen Polaritäten ein und desselben Vorgangs sind. Daß sich für den anderen öffnen und für sich selbst sein untrennbare Pole des Liebens sind.

Haben wir keine positive Vorstellung vom Alleinsein in Beziehungen, dann bewegen wir uns auch nicht in diese Richtung, dann gewinnen wir auch keine positive Erfahrung damit. Statt dessen bekämpfen wir uns im sinnlosen Versuch, zusammenzusein und ein richtiges Paar zu werden.

Wenn wir zu neuen Formen der Liebe finden wollen, brauchen wir eine Erweiterung unserer Vorstellungen von Beziehung und Partnerschaft. Wir brauchen eine Vorstellung vom Zusammensein, das um die Möglichkeit des Alleinseins erweitert ist.

Der Mann muß begreifen, daß Lieben ein Prozeß des Näherns und Entfernens ist, ein Vorgang, in dem wir uns vereinen und wieder trennen. Er muß begreifen, daß er nicht dauernd lieben kann, und jeden Anspruch auf andauernde Liebe offen ablehnen.

Die Frau muß begreifen, daß sie nicht auf IHN warten oder sich um IHN bemühen soll. Daß sie ihre Bedürfnisse auch auf andere Weise und besser befriedigen kann und daß zu ihrem Glück mehr gehört als ein Mann. Eine eigene Arbeit, Kreativität…

Solange wir die Lektion Alleinsein nicht gelernt haben und uns deshalb nicht trauen, unserer inneren Wahrheit, unserer Lust, zu folgen, werden wir uns wie gehabt verhalten:

Der Mann wird niemanden auf sein Grundstück lassen, von dem er weiß, daß er ihn nicht mehr vertreiben kann. Er läßt niemanden in sein Herz, von dem er weiß, daß er sich dort ausbreiten und ihn ausbeuten wird.

Die Frau wird niemanden aus ihrem Haus lassen, wenn sie davon überzeugt ist, ohne ihn nur halb zu sein. Sie schickt niemanden aus ihrem Leben fort, der sie ganz macht, der ihr die Sicherheit einer weiblichen Identität gibt.

Solange wir innerlich unfrei oder unsicher sind, werden wir mit der ganzen Kraft unserer Gefühle, mit der Kraft unserer Selbsterhaltung darum kämpfen, die Schranken unserer Grenzen geschlossen zu halten, die Frau draußen zu halten, den Mann drinnen festzuhalten, und dieses Spiel auch noch mit Liebe verwechseln.

Grenzkonflikte

Ich sehe für die Zukunft der Partnerschaft die Alternative, unsere Liebe auf die Basis emotionaler Unabhängigkeit zu stellen. Wir müssen neben der Fähigkeit, uns füreinander zu öffnen, auch die Fähigkeit entwickeln, uns in der Partnerschaft voneinander abzugrenzen, sonst wird Liebe unmöglich.

Nur wenn der Mann weiß, daß er die Kraft hat, die Frau auch wieder wegzuschicken, wird er sie zu sich einladen, wird er sich auf das Wagnis zu lieben einlassen.	Nur wenn die Frau weiß, daß sie die Kraft hat, auch aus sich selbst sicher zu sein, wird sie den Mann gehen lassen, wird sie sich auf das Wagnis zu lieben einlassen.

Emotionale Stärke ist eine Fähigkeit, die der Mann üben muß, ebenso wie die Frau die Fähigkeit emotionaler Unabhängigkeit. Diese Fähigkeiten gilt es zu trainieren. Und wo könnten wir dies besser tun als in den Auseinandersetzungen der Partnerschaft, also an den Grenzen unseres Kontakts, wo wir über Öffnen und Schließen unseres Herzens entscheiden?

Katrin und Bernd befinden sich in solchen Grenzkonflikten. Beide haben eine Reihe von gescheiterten Beziehungen hinter sich und sind gewillt, es diesmal anders zu machen. Dadurch gestaltet sich die Partnerschaft auf ungewohnte Weise.

Katrin: »*Ich habe mir geschworen, diesmal mit allem rauszurükken, was mir wichtig ist. Das betrifft vor allem meine Bedürfnisse. Wenn ich seine Aufmerksamkeit haben will, es auch zu fordern und nicht zu vorsichtig zu sein, nicht die Art von Rücksicht auf ihn zu nehmen, die ich früher auf Männer genommen habe. Ich will nichts mehr zurückhalten, nur weil ich denke, ihn zu überfordern, und dann als frustriertes Weibchen rumsitzen und warten, bis der Herr sich bequemt, sich mir zuzuwenden.*«

Bernd: »*Katrin ist mit ihrer Direktheit und Spontaneität eine echte Herausforderung für mich. Wenn ich da nicht ehrlich bin, komme ich in Teufels Küche. Das fällt mir gar nicht so leicht, weil sie wirklich geht, wenn es gerade zwischen uns nicht stimmt. Wenn ich also sage: ›Nein, ich will jetzt nicht mit dir schmusen, ich will jetzt lesen oder am Computer sitzen‹ dann kann es passieren, daß sie aufsteht und geht. Das muß ich dann in Kauf nehmen.*«

Katrin: »*Vor kurzem habe ich ihn in seinem Wochenendhaus besucht. Ich hatte mich auf das Wochenende gefreut. Es war auch sehr schön, aber er hat sich zwischendurch immer wieder entzogen, hat Kaminholz gesägt, am Haus rumgefummelt. Dann bin ich mir wie abgestellt vorgekommen und war stinksauer auf ihn.*«

Bernd: »*Da kommt sie auf mich zu und macht mir Vorwürfe, ich wurde sie links liegenlassen, dafür wäre sie nicht gekommen; wenn ich weiter Feuerholz machen wollte, würde sie gehen. Ich war platt. Sie hatte ja recht, ich habe zwischendurch immer wieder Abstand gebraucht, aber gerade deshalb, weil es so intensiv mit ihr ist und mir ziemlich unter die Haut geht. Ich muß dann wieder zu mir finden, muß zwischendurch alleine sein, sonst gehe ich verloren und weiß nicht mehr, was ich will. Das habe ich ihr erklärt und es ihr dann überlassen, ob sie geht oder bleibt.*«

Katrin: »*Das Wichtigste für mich war, die Luft rauszulassen und zu sagen, was mich so wütend macht. Seine Seite verstehe ich ja auch. Aber ich fühle mich viel stärker, wenn ich meine Interessen vertrete. Er muß mir deshalb nichts geben, und ich kann ja jederzeit gehen.*«

Bernd: »*Das ist ein tolles Gefühl, wenn ich meine Gefühle darstellen kann und mich nicht von ihr unter Druck setzen lasse. Die Auseinandersetzungen sind anstrengend, aber es lohnt sich. Ich fühle mich in dieser Beziehung viel freier, viel leichter und ehrlicher.*«

Katrin und Bernd führen den Grenzstreit – mit Respekt und Liebe für den Partner, aber ohne Kompromisse, ohne die eigene Wahrheit zu verleugnen. Da jeder sich selbst treu bleibt, obwohl sie zusammen sind, können sie einander nie endgültig sicher sein. Diese Unwägbarkeit macht ihre Beziehung lebendig und wertvoll, auch wenn immer wieder der unerwünschte Begleiter Angst auftaucht. Da sie beide das Risiko eingehen, sich im Kleinen vom Partner zu trennen, und sogar das Risiko in Kauf nehmen, ihn zu verlieren, bleiben sie auf lebendige Weise interessant füreinander.

Grenzziehung ist in kleinen und großen Dingen wichtig. Grenzziehung ist der Schlüssel, der die Tür zu unserem Inneren öffnet oder verschließt. Wenn wir die Auseinandersetzungen an unseren Grenzen ehrlich führen, werden

wir es wagen zu lieben. Die Kunst des Liebens beruht
wesentlich auf der Fähigkeit, je nach Bedürfnis zusammenzusein und allein zu sein, und das gerade und ausdrücklich
innerhalb einer Partnerschaft.

Im Prozeß der Grenzziehung entwerfen Mann und Frau
neue Regeln ihrer Partnerschaft.

– *»Das lasse ich mir nicht gefallen!«*
– *»Wie oft sehen wir uns?«*
– *»Ich bin sauer, ich will allein sein!«*
– *»Ich will deine Hand jetzt nicht halten!«*
– *»Hausarbeit taugt nichts will ich nicht mehr hören!«*
– *und und und...*

Kommunikation

Wenn der Mann anfängt, für die Frau deutlich zu sein, und
die Frau anfängt, den Mann zu lassen, ist der Anfang zu
einer neuen Verständigung, der Anfang zu einer neuen
Kommunikation gemacht.

Um es in aller Klarheit zu sagen: *Nur wenn Mann und Frau
sich so verhalten, ist eine neue Kommunikation im Sinne von Verständigung möglich.* Wenn sie weitermachen wie bisher, wird
weiterhin nur Mißverständnis und Kampf geschehen.

Erst wenn der Mann sich emotional behauptet, und zwar in den kleinen und großen Dingen seiner Beziehung, wird die Frau ihn emotional respektieren. Erst dann wird sie ihn verstehen. Erst dann wird sie ihn in seiner Andersartigkeit anerkennen.

Erst wenn die Frau ihre Bedürfnisse behauptet und – wenn sie in der Beziehung nicht erfüllt werden – den Mann läßt oder verläßt, wird er auf sie zukommen und das Gespräch mit ihr suchen. Erst dann wird er verstehen, worum es ihr geht.

222

Verständigung wird entstehen, wenn wir das Ungewöhnliche, das Unvorstellbare tun. Dann wird der Partner überrascht und verunsichert – und damit aus der Sicherheit seines gewohnten Kampfverhaltens geworfen. Schließlich, wenn durch Grenzziehung eine neue Kommunikation und auch Abstand, Respekt und Vertrauen gewachsen sind, beginnen auch wieder Grenzöffnungen. Dann entsteht ein Wechsel von öffnen und schließen – der Prozeß des Liebens.

Wechsel von Nähe und Distanz

Im *Prozeß des Liebens* können wir – im Gegensatz zur verdinglichten Vorstellung von DER LIEBE – unser Zusammensein genießen, solange wir zusammen sind, und unser Alleinsein annehmen, wenn einer der Partner für sich sein will. Damit wird Vertrauen zu uns selbst, zur eigenen Wahrheit, die wir durch die Botschaften unserer Lust erfahren, zur individuellen Grundlage der Beziehung. Vertrauen in die eigene Fähigkeit,

– als Mann zu lieben und die innere Freiheit zu bewahren.

– als Frau zu lieben und Sicherheit aus sich zu finden.

Vertrauen befreit uns, Angst sperrt uns ein. Im Wort Vertrauen ist trauen enthalten. Wenn wir uns trauen, uns und unseren Fähigkeiten, können wir uns auf den Wechsel von Nähe und Distanz einlassen.

Sich selbst zu vertrauen, heißt für den Mann, das Bedürfnis nach Nähe zur Frau mit dem Bedürfnis nach Abstand zur Frau innerhalb seines Denkens und Fühlens zu vereinbaren.

Sich selbst zu vertrauen heißt für die Frau, das Bedürfnis nach Nähe zum Mann und das Bedürfnis nach emotionaler Unabhängigkeit vom Mann in ihrem Denken und Fühlen zusammenzubringen.

Indem wir unserer Lust folgen, können wir dies Vertrauen in uns selbst stärken. Indem wir uns so verhalten, als ob wir den anderen nicht (so sehr) brauchten. Indem wir uns auf die kleinen Trennungen einlassen und die kleinen Abschiede üben. Indem wir uns auf die Auseinandersetzungen an den Grenzen der Begegnung einlassen. Indem wir Grenzen ziehen, Grenzen öffnen, Ja und Nein sagen, uns lieben und uns lassen.

Der Wechsel von Abstand und Nähe, der Wechsel von Nahsein und Fernsein ist sicherlich das Geheimnis erfolgreicher Beziehungen. Meiner Meinung nach stellt die emotionale Akzeptanz dieses Wechsels die größte Herausforderung unserer Partnerschaften dar, denn er markiert den Übergang von der abhängigen Liebe der Kindheit zur unabhängigen Liebe des Erwachsenenlebens. Den Übergang von Liebe zu Lieben.

In der Vorstellung, den anderen nicht (so sehr) zu brauchen und der sich daraus ergebenden kleinen Trennung finden wir einen Wegweiser auf dem Weg zu neuen Vorstellungen von lieben. In der Vorstellung, den Partner nicht (so sehr) zu brauchen, ist der andere wichtig, aber nicht bestimmend. Wir leben mit ihm, wir lieben ihn, und wir geben uns nicht für ihn auf. Wir fühlen mit ihm und wir bleiben wir selbst. Wir sind zusammen und wir sind allein. Wir kommen uns nahe und gehen auseinander. Wir lieben uns und wir lassen uns. Wir gestatten uns Nähe und Distanz.

Ich bin ich	◯
Du bist du	◯
Begegnung	◯◯
Vereinigung	◯
Trennung	◯ ◯

224

Selbstverwirklichung

Der Weg der Lust ist der Weg zur Freude, ich selbst zu sein. Dies kann nicht anders sein, denn unsere Lust ist der Ausdruck innerer Impulse, der Ausdruck innerer Wahrheit. Wer seiner Lust folgt, wird immer gewinnen. Er gewinnt die Erfahrung, ich selbst zu sein. Wer seiner Lust folgt, wird im Extremfall vielleicht diesen Partner verlieren (mit dem es doch nicht klappte), aber er wird Liebe mit einem anderen, besseren Partner finden, denn auch der Wunsch zu lieben ist ein Teil der Lust, der wir folgen.

Der Weg der Freude vereint die Fähigkeiten, zu lieben und wir selbst zu bleiben. Wir selbst wissen am besten, was wir brauchen und was uns in diesem Abschnitt unseres Lebens glücklich macht. Dieses Wissen steht uns zwar nicht jederzeit bewußt zur Verfügung, teilt sich aber beständig durch Impulse, Körperempfindungen, Gefühle und Gedanken mit. Wenn wir diesen Botschaften unserer Lust innerhalb unserer Beziehungen Aufmerksamkeit schenken, können wir lieben und doch wir selbst bleiben.

Ich habe mit alten Paaren gesprochen, Partnern, die ein Leben lang den Weg gemeinsam gingen und sich bis ins hohe Alter liebten. Ich habe sie gefragt, was sie so lange zusammenbleiben ließ. Sie waren sich in einem Punkt einig: *Weil ich so sein und bleiben konnte, wie ich bin. Mehr noch – weil der andere mir geholfen hat, ich selbst zu werden.*

Vielleicht ist das die beste Definition von Liebe: einen Menschen auf dem Weg zu begleiten, sich selbst zu finden und sich zu verwirklichen.

Thesen dieses Abschnitts:

– Wenn wir Alleinsein im Zusammensein annehmen, wenn wir die kleine Trennung annehmen, bekommen wir den Mut, in der Partnerschaft zu uns zu stehen.
– Wir lassen uns auf Grenzauseinandersetzungen ein, in deren Verlauf wir die Partnerschaft neu ordnen.

– So verändern sich unsere Vorstellungen von Liebe und unser Bild von der Beziehung.

– Aus dem Ding »*Liebe*« wird ein lebendiger Prozeß des Liebens, in dem der Wechsel von Zusammen-Sein und Getrennt-Sein möglich ist.

Befreite Sexualität

Sexualität im Kontext von Unabhängigkeit ist befreite Sexualität. Befreit von den Zwängen und Ängsten der Enge und des Mangels.

Das Thema Sexualität erfordert eigentlich ein Buch für sich. Trotzdem möchte ich einige Anregungen zu diesem Thema geben. In Kapitel drei habe ich beschrieben, wie Emotionen aus dem Kampf um Liebe die sexuelle Empfindungsfähigkeit der Partner belasten und nach und nach überlagern, was den Rückzug des Mannes und das Bemühen der Frau nach sich zieht.

Die Realität im Bett:
Männlich orientierte Sexualität

Um den Zwiespalt zwischen dem eigenen Wunsch nach körperlicher Befriedigung und der eigenen Angst vor Enge oder Mangel zu überbrücken, schließen Mann und Frau Kompromisse zwischen ihren Bedürfnissen und Ängsten.

Aus dem liebevollen Mann wird der schnelle Mann. Er macht *»es«* nicht gut, aber oft – und braucht es bald darauf wieder.

Aus der erfüllten Frau wird die erduldende Frau, die gelangweilte Frau, die frustrierte Frau, die bemühte Frau.

Diese Form der Sexualität kann nicht *befriedigend* sein. Sie kann den Partnern keinen *Frieden* bringen.

Indem der Mann sich zwingt, mit der Frau zu schlafen (Pflicht), oder sich

Indem die Frau sich auf die Bedürfnisse des Mannes einstellt und versucht, ihn zu von seiner sexuellen Gier dazu gezwungen fühlt (Druck), zugleich aber emotionale Nähe meidet, bleibt er zwangsläufig emotional unbefriedigt.

animieren und sein Begehren zu wecken, entwertet sie ihre eigentlichen Bedürfnisse und bleibt zwangsläufig unbefriedigt.

Langsam aber sicher wird der Sex der Partner zu einer Routine, die an den vermeintlichen Bedürfnissen des Mannes orientiert ist. Die Akte werden kürzer und passen sich der Erregungskurve des schnellen Mannes an. Die Frau gibt sich nicht mehr hin, sie gibt sich her. Im männlich orientierten Sex läuft die Frau Gefahr, sich dem Mann zur Verfügung zu stellen.

Ingrid: *»Ich glaube, daß ich mich schwanzfixierter verhalte, als es meinem Gefühl entspricht. Daß ich auf seine Art Sex einsteige und mir seine Befriedigung wichtiger wird als meine.«*

Inga: *»Es war immer wichtiger, daß er zufrieden ist. Irgendwie ist sein Orgasmus zum Maßstab geworden.«*

In *seiner* Befriedigung sucht die Frau die Bestätigung, eine attraktive, liebenswerte, begehrenswerte, eine gute Frau zu sein. Doch die Befriedigung des Mannes verdient es nur scheinbar, als solche bezeichnet zu werden. Die Frau glaubt zwar, den männlichen Orgasmus herbeizuführen und den Mann zu befriedigen. Aber wir sollten die emotionsarme Entladung des Mannes als das bezeichnen, was sie zumeist ist: als einfachen (Samen-)Erguß. Allein die Tatsache, daß ein Erguß nach 10 oder 15 Minuten geschieht, macht ihn noch nicht zum Orgasmus.

»Der Orgasmus des Mannes ist ein tiefes und wunderbares Erlebnis: Aus ihm folgen oft ernsthafte Erwägungen, was als nächstes zu tun ist.«[1]

[1] Zitat aus: Jolliffe/Mayle,
Sein bester Freund: Ich war ein Lustobjekt, München 1988

Männliche Hingabe:
Die unerfüllten sexuellen Bedürfnisse des Mannes

Weil seine Sexualität von Leistung bestimmt ist weil sie männlich orientiert ist, bleibt der Mann zwangsläufig unbefriedigt. Von den beiden Möglichkeiten sexuellen Verhaltens, der Aktivität und der Rezeptivität, steht dem Mann nur eine zur Verfügung: die Lust, sexuell aktiv zu sein. Er kann tun und machen. Leider ist der Mann nicht bloß aktiv, er ist überaktiv. Er arbeitet dabei. So sehr, daß er nicht wirklich genießen kann.

Zwei Dinge machen es dem Mann schwer, sich auf eine sinnlich-symbiotische Verbindung mit der Frau einzulassen: sein Selbstverständnis und seine Angst vor Nähe. Er will Mann sein, stark sein, will die Kontrolle über die Verbindung erhalten und fürchtet, in der Symbiose unterzugehen. Doch gerade weil er selten losläßt und sich in die Welt der Symbiose eintauchen läßt, wird er Opfer seines Dranges nach Verbindung. Er wird der schnelle Mann. Im Bett drängt der Mann, weil er Symbiose sucht und fürchtet. Aber meist verpaßt er die Chance zu Hingabe und wirklicher Intimität.

Während ich diese Zeilen schreibe, frage ich mich, wie viele Männer nachvollziehen können, unter welchem Leistungsstreß sie im Bett stehen. Das zu fühlen fällt uns Männern besonders schwer, weil unser Kontakt nach innen nicht gut funktioniert und unsere eigene sexuelle Gier uns unsensibel macht. Manchmal muß ein Mann schon viele Jahre im Bett »geackert« haben, bis ihm die Schuppen von der Seele fallen.

Hans: »Früher habe ich so unter Druck gestanden, daß ich nicht ohne Erektion neben einer Frau liegen konnte. Als sich das legte, versuchte ich, meiner Freundin wenigstens zwei Orgasmen zu machen, wenn wir zusammen waren. Dann schliefen wir irgendwann zusammen, und sie flüsterte mir ins Ohr: ›Ja-komm-komm.‹ Es sollte mich anfeuern, mich animieren, zum Orgasmus zu kommen. In dem Augenblick habe ich gemerkt, daß sie in Wirklichkeit meint: ›Nun *bring es hinter dich – bring es zu Ende.«* Diese Erkenntnis schockt Hans. Er kann sich nicht weiter abstrampeln. Er bekommt Lust, aufzuhören, und das macht er dann.

Die Lust des Mannes, seine ersten und unmittelbaren Impulse, wenn er feststellt, wie sehr er unter Druck steht, zeigt auch in der Sexualität die neue Richtung an.

Martin: *»Ich habe einfach keine Lust, für ihre Befriedigung zu sorgen. Entweder ich habe Lust auf sie, dann will ich auch mit ihr schlafen, oder ich habe keine Lust, dann stehe ich nicht zur Verfügung.«*

Günther: *»Ich sehe gar nicht ein, daß ich immer zuständig sein soll. Wenn sie wirklich so scharf darauf ist, soll sie doch die Initiative ergreifen.«*

Diese Männer möchten einfach nur mal da sein können, mal verführt werden und nicht immer alles in die Hand nehmen müssen: *»Einfach mal mittendrin aufhören und sagen: So, das war's, ich will nicht mehr.«* Einfach mal aufhören können, die Nummer nicht immer bis zum Ende durchziehen, ohne vor sich selbst als Versager dazustehen – das allein wäre schon ein riesiger Schritt für den Mann. Aufhören, fühlen, entspannen – die Frau übernehmen lassen. Das ist die unerfüllte Lust des Mannes, die Lust der Rezeptivität und Hingabe.

Doch der Weg zu Hingabe verläuft nicht problemlos, denn wenn er seiner Lust folgt, tauchen Dämonen der Angst auf.

Lust: – die Initiative ihr zu überlassen.
Angst: – als jemand zu erscheinen, der nichts leistet, als schwach zu erscheinen.
Lust: – nach einer Weile aufzuhören oder eine Pause zu machen, obwohl ein Erguß nicht stattfand.
Angst: – als jemand zu erscheinen, der nicht kann – ein Versager zu sein.
Lust: – einfach nur bei der Frau zu liegen, zu spüren, zu entspannen.
Angst: – dafür verantwortlich zu sein, daß nichts geschieht.

Lust: – einmal klein zu sein, sich in ihre Arme zu legen.

Angst: – als Schwächling zu erscheinen. Angst vor Ab-
          lehnung.

Weibliches Begehren:
Die unerfüllten sexuellen Bedürfnisse der Frau

Weil die Sexualität der Partner männlich orientiert, am
sogenannten Orgasmus des Mannes fixiert ist, bleibt auch
die Frau unbefriedigt. Auch ihr steht von den beiden Möglichkeiten sexuellen Verhaltens, der Aktivität und der
Rezeptivität, nur eine vollständig zur Verfügung: die Lust,
sexuell rezeptiv zu sein. Die Frau kann geschehen lassen,
aufnehmen, zulassen. Doch oft ist die Frau nicht rezeptiv,
oft ist sie passiv.

Anne: »*Ich lag da und dachte, mein Gott, warum passiert das
nicht? Ich ging davon aus, wenn mich jemand liebt, passiert es von
selbst. Er müßte doch wissen, was ich will.*«

Claudia: »*Ich habe immer gedacht, wenn er in mir drin ist und
ordentlich rum macht, werde ich schon einen Orgasmus bekommen.
Dabei geht es gar nicht so sehr um Orgasmus. Ich suche viel mehr
Zärtlichkeit und Sensibilität. Ich sehne mich nach etwas Weichem
und Fließendem.*«

Indem die Frau darauf verzichtet, den sexuellen Kontakt
zu gestalten, verzichtet sie auf die Erfüllung ihres Begehrens. Der schnelle, drängende Mann macht es ihr zudem
schwer, dieses Begehren zu entdecken, denn er ist immer
schon da, bevor die Frau Zugang zu ihrer in der männlich
orientierten Sexualität unterdrückten, verdrängten und
geleugneten Lust finden kann.

Was ist die unterdrückte Lust der Frau, wenn sie sich
bemüht, den Mann zu befriedigen? Wenn sie ihm geben
will, was er vermeintlich braucht? Wenn sie sich passiv verhält im Glauben, rezeptiv zu sein? Wenn nicht passiert,
worauf sie wartet? Was sind ihre körperlichen und emotionalen Impulse in diesem Augenblick des Mangels?

Claudia: »*Ich würde ihn einfach stoppen. Sagen, halt, so geht das nicht.*

Therapeut: »*Was dann?*«

Claudia: »*Dann würde ich ihm zeigen, wie ich es will.*«

Therapeut: »*Wie würdest du ihm das zeigen?*«

Claudia: »*Ich würde es ihm sagen und nichts mit mir machen lassen, was mir nicht gefällt.*«

Die Frau möchte detailliert den Ablauf des intimen Zusammenseins gestalten, um die Erfüllung ihrer Lust aktiv zu gewährleisten. Sie möchte sich nicht mehr IHM überlassen, sondern selbst über*nehmen*, sich *nehmen*, was sie braucht. Doch obwohl die Frau weiß, daß sie sich gegen den schnellen Mann durchsetzen möchte, traut sie sich das oft nicht, denn auch bei ihr tauchen auf dem Weg der Lust die Dämonen der Angst auf.

Lust: – einzugreifen: faß mich da an, mach es so…

Angst: – daß er mich ordinär findet. Angst vor Ablehnung.

Lust: – sich gehen zu lassen, ihn zu nehmen.

Angst: – daß er vor meiner Kraft Angst bekommt.
Angst vor ihrer eigenen Kraft.

Lust: – in seiner Gegenwart zu onanieren.

Angst: – ihm was wegzunehmen, ihm zu zeigen,
daß ich ihn dafür nicht brauche.
Oder Scham zur eigenen Lust zu stehen.

Erweiterung: Weiblich orientierte Sexualität

Ihre Lust in die Sexualität einfließen zu lassen fällt den Partnern nicht leicht. Es fehlt ihnen der Mut zur Durchsetzung weiblicher Qualitäten in der Sexualität. Diese könnten die männliche Orgasmusfixierung aufheben. Kehren wir für einen Augenblick zum Orgasmus zurück. Ich möchte den Begriff Orgasmus jedoch nicht definieren. Mich interessiert, was Menschen im Orgasmus suchen oder finden.

232

»Fließen, loslassen, einfach wegsein.«
»Ich bin dann ganz weg. Ich löse mich auf.«
»Da sind keine Gedanken mehr, dann gibt es mich nicht mehr.«
»Ich verschmelze, alle Grenzen verschwinden.«
»Ich mache einen Sprung, es wirft mich weit aus mir raus.«

Das suchen wir im Orgasmus: loslassen. Aufgeben der Kontrolle des Verstandes über den Körper und die Gefühle. Hingabe an das sinnliche Erleben des Augenblicks. An Riechen, Fühlen, Spüren, Sein. Sexualität ermöglicht uns die sinnlich intensivsten Augenblicke unseres Lebens, denn alle unsere Sinne sind an der Verbindung zum Partner beteiligt. Sexualität kann uns die Erfahrung vermitteln, uns ohne Rückhalt, ohne störende Gedanken, ohne die Schatten der Vergangenheit oder der Zukunft zu erleben. Das Erlebnis, uns für Momente *ganz* zu erleben.

Wenn Menschen solche Erlebnisse durch sexuellen Kontakt erfahren, dann sollten wir von orgiastischen Begegnungen sprechen. Dann kommen wir in tiefer Befriedigung aus der Begegnung mit dem Partner. Dann haben wir Zugang zu einem Frieden, einer Stille in uns gefunden, die uns im alltäglichen Erleben verschlossen bleiben. In einer orgiastischen Begegnung der Partner ist der Orgasmus nicht wichtig, auch wenn er Teil der Befriedigung sein kann.

Eine orgiastische Begegnung unterscheidet sich vom Orgasmus. Sie lebt von der Dichte und der Intensität des liebevoll-körperlich-emotionalem Kontaktes der Partner, von der Vereinigung von Sexualität *und* Herzlichkeit. Sich Zeit lassen, Entspannung, Freundlichkeit und Ziellosigkeit während des sexuellen Zusammen-Seins sind Ausdruck einer solchen weiblich orientierten Sexualität.

Orgiastische Verbindung kann geschehen, wenn wir die einseitig männliche Sexualität um die Dimensionen weiblich orientierter Sexualität erweitern.

Was dieser Erweiterung im Wege steht, sind – wieder einmal – unbewußte Ängste und der daraus entstehende Druck, unter den sich Mann und Frau stellen. Aber auch in unserer Sexualität müssen wir uns früher oder später die Frage stellen: Folgen wir unserer Lust, oder sind wir unserer Angst unterworfen? Und ebenso wie in den übrigen Bereichen gibt es auch in der Sexualität keinen Weg um die Angst herum, denn Sexualität hat mit Loslassen zu tun, mit Loslassen von Kontrolle. Wenn wir loslassen, tauchen unsere Verdrängungen, die sich als Ängste bemerkbar machen, wie Schatten der Vergangenheit auf, denn indem wir loslassen, können wir sie nicht mehr kontrollieren.

Verständigung

Es gibt jedoch einen Weg durch die Angst hindurch, einen Weg, der Angst auflösen kann. Dieser Weg ist im Bett der gleiche wie außerhalb des Bettes. Er heißt Kommunikation. Wir können Angst bannen, indem wir sie kommunizieren, und wir können Lust einbringen, indem wir sie mitteilen.

Kommunikation wird im Bett noch weniger praktiziert als in anderen Bereichen der Beziehung. Im Bett herrscht Schweigen. Kommunikation bedeutet, Angst und Lust mitzuteilen, bedeutet, miteinander zu sprechen, wenn die Partner miteinander schlafen. Das könnte folgendermaßen aussehen:

Sie: Mach etwas langsamer, ich brauche mehr Zeit.
Er: Ich bin so ungeduldig (drängt).
Sie: So geht das nicht (stoppt ihn).
Er: O.k. Ich lasse dir Zeit. Was möchtest du?
Sie: Faß mich hier an!
Er: Ich fühle mich gezwungen (indem er es sagt, geht der Druck weg).
Sie: Wir müssen ja nicht miteinander schlafen (läßt ihn).
Er: Doch, ich will. Willst du?
Sie: Ich habe Lust, mich selbst zu erregen (macht es).

234

Er: Das macht mich heiß (berührt sie).
Sie: Ich will mit dir (nimmt ihn).
Er: Das ist schön – du kannst ruhig heftiger sein.

Miteinander sprechen, während sie miteinander schlafen, kann Partnern dabei helfen, ihre sexuellen Vorlieben und Ängste kennen- und verstehen zu lernen. Die Partner können alles aussprechen, was gerade geschieht und was sie fühlen:

– ich brauche es anders
– ich fühle mich jetzt unter Druck
– ich wünsche mir, daß du mal … machst
– das gefällt mir jetzt nicht
– das ist schön, mach das weiter
– ich spüre keine Lust mehr bei mir
– ich merke gerade, daß ich mich anstrenge
– laß uns eine Pause machen
– ich möchte aufhören und einfach mit dir liegen

Obwohl Kommunikation im Bett ein Weg zu leichter und spielerischer Sexualität ist, fällt es uns schwer, diese direkte, verbale Mitteilung zu praktizieren.

Der Mann wird oft nicht merken, wenn er *»arbeitet«*, und selbst wenn er es merkt, wird es nicht leicht für ihn sein, es vor sich zuzugeben.

Die Frau wird viel eher merken, wenn etwas für sie nicht stimmt. Aber es wird ihr sehr schwerfallen, auszusprechen, was *genau* sie braucht und will.

Christine: *»Ich habe ein intuitives Verständnis meiner Bedürfnisse, aber es fällt mir schwer, so etwas auszusprechen.«*

»Dazu kommt der Einfluß meiner Mutter, die immer sagte: ›So wichtig ist Sex nicht. Darauf wirst du doch verzichten können.‹ Bei mir entstand dadurch der Eindruck, Sex sei für Frauen nicht schön. Ich habe deshalb auch nie meine Wünsche deutlich gemacht. Die Bedürfnisse des Mannes waren dafür um so wichtiger« *(Kommentar Hanne).*

235

Die Frau fühlt mehr als der Mann. Aber solange sie schweigt, solange sie mitmacht, solange sie sich nicht mitteilt und durchsetzt, ist sie genauso am männlich orientierten Sex beteiligt wie der Mann. Das Schweigen im Bett kann zu fatalen Mißverständnissen führen, wie das Beispiel eines Paares zeigt. Der Mann hatte geglaubt, es für seine Frau gut zu machen. In den Sitzungen erfuhr er jedoch, daß sie ihm jahrelang Orgasmen vorgetäuscht hatte. Seine Anstrengung und ihre Bemühungen waren umsonst gewesen. Obwohl jeder das Beste für den anderen wollte, hat niemand bekommen, was er selbst wollte. Diese Frustration hätten die beiden sich ersparen können, wenn sie sich in ähnlicher Weise mitgeteilt hätten, wie ein anderes Paar es tut.

Heide und Gerd befinden sich mitten im Prozeß der Kommunikation, der Grenzziehung auf sexuellem Gebiet. Sie sind in einer sexuellen Begegnung, und Gerd möchte bei seiner Freundin eindringen. Heide flüstert ihm zu, er soll langsamer sein. Da Gerd nicht reagiert und weiterhin versucht, sein Ziel zu erreichen, wird Heide wütend und stoppt ihn. Gerd ist verwirrt und fragt, was er falsch macht. *»Ich bin noch nicht so weit«* ist die unmißverständliche Antwort seiner Freundin. Gerd schildert später, was für ihn geschah:

»Ich spürte meine Lust und war bereit. Das Gefühl war so stark, daß es mir gar nicht in den Sinn kam, es könnte bei ihr anders sein. Erst als sie wütend wurde und mich wegdrückte, habe ich gemerkt, daß wir nicht auf gleicher Wellenlänge lagen. Und erst als sie sagte: ›Ich bin noch nicht so weit‹ habe ich verstanden, worum es ihr geht.«

Wenn Partner die Kommunikation im Bett beginnen, wird der normale Ablauf ihrer Sexualität durcheinander geraten. Sie werden Konflikte erleben und die Bedingungen, unter denen sie miteinander schlafen wollen, neu aushandeln – in Form von Grenzauseinandersetzungen. Doch bei aller Verunsicherung, die notwendigerweise geschieht – diese Auseinandersetzungen lohnen sich, denn sie beenden die Kompromisse, die unsere Sexualität erdrücken.

Hingabe und Begehren:
Weibliche und männliche Qualitäten
in der Sexualität

Wenn die stillschweigenden Kompromisse im Bett aufhören, wenn Mann und Frau nur miteinander schlafen, WANN und WIE sie es wollen, wenn sie nicht leisten oder ertragen, sind sie auf dem Weg zu einer Sexualität, die männliche und weibliche Seiten integriert. Dann kann jeder die Lust einbringen, die zu erleben ihm bisher versagt blieb.

Der Mann möchte entspannen können, sich der Frau hingeben; die Frau möchte aktiv in das Geschehen eingreifen können, den Mann direkt und offen begehren. Darin besteht ihre Lust. Um dies Ziel zu erreichen,

– braucht der Mann auch auf sexuellem Gebiet die Entwicklung seiner weichen, rezeptiven, weiblichen Seiten. Er braucht es, Hingabe zu lernen. Er braucht es, entspannt, ohne das Ziel Orgasmus in die Verbindung zu gehen. Er braucht es, die Frau übernehmen zu lassen.

– braucht die Frau auch auf sexuellem Gebiet die Entwicklung ihrer aktiven, männlichen Seiten. Sie will direkt, aktiv werden. Sie will ihn stoppen, ihn leiten, ihm ihre Lust vermitteln, Initiative übernehmen, ihre eigene Lust uneingeschränkt mit in die Verbindung einbringen.

Wenn die Partner ihre Lust entdecken und durchsetzen, wird das Ergebnis in jedem Falle eine Bereicherung sein.

Der Mann wird entdecken, wie sehr Frauen rezeptive Männer genießen.

Die Frau wird entdecken, wie sehr Männer aktive und initiative Frauen genießen.

Wenn Mann und Frau zu einer Sexualität finden, die weibliche und männliche Elemente der Rezeptivität und Aktivität integriert, werden sie Sexualität im Kontext von Weite und Überfluß erleben. Diese Sexualität ist kein Geschenk. Diese Sexualität ist das Produkt des Mutes, den eigenen Ängsten zu begegnen und der Konsequenz, zum ganzen Spektrum der eigenen Bedürfnissen zu stehen und diese in die sexuelle Beziehung einzubringen.

Thesen dieses Abschnitts:

– Die Sexualität der Partner ist einseitig männlich orientiert.
– In ihr verhalten sich Mann und Frau entsprechend ihren Konditionierungen:
● ER strengt sich an.
● SIE paßt sich an.
– Dadurch bleiben die verborgenen Bedürfnisse der Partner unbefriedigt.
● Der Mann möchte im Bett auch loslassen dürfen.
● Die Frau möchte im Bett übernehmen dürfen.
– Ein Weg, diese Lust zu entdecken und ihr zu folgen besteht darin, das Schweigen im Bett zu beenden und Angst und Lust mitzuteilen.
– Dann beginnt eine Auseinandersetzung, deren Ziel es ist, männliche und weibliche Qualitäten in die Sexualität zu integrieren.

Emotionale Unabhängigkeit

Nicht der Partner, nicht die Liebe, nicht die Beziehung muß sich ändern. Wenn wir selbst uns verändern, wenn sich unsere Wahrnehmung verändert, wird aus dem Erleben der Liebe in Enge die Erfahrung einer Liebe in Weite, aus dem Erleben der Liebe in Mangel die Erfahrung einer Liebe in Überfluß.

Veränderungen in unseren Beziehungen werden möglich, wenn wir bereit sind, Risiken einzugehen. Das größte vorstellbare Risiko besteht in der Gefahr, den Partner zu verlieren und alleine zu sein. Damit erweist sich die Fähigkeit, Alleinsein anzunehmen als Geheimnis zur Veränderung unserer Beziehungen.[1]

»Das klingt so einfach, fast zu einfach« *(Einwand Gerd)*.

Einfach ist es bestimmt nicht. Es ist im Gegenteil schwer und kann viel Zeit beanspruchen. Denn die Ergebnisse stellen sich in Reinform erst ein, wenn wir deutlich sein und loslassen gelernt haben, und das geht nicht von heute auf morgen. Möglicherweise ernten wir die Früchte unseres Verhaltens auch nicht mit diesem Partner, sondern mit einem anderen. Vor allem dann, wenn der jetzige Partner seinen Anteil an der Beziehungsmisere leugnet, kann Trennung eventuell angebracht sein. Dann verlieren wir zwar einen Partner, aber wir verlieren einen Partner, mit dem wir nicht weiter gehen konnten, mit dem wir uns in endlosem Kampf aufreiben.

---

[1] Wer keine ausreichenden Möglichkeiten, mit seiner Angst umzugehen, findet, sollte sich nicht scheuen professionelle therapeutische Hilfe in Anspruch zu nehmen.

»Wenn du Kinder hast, sieht die Geschichte doch viel schwieriger aus. Wenn ich gehe, mute ich den Kindern doch etwas unglaublich Hartes zu. Sie können doch nichts für die Probleme« *(Einwand Gitte)*.

Wenn Eltern wegen der Kinder zusammenbleiben, sind sie ihren Kindern zweifelhafte Vorbilder. Denn dadurch lernen Kinder, daß Leiden und Aushalten, Erdulden und Ertragen zu Liebe und Beziehung gehören. Wir könnten unseren Kindern statt dessen zeigen, wie sie trotz Angst in ihrem Leben dem folgen, was sie zu Freude führt und glücklich macht.

Wenn wir trotz auftauchender Ängste und Zweifel den Weg der Lust weitergehen, hört die Zerstörung der Liebe auf, denn dann tun wir etwas, womit der Partner nicht rechnet und das seine Reaktion auf uns grundlegend verändert: Wir verhalten uns entgegen seiner Voraussagen, entgegen seinen Erwartungen.

Der Mann erlebt plötzlich eine Frau, die nicht hinter ihm herläuft, die ihn nicht bedrängt, die keine Rechenschaft verlangt. Eine Frau, die sagt: *»Hör zu, mein Freund, ich liebe dich. Aber ich habe keine Lust, um deine Liebe zu kämpfen. Wenn du mich nicht willst – lebe wohl.«*

Die Frau erlebt plötzlich einen Mann, der nicht unklar ist, der nicht lügt, der nicht flieht. Einen Mann, der sagt: *»Hör zu, DAS will ich und DAS will ich nicht. Ich bin nicht dein Idealbild, ich bin nicht dein Prinz, aber ich möchte meine Liebe mit dir teilen.«*

Wenn wir uns so verhalten und nicht aufgeben oder zu diesem Verhalten zurückkehren, wenn wir es einmal aufgegeben haben, dann wird sich früher oder später der Erfolg einstellen. Die Erfolge sind unvermeidbar, denn indem wir *deutlich* sind und *loslassen,* beeinflussen wir die Reaktion des Partners. Wir unterbrechen die Kette der Reproduktion von Enge und Mangel, denn plötzlich ergeben unsere alten Reaktionen aufeinander keinen Sinn mehr.

Es ergibt keinen Sinn für den Mann, sich zu wehren, wenn er nicht angegriffen, wenn er gelassen wird.

Es ergibt keinen Sinn für die Frau, sich anzustrengen, wenn sie Deutlichkeit erfährt.

Es ergibt keinen Sinn für den Mann, sich einzubunkern, wenn er offen zu seinem Bedürfnis nach Freiheit und Liebe steht und sich emotional behauptet.

Es ergibt keinen Sinn für die Frau, sich um den Mann zu bemühen, wenn sie Sicherheit aus sich selbst erfährt und sie die Möglichkeiten des Lebens ausschöpft.

Wenn wir uns so verhalten und so reagieren, geraten die inneren Überzeugungen in bezug auf den Partner ins Wanken. Jene Überzeugungen, die wir aus dem Kontext der Enge und des Mangels gewannen und die uns glauben machten, der Partner liebe uns nicht, er wolle uns einengen oder wegschieben. Die alten Reaktionen, die ja Reaktionen auf diese inneren Überzeugungen waren, werden sinnlos. Zugleich mit unseren Reaktionen verändern sich unsere Erfahrungen.

Wenn der Mann es gelernt hat, *für die Frau deutlich* zu sein, erfährt er sich als emotional stark und frei.

Wenn die Frau es gelernt hat, *ihn zu lassen,* erfährt sie sich als emotional sicher.

Wenn Mann und Frau dem Weg der Freude, der Lust folgen, entsteht eine Erfahrung von Liebe im Zusammenhang mit Unabhängigkeit. Durch die Brille der Unabhängigkeit verändert sich unser Erleben der Liebe vollständig, denn wir

- treffen andere Voraussagen
- ergreifen andere Reaktionen
- und machen andere Erfahrungen.

Dann wird aus der Kette der Reproduktion von Enge und Mangel eine Kette zur Produktion von Weite und Überfluß. Betrachten wir, wie die sechs Schritte, die wir bei der Produktion von Erfahrungen durchlaufen, unter dem Vorzeichen der Unabhängigkeit aussehen. Zuerst beim Mann:

1. Ereignis:	Die Frau kommt auf ihn zu.
2. Wahrnehmung/ Bedeutung:	Durch den Filter der Unabhängigkeit und emotionaler Stärke, der inneren Weite.
3. Voraussage/ Überzeugung:	Sie sucht Kontakt.
4. Reaktion:	Je nach seinem Bedürfnis nimmt er Kontakt auf oder er lehnt Kontakt ab.
5. Ergebnis:	Es kommt zu Verbindung, oder er bleibt allein. Seine Bedürfnisse werden erfüllt.
6. Erfahrung des Mannes:	Weite: Ich kann so oder so sein, ich kann lieben und allein sein. Ich kann die Frau annehmen und kann sie wegschicken. Ich kann ich sein.

Ein gerader Weg zur Erfahrung der Weite. Ein Weg, befriedigende Erfahrungen entstehen zu lassen. Auch bei der Frau funktioniert der Kontext Unabhängigkeit:

1. Ereignis:	Der Mann wendet sich ab.
2. Wahrnehmung/ Bedeutung:	Durch den Filter der Unabhängigkeit, der inneren Sicherheit.
3. Voraussage/ Überzeugung:	»Er braucht Abstand, er will jetzt nicht mit mir sein.«
4. Reaktion:	Sie läßt ihn und erfüllt – wenn sie will – ihre Bedürfnisse an anderen Orten oder auf andere Weise.

| 5. Ergebnis: | Sie ist allein oder mit jemand anderem. Ihre Bedürfnisse werden erfüllt. |
| 6. Erfahrung: | Überfluß: Was ich brauche, kann ich bekommen. Die Welt ist ein reicher und sicherer Ort. |

Der Dreh- und Angelpunkt dieses neuen, veränderten Ablaufs findet sich im zweiten Schritt, dem Schritt, in dem wir einem Ereignis eine bestimmte Bedeutung zuordnen.

Jetzt bedeutet die Tatsache *»sie kommt auf mich zu«* nicht mehr, *»sie will mich bedrängen – ich muß aufpassen,«* sondern einfach *»sie will Nähe«*.

Jetzt bedeutet die Tatsache *»er will allein sein«* nicht mehr, *»er liebt mich nicht«* oder *»ich bin nicht gut genug,«* sondern einfach *»er will allein sein«*.

Durch den Zusammenhang von Liebe mit emotionaler Unabhängigkeit geben wir den Handlungen des Partners eine ganz andere Bedeutung, einen anderen Sinn, als das durch den Kontext emotionaler Abhängigkeit geschah. Erinnern wir uns daran: *Wir reagieren nie auf das, was ein Mensch sagt oder tut, sondern immer auf die Bedeutung, die wir dem geben, was er sagt oder tut.*

Diese neue Bedeutung haben wir vielleicht vom Kopf her immer schon verstanden. Aber nachdem wir durch den Prozeß der Selbstbehauptung unserer Lust gegangen sind, der auch ein Prozeß der Konflikte war, nachdem wir gelernt haben, uns innerhalb der Beziehung zu trennen, ist die neue Bedeutung bis in die Tiefen unserer Gefühle vorgedrungen – und erst jetzt ist unsere Wahrnehmung wirklich verändert.

Wenn die Partner ihre Wahrnehmung ändern, und dieses Ergebnis sollte am Ende einer jeden Beziehungsberatung stehen, haben sie ihre Beziehung neu gestaltet, haben sie eine neue Erfahrung von Liebe gestaltet – die Erfahrung von Liebe im Zusammenhang mit Weite und Überfluß.

Weite und Überfluß

Liebe in Weite und Überfluß ist keine Utopie. Partner, die einige Jahre konsequent den Weg der Lust gegangen sind, beschreiben die neue Erfahrung Liebe so. Sie erleben Liebe mit dem gleichen Partner völlig verändert – weil sie sich selbst und ihre Wahrnehmung verändert haben. Diese neue Erfahrung fällt uns jedoch nicht zu. Sie muß gesucht und erworben werden, sie muß erlernt werden.

Wenn wir diese neue *»Erfahrung Liebe«* suchen, brauchen wir nicht darauf zu warten, daß der Partner sich ändert, daß die Gesellschaft sich ändert oder daß das Wesen der Liebe sich verändert.

Um Liebe neu zu erfahren, und ich meine völlig neu, genügt es, unsere eigene Wahrnehmung zu verändern. Leider ist das eine wirklich schwere Aufgabe, denn wir müssen von Zwergen zu Riesen werden.

Aus dem emotionalen Zwerg Mann, der sich vor der großen, dunklen, verschlingenden, bedrohenden Frau fürchtet, muß der emotional ebenbürtige Riese Mann werden.

Aus der emotional bedürftigen Frau, die von der Zuwendung des mächtigen Mannes abhängt und die sich vor dem Verlust seiner Liebe fürchtet, muß die emotional unabhängige, selbstsichere Frau werden.

Wenn aus Zwergen Riesen geworden sind, sieht die gleiche Welt (die Liebe) ganz anders aus. Das kann nicht anders sein, denn wie wir Liebe erleben ist eine Frage der inneren Perspektive, die wir zur Liebe einnehmen.

Aus der Frosch-Perspektive, die wir im Erleben der Enge und des Mangels einnehmen, ist Liebe wirklich kaum zu handhaben. Wenn wir aber auf gleicher Höhe mit dem Partner stehen, erscheint die gleiche Liebe annehmbar.

Wenn im Mann Weite und Freiheit ist, erfährt er die Liebe zur Frau im Zusammenhang mit Weite.

Wenn in der Frau Sicherheit ist, erfährt sie die Liebe zum Mann im Zusammenhang mit Überfluß.

Weite, weil der Mann Liebe *frei* von Bedrohung erfahren kann, Überfluß, weil die Frau jede Verbindung als Bereicherung *zusätzlich* zu ihrer inneren Sicherheit erfährt.

Neue Erfahrungen mit Liebe erscheinen möglich und auch logisch, wenn wir uns erinnern, daß Erfahrungen nicht Wahrheiten beinhalten. Erfahrungen sind das, was wir aus Ereignissen und Vorgängen machen – Erfahrungen sind Produkte unserer Fähigkeit zur internen Verarbeitung von äußeren Vorgängen.

Bei der Stadt Hagen gibt es ein interessantes Museum. Dort hat man die Einrichtungs-Gegenstände eines Hauses derart vergrößert, daß erwachsene Menschen dieses Haus wie Kinder erleben können. Die Stühle sind so groß, daß Erwachsene sie nur mit Mühe erklimmen können. Die Löffel sind so groß, daß Erwachsene nur mit Mühe Suppe essen können. Die Schränke hängen so hoch, daß Erwachsene nur mit Mühe an die großen und schweren Teller gelangen können. Wenn wir dieses Museum betreten, erleben wir die Welt aus der Perspektive eines Kindes. Dann sind alle Gegenstände groß und schwer. Dann fühlen wir uns überlastet und brauchen Hilfe. In solch einem Haushalt gelangen wir zu der Überzeugung, zu klein zu sein, abhängig zu sein und alleine nicht zurechtzukommen.

Unsere Wahrnehmung des gleichen Hauses verändert sich völlig, wenn wir als große, erwachsene Menschen hineingehen, wenn also die Proportionen stimmen. Dann ist nichts bedrohlich, wir können auftauchende Probleme in die Hände nehmen und lösen.

Nicht anders geht es uns mit der Wahrnehmung der Liebe. Wenn wir aus der emotionalen Perspektive eines Kindes in eine Beziehung gehen, aus der Perspektive emotionaler Abhängigkeit also, werden wir uns bedroht oder hilflos erleben. Wenn wir jedoch aus der emotionalen Perspektive der Unabhängigkeit in die Beziehung gehen, werden wir erwachsene Liebe erleben – Liebe im Zusammenhang mit Weite und Überfluß. Dann ist die gleiche Beziehung eine völlig veränderte Beziehung. Dann nehmen wir die gleiche Beziehung anders wahr und machen andere, befriedigende Erfahrungen mit Liebe.

Emotionale Unabhängigkeit ist der Weg zu einer neuen Liebe. Emotionale Unabhängigkeit bedeutet nicht, daß Mann und Frau von Liebe unabhängig werden. Emotionale Unabhängigkeit bedeutet, daß Mann und Frau sich nicht so sehr brauchen und daß sie nicht bereit sind, ihre Individualität und Integrität für die Liebe, für die Partnerschaft, für einen Menschen aufzugeben.

Nachdem Mann und Frau auf wirtschaftlicher Ebene unabhängig voneinander geworden sind, ist emotionale Unabhängigkeit der nächste Schritt zur Umgestaltung unserer Beziehungen, der nächste Schritt auf dem Weg zu einer Liebe, die sich auf der Freude am Zusammen-Sein und nicht auf der Angst vor dem Alleinsein gründet.

Den Weg der Lust zu entdecken, den Weg von der Angst zur Freude zu gehen, den Weg von abhängiger Liebe zu unabhängiger Liebe erfordert Aufmerksamkeit und Zeit. Oft wird Angst uns einholen und zum Aufgeben überreden wollen, aber wenn wir nicht aufgeben, werden wir unser Ziel erreichen. Ausgehend von den Erfahrungen in der Partnerschaftsberatung, möchte ich Abschnitte auf dem Weg zu einer Liebe im Kontext von Weite und Überfluß skizzieren.

Der Weg des Mannes zur Weite

Dieser Weg führt, grob gezeichnet, durch vier Phasen. Wir begegnen:

1. Männern, die nicht wahrnehmen, was sie fühlen und wollen, und es schon deshalb nicht äußern können.

Diese Männer fühlen nichts außer der Enge und Beklemmung, unter der sie leiden. Ihre Aufgabe besteht darin, sich aus der Umklammerung durch die Frau zu lösen, um dann ihre verdeckten Gefühle wahrnehmen zu können. Empörung gegen Einengung und Forderungen ist oft ein erster Schritt in diese Richtung.

2. Männern, die ihre Wünsche wahrnehmen, sich aber nicht trauen, ihre Gefühle auszudrücken oder ihren Wünschen nachzugehen.

Diese Männer leiden unter dem Zwiespalt zwischen Empfindung und Hemmung, zwischen den Impulsen, sich zu wehren, und der Hemmung, sich zu wehren. Wenn sie genug gelitten haben, werden sie erkennen, daß es keinen anderen Weg aus der Sackgasse gibt, als sich umzuwenden und der *»Bedrohung Frau«* zu begegnen. Dann werden sie ihren Mut sammeln und aus sich herauskommen. Die Hintergründe dieser Hemmung zur Konfrontation liegen meist im Verhältnis zur Mutter – weshalb Therapie hier sehr hilfreich sein kann.

3. Männern, die fühlen, die sich trauen zu tun, wonach sie sich fühlen, dann aber unter einem schlechtem Gewissen leiden.

Diese Männer leiden unter der Angst, verlassen zu werden. Ihr Gewissen flüstert ihnen zu: »Das hättest du besser nicht getan – wenn du sie verlierst, bist du selbst schuld!« Oft tun diese Männer heimlich, wonach sie verlangen, und scheuen auf diese Weise die Konfrontation mit der Frau. In diesem Fall hilft nur eins: offen zu sich zu stehen, offen die eigenen Bedürfnisse innerhalb der Beziehung zu vertreten. Wenn sie ihre Handlungen aus dem Dunkel der Heimlichkeit ins Licht der Auseinandersetzung führen, sich auf Auseinandersetzungen einlassen, wird sich vieles klären. Auf jeden Fall werden sie eines lernen: zu sich zu stehen, so wie sie sind.

4. Männern, die fühlen, die sich trauen und die mit gutem Gewissen tun, wonach sie verlangt.

Diese Männer können lieben und allein sein. Sicher hat ihnen diese Fähigkeit niemand in die Wiege gelegt. Sie haben sich diese Fähigkeit erkämpft und erarbeitet –

und sie haben aus ihren Fehlern in vorangegangenen Beziehungen gelernt.

Der Weg der Frau zu Überfluß

Dieser Weg läßt sich ebenfalls in vier Abschnitten darstellen. Wir begegnen:

1. Frauen, die ihr Glück in den Partner projizieren und damit die Verantwortung für ihr emotionales Glück aus den Händen geben.

Ihre Aufgabe besteht darin, die eigentlichen und konkreten Bedürfnisse hinter dem Wunschbild Mann zu entdecken. Oft werden sie diese erst klar sehen, wenn mehrere Beziehungen zerstört wurden. Der Prozeß der Desillusionierung zwingt sie, Verantwortung zurückzunehmen.

2. Frauen, die im Zwiespalt von Wissen und Gefühl, von Verstand und Gefühl stecken.

Diese Frauen wissen, daß sie ihn lassen sollten, können aufgrund ihrer starken Emotionen aber nicht loslassen. Ihre Emotionen nehmen überhand und zwingen sie dazu, auf den Partner einzudringen. Hintergrund dieser starken Gefühle ist meist das Verhältnis zum Vater, das von starken Wünschen, Verliebtheit, aber auch von großer Frustration, Wut und Haß getragen war. Der Ausdruck dieser Gefühle (z.B. im therapeutischen Rahmen) und gleichzeitig damit der emotionale Kontakt zum *»Inneren Kind«,* kann zu Selbstliebe und Unabhängigkeit führen.

3. Frauen, die ihn lassen, die ihn nicht bedrängen, aber innerlich nicht loslassen können und leiden.

Die Aufgabe dieser Frauen besteht darin, das kleine Mädchen in sich an die Hand zu nehmen, ihm die Welt und vielen Möglichkeiten, die es in der Welt gibt, zu zeigen. In der Wahrnehmung und im Ergreifen dieser Möglichkeiten relativieren sich die Gefühle des Leidens.

Abstand vom Mann kann bei diesem Prozeß hilfreich sein.

4. Frauen, die den Mann loslassen können und sich selbst zum wichtigsten Menschen ihres Lebens gemacht haben.

Auch diesen Frauen ist diese Fähigkeit nicht geschenkt worden. Sie haben schmerzhafte Prozesse durchlaufen, Illusionen verloren und sich selbst als liebenswerte und vollständige Frau gefunden.

Thesen dieses Abschnitts:

– Emotionale Stärke und Unabhängigkeit, die sich in der Fähigkeit zeigt, allein zu sein, verändert unsere Wahrnehmung.
– Sie erlaubt uns, den Ereignissen der Partnerschaft eine ganz neue Bedeutung zu geben.
– Aufgrund der neuen Bedeutung verändert sich unsere Reaktion auf den Partner, als Folge davon machen wir eine neue Erfahrung.
– Die Erfahrung von Liebe im Zusammenhang von Weite und Überfluß.

Umkehrung

Wenn sich das Spiel umdreht, sehnt sich der Mann nach Sicherheit und die Frau nach Freiheit. Dann sind Rollen und Erfahrungen vertauscht.

Ich habe durch dieses ganze Buch von *dem* Mann und *der* Frau gesprochen, und diese Pauschalisierung hat vieles einleuchtend gemacht. Mann und Frau sind aber nicht von Natur aus so. Sie sind so geworden und ihr Spiel *»Kampf um Liebe«* funktioniert so lange, wie sie die Regeln einhalten. Bestimmte Ereignisse können die Verhältnisse jedoch auf den Kopf stellen.

Wenn die Frau zum Beispiel aufhört, sich um Liebe zu bemühen oder auf Liebe zu warten, wenn die Frau den Mann läßt, vor allem aber, wenn sie ihn verläßt, kehrt sich das Spiel oftmals um.

Jürgen: *»In jüngster Zeit gibt es von Claudia Mitteilungen, die die Möglichkeit einer Trennung beinhalten. Sie kann sich vorstellen, für lange Zeit fortzugehen. Es ist das erste Mal, daß ich einen sehr tiefen Schmerz, eine Leere dabei empfunden habe, wenn sie solche Andeutungen macht. Mir kam der Gedanke, daß ich bisher ihrer ja immer sicher war und die Vorstellung, sie könnte wirklich aus meinem Leben heraustreten, erfüllt mich mit einer tiefen Traurigkeit, wie ich sie noch nicht empfunden habe.«*

Zum ersten Mal in der langen Geschichte ihres Kampfes droht Claudia nicht bloß damit, Jürgen zu verlassen. Ihre Drohung ist nicht verzweifelt oder taktisch, sie meint es wirklich. Sie kann sich vorstellen, für längere Zeit wegzugehen, und diese Vorstellung ist positiv und verlockend für sie. *Sie droht ihm nicht, zu gehen, damit er sich ändert. Sie will gehen, damit es ihr selbst besser geht.*

Jürgen spürt die Ernsthaftigkeit ihrer Ankündigung und reagiert mit Trauer und Betroffenheit darauf. Da er nicht bedrängt wird, da er sich nicht wehren muß, kann Jürgen sich fühlen – und fühlt die Leere und den Schmerz in sich zum ersten Mal.

Wenn Claudia ihrer Lust treu bleibt, wird sie einen Mann erleben, der auf sie zukommt, oder gar, der hinter ihr herläuft und sich um sie bemüht. Daß er das vorher nicht tat, hat einen einfach Grund: Um jemandem hinterherlaufen zu können, braucht man jemand, der weggeht, jemanden, der sich abwendet. Da Frauen das selten tun, können Männer sie selten bedrängen.

Kommt es aber dazu, daß Frauen sich abwenden, dann bricht die sichere Welt des Mannes zusammen, und er findet sich plötzlich in der Position, die bisher die Frau einnahm. Die beiden haben die Rollen getauscht. Damit beginnt für die Frau eine neue Erfahrung, denn jetzt kann sie erleben, wie es ist, bedrängt zu werden. Der bedrängende Mann ist für die Frau jedoch nicht weniger qualvoll, als die bedrängende Frau es für den Mann war.

Heike: »Er hat mir den Spiegel vorgehalten. ›Du kommst doch noch? Da kann ich mich auch ganz bestimmt drauf verlassen?‹, ›Bist du auch wirklich da, oder soll ich vorsichtshalber noch mal anrufen?‹ So ging das ohne Ende. Er hat genau gemacht, was ich sonst mache und ist mir furchtbar auf die Nerven gegangen. Er war wie eine Klette, die an mir hing und die ich loswerden wollte.«

Die Geschichte der Rollen-Umkehrung brauche ich allerdings nicht neu zu schreiben, denn alles bisher Gesagte trifft darin zu. Wir brauchen nur die Wörter Mann und Frau auszutauschen, dann stimmt es wieder, denn wenn es zur Umkehrung kommt, fängt der Mann zu klammern an, und die Frau fühlt sich bedrängt.

Eine wertvolle Erfahrung, die jeder Partner einmal gemacht haben sollte.

Fragen und Antworten

In der Besprechung dieses Buches mit den Probelesern wurden Themen angesprochen, die im Buch nicht behandelt werden konnten. Die folgenden Fragen und Antworten sollen dazu Gelegenheit geben.

»Du schreibst über bestehende Partnerschaften. Ich habe schon lange keinen Partner mehr. Wie kann ich einen finden?«

Wenn du die Frage so stellst, kreierst du Probleme, nicht Lösungen. Meine Frage an dich lautet: Wie bringst du es fertig, keinen Partner zu haben? Wie schaffst du das? Finde das raus, und es wird sich vieles ändern.

»Ich vermisse das Thema Eifersucht in deinem Buch.«

Hinter Eifersucht steckt letztlich immer Angst. Die Angst, ohne den Partner nicht zu überleben. Diese Angst geht zurück bis in die Realität unserer Säuglingstage, wo wir ohne Schutz nicht überlebt hätten. So weit zurück wagt sich kaum jemand ohne Begleitung, z.B. therapeutische Begleitung, die bei starker Eifersucht angeraten ist. Da Therapie nicht das Thema dieses Buches ist, habe ich Eifersucht ausgeklammert. In meinem Buch *»Wirklich lieben«* habe ich zum Thema Eifersucht ausführlich geschrieben.

»Müssen wir uns nicht auch dem Partner hingeben? Wenn jeder sich selbst zur wichtigsten Sache macht, wie soll da Hingabe an den anderen möglich werden?«

Die Idee der Hingabe an den Partner ist für mich versteckter Ausdruck der Sehnsucht, sich selbst aufzugeben und Verantwortung abzugeben. Wie soll Hingabe an den Partner aussehen? Wie soll Hingabe an einen Menschen möglich sein, ohne sich auszuliefern, ohne sich zu unterwerfen? Ich glaube, daß wir uns nur etwas Größerem hingeben können, als wir selbst es sind. Der Partner ist aber nicht größer als wir. Liebe ist größer. Wir können uns dem Prozeß zu lieben hingeben, aber nicht einem Menschen.

»Der Mann hat ja auch einen Haufen Ansprüche an die Frau. Sie soll kochen, den Haushalt machen, die Kinder versorgen. Das bleibt alles an der Frau hängen.«

Wenn die Frau keine Lust hat, seine Hemden zu bügeln, dann sollte sie den Mut dazu aufbringen, sie nicht zu bügeln. Ich bügele meine Hemden selbst. Nicht, weil ich ein emanzipierter Mann bin, sondern weil niemand anderes es für mich tut, auch meine Partnerin nicht. Wenn die Frau sich in dieser Hinsicht verweigert, wird das Thema Arbeitsteilung auf den Tisch kommen. Vor allem dann, wenn der Mann das Geld verdient. Dann gilt es, die vereinbarten Regeln neu auszuhandeln. An diesem Punkt kann die Frau sich fragen, ob die Arbeit, die sie macht (Hausarbeit), die richtige Arbeit für sie ist, oder ob sie nicht vielleicht eine andere, bessere, bezahlte Arbeit suchen sollte.

»Frauen fühlen sich nicht nur für die Beziehung verantwortlich, sondern auch dafür, den Kindern den Vater zu erhalten.«

Kinder sind abhängig. Sie sind daher besonders geeignet, die Abhängigkeitsgefühle der Frau zu symbolisieren. Oft werden Kinder vor die eigenen Bedürfnisse geschoben und als weiteres Druckmittel gegen den Mann mißbraucht. Damit werden sie Teil des Kampfes der Erwachsenen.

Die Frau tut ihren Kindern einen besseren Dienst, wenn sie ihnen vorlebt, wie eine Frau sich erfolgreich abgrenzen und aktiv gute Beziehungen aufbauen kann – mit dem eigenen Mann oder mit einem anderen Partner.

»Deine Vorstellungen machen Beziehungen ganz schön unsicher. Wenn wir uns nicht brauchen, wozu sollten wir zusammensein?«

Kein Zweifel – wir brauchen uns. Die Frage ist, ob wir den anderen so sehr brauchen, daß wir bereit sind, uns für die Beziehung zu ihm aufzugeben. Darüber hinaus: Warum sollten Beziehungen für immer halten? Wir können doch auch zusammensein, solange wir uns etwas zu geben haben und auseinander gehen, wenn wir uns nichts mehr zu geben haben. Wenn wir beziehungsfähig sind, werden wir immer einen Partner finden, mit dem wir unsere Liebe teilen können. Die Erfahrung zeigt, daß Beziehungen länger halten, auf jeden Fall aber lebendiger sind, wenn sie nicht unter dem Druck absoluter Erwartungen stehen.

»Mein Mann will fremdgehen. Ich weiß nicht, wie weit ich mich auf so etwas einlassen soll.«

Wie weit kannst du dich darauf einlassen? Wie groß ist dein Selbstbewußtsein und deine Fähigkeit, mit Gefühlen wie Angst, Eifersucht und mit Schmerz umzugehen? Geh nur so weit, wie du deine persönliche Integrität aufrechterhalten kannst. Es wäre hart für dich, gute Miene zu einem bösen Spiel zu machen, also so zu tun, als könntest du damit umgehen, wenn du es nicht kannst. In jedem Fall kannst du dich fragen: Was sind meine Bedürfnisse unabhängig von meinem Mann, wenn dieser fremdgeht? Darüber hinaus kannst du dir therapeutische Hilfe holen, wenn du mit deinen Gefühlen klarkommen willst, ohne dich zu trennen.

»Ich habe in meiner Bekanntschaft einen Freund, der einige Bücher zum Thema Männer gelesen hat. Jetzt glaubt er, er könne nicht lieben und müsse lieben lernen. Seither wird er von seiner Freundin regelrecht unterdrückt.«

Ich halte es für Unsinn zu glauben, Frauen könnten lieben und Männer nicht. Würde es wirklich so sein, wäre keine Frau so dumm, mit einem liebesunfähigen Mann zusammenzuleben. Männer *und* Frauen müssen lieben lernen. Wichtig für den Mann ist, daß er sich nur auf das Eis der Liebe trauen wird, wenn er weiß, daß er schwimmen kann.

Der Mann hält Distanz, weil er fürchtet, im Netz der Spinne gefangen und ausgesaugt zu werden. Erst wenn er weiß, daß er sich jederzeit aus entstehender Enge befreien kann, wird er sich auf Nähe einlassen. Das heißt, er braucht die Fähigkeit zur emotionalen Selbstbehauptung gegenüber der Frau. Wenn er sich emotional behaupten kann, wird der Mann es wieder wagen zu lieben. Das ist aber genau das Gegenteil von Unterwerfung unter die Bedürfnisse der Frau.

Über den Autor

Michael Mary, Jahrgang 1953, arbeitet seit zwölf Jahren im Bereich der Therapie und Selbsterfahrung. Er lebt in Hamburg, wo er zusammen mit seiner Partnerin Pujo Nordholt 1985 das Institut für Methodische Transformation gründete. Die Schwerpunkte seiner Tätigkeit liegen in Partner- und Einzeltherapie sowie Seminaren. Detaillierte Seminar-Informationen erhalten Sie beim:

Institut für Methodische Transformation
Hallerstraße 64, 2000 Hamburg 13
Telefon 04154/6405, Telefax 04154/6953

Michael Mary ist Autor folgender Bücher:

Wirklich lieben – von der Kunst, Liebe und Partnerschaft zu bewahren (Nordholt-Verlag 1988)

Der junge Prinz und das Geheimnis der Liebe – ein Geschenk- und Märchenbuch für Erwachsene (Nordholt-Verlag 1989)

Von ihm sind außerdem zwei Audio-Kassetten mit vier Selbsterfahrungsübungen zur Klärung von Beziehungsproblemen erschienen:

Creative Trance – Beziehung und Partnerschaft (Nordholt-Verlag 1988)

Zum vorliegenden Buch »Schluß mit dem Beziehungskrampf« gibt es von Michael Mary ein Set mit 2 Tonkassetten und einem Begleitheft mit Übungen. Die Kassetten können im Buchhandel oder beim Kreuz Verlag bestellt werden. Themen sind:

1. Verhaltens-Alternativen finden
2. Bedürfnisse konkretisieren
3. Gefühle annehmen
4. Der Zustand der Beziehung